Beck'sche Reihe
BsR 371

Die neuen Informations- und Kommunikationstechniken – Mikroelektronik, Computertechnik und neue Übertragungstechniken – erfassen immer mehr Arbeitsplätze in Betrieben und verändern Arbeitsbedingungen, Arbeitsorganisation und Qualifikationsanforderungen. Welche Alternativen gibt es, sie besser oder schlechter zu gestalten? Dieser technische Wandel rationalisiert viele Arbeitsplätze weg. Trägt er in gleichem Ausmaß zur Entstehung neuer Arbeitsplätze bei? Wohin führt der wirtschaftliche Strukturwandel? Ist die Vernetzung von Betrieben, Haushalten und staatlichen Diensten ein Sachzwang?

Kabel und Satelliten ermöglichen den Empfang von vielen Rundfunkprogrammen und haben als Hebel für den Durchbruch privater Rundfunkprogramme gedient. Wird sich dadurch die Qualität von Information und Unterhaltung verbessern? Welche Auswirkungen haben Bildschirmarbeit und -konsum auf Kinder, Erwachsene, Familien, Gemeinden, Verkehr, gesellschaftliche Solidarität und politische Kultur?

Personal- und Polizei-Informationssysteme und Datenbanken bei Handel, Banken und Versicherungen u. a. sammeln und verwerten immer mehr personenbezogene Daten. Können Datenschutzregelungen und das individuelle Recht auf „informationelle Selbstbestimmung" sich dagegen behaupten? Wer setzt sich zur Wehr? Welche Chancen haben Versuche, die Datennetze zu kontrollieren, zu gestalten und im eigenen Interesse zu nutzen? Gibt es praktische Vorschläge für eine menschliche Gestaltung der neuen technischen Systeme?

Dieses Buch informiert über die sich vollziehenden Veränderungen und ermutigt uns, die Gestaltung der neuen Formen von Arbeiten und Leben in der „Bildschirmwelt" nicht nur vor dem Bildschirm in die Hand zu nehmen.

Doris Angela Zimmermann war Fachleiterin für den Bereich „Textverarbeitung" in der kaufmännischen Erwachsenenbildung und ist heute freiberuflich tätig.

Bernhard Zimmermann, Dr. phil., ist Dozent an der Gustav-Heinemann-Akademie in Freudenberg mit Hauptarbeitsgebiet „Sozialverträgliche Technikgestaltung".

DORIS ANGELA ZIMMERMANN
BERNHARD ZIMMERMANN

Bildschirmwelt

*Die neuen Informationstechniken
und ihre Folgen*

VERLAG C.H.BECK MÜNCHEN

Mit 10 Abbildungen und 7 Tabellen

Für Manuel

CIP-Titelaufnahme der Deutschen Bibliothek

Zimmermann, Doris Angela:
Bildschirmwelt : d. neuen Informationstechniken u. ihre
Folgen / Doris Angela Zimmermann ; Bernhard
Zimmermann. – Orig.-Ausg. – München : Beck 1988
    (Beck'sche Reihe ; 371)
    ISBN 3-406-33126-2
NE: Zimmermann, Bernhard; GT

Originalausgabe
ISBN 3 406 33126 2

Einbandentwurf von Uwe Göbel, München
Umschlagbild: Süddeutscher Verlag, München
© C. H. Beck'sche Verlagsbuchhandlung (Oscar Beck), München 1988
Gesamtherstellung: C. H. Beck'sche Buchdruckerei, Nördlingen
Printed in Germany

Inhalt

Verzeichnis der Abbildungen

Verzeichnis der Tabellen

Einleitung

Die neuen „Informations- und Kommunikationstechniken"
(I+K-Techniken) und die neuen Medien gehören neben Bio-
oder Gentechnik, neuen Werkstoff- und Energietechniken zum
Komplex der „neuen Technologien". Die Mikroelektronik als
Basistechnologie der neuen I+K-Techniken hat in der jüngsten
Vergangenheit Begriffe und Visionen wie „dritte industrielle
Revolution", „Informationsgesellschaft", „Jobkiller", „gläser-
ner Mensch" oder „Überwachungsstaat" entstehen lassen. Diese Stichworte kennzeichnen grundlegende Veränderungen in
Technik, Wissenschaft und Industrie, die unsere soziale Le-
benswelt völlig umgestalten werden. Wir stehen am Anfang
einer Entwicklung, deren Konturen, Ursachen und Wirkungen
nur schwer zu fassen und zu deuten sind. Dies führt bei vielen
Bürgern/innen, Arbeitnehmern/innen, Verbrauchern/innen, ja
selbst bei Politikern/innen und Experten/innen, zu Orientie-
rungslosigkeit, die sich mit Gefühlen von Angst, Ohnmacht
oder Verdrängung verbinden, aber auch zu neuen Hoffnungen
Anlaß geben kann. Beides, Angst und Hoffnung, sind berechtigt. Sie werden aber allzuoft mißbraucht, um in der öffentlichen Diskussion Stimmung zu machen und Mehrheiten für die
eigenen Interessen zu mobilisieren.

Die öffentliche Auseinandersetzung mit den „Neuen Medien" befaßte sich zunächst getrennt voneinander mit den Problemen des Rundfunks (Verkabelung, Programmvermehrung,
Privatisierung) sowie mit denen des Datenschutzes für Arbeitnehmer (Personalinformationssysteme) und für Bürger (Volkszählung 1983 und maschinenlesbarer Personalausweis). Inzwischen hat sich die zuvor auf kleine Gruppen beschränkte Diskussion in Richtung der neuen Informationstechniken und der
mit ihnen verbundenen Gefahren für Arbeitnehmer, Verbraucher und Bürger als Betroffene verlagert und ein breites öffentliches Interesse gefunden.

Information, Aufklärung und Wissen sind deshalb entscheidende Voraussetzungen für alle, die über die neuen Medien, insbesondere die neuen Informationstechniken, urteilen, mitentscheiden und Verantwortung für die eigene und gesellschaftliche Zukunft übernehmen wollen.

Dieses Buch möchte den Lesern durch eine allgemein verständliche Darstellung einen Einblick in die wichtigsten technischen und sozialen, politischen und wirtschaftlichen Zusammenhänge geben und die mit ihnen verbundenen Gefahren aufzeigen. Wir werden terminologisch weniger von den „neuen Medien" sprechen – es sei denn, wir meinen Medien im engeren Sinne wie z. B. Rundfunk –, in der Regel von den „neuen Informations- und Kommunikationstechniken". Freilich handelt es sich bei diesem inzwischen eingeführten Begriff um eine sprachliche Überhöhung und Verschönerung, die den Kern der Sache nicht zum Ausdruck bringt. In erster Linie zielen die neuen I+K-Techniken auf den umfassenden Einsatz von Mikroelektronik, Computertechnik und neuen Übertragungstechniken, um ein universales Datennetz zu schaffen, das schließlich auch die Übertragung von Rundfunk (Fernsehen und Hörfunk) einbeziehen soll. Ob eine solche umfassende Vernetzung von Staat, Betrieben und Haushalten zwangsläufig und gesellschaftlich vernünftig ist, ob die Rationalisierung in Büro und Verwaltung zu humanen Arbeitsbedingungen führen oder den Menschen gänzlich vertreiben wird, ob Informationssysteme notwendigerweise den gläsernen Arbeitnehmer, Bürger und Verbraucher zur Folge haben wird, das sind die Fragen, die in diesem Buch behandelt, wenn auch nicht abschließend beantwortet werden.

Mit diesem Einführungsbuch möchten wir auch die Diskussion darüber anregen, inwieweit der technische Fortschritt im allgemeinen und der Einsatz neuer I+K-Techniken im besonderen dazu beitragen kann, gegenwärtige gesellschaftliche Probleme wie Umweltzerstörung, Massenarbeitslosigkeit u. a. zu lösen. Wie können die Techniken so entwickelt und gestaltet werden, daß sie gleichzeitig zu sozialen Fortschritten führen? Mit welchen Risiken wollen wir in Zukunft leben, und wie sollen mögliche Folgekosten verteilt sein? Wie also können die neuen I+K-Techniken sozialverträglich gestaltet werden? Diese und ähnliche Fragen können nur in einem öffentlichen demokratischen Gespräch erörtert und entschieden werden. Die oftmals nicht unmittelbar wahrnehmbaren Gefahren sowie die Unkorrigierbarkeit für lange Zeiträume von Entscheidungen, von denen Arbeitnehmer, Bürger und Verbraucher tiefgreifend betroffen sein werden, machen deren Teilhabe an solchen Entscheidungen zu einem Gebot der Demokratie.

I. Technische Grundlagen

1. Computertechnik – Mikroelektronik – Telekommunikation

Das Aufnehmen, Speichern, Verarbeiten und Weitergeben von Nachrichten oder Mitteilungen – heute sog. „Informationen" – ist im Grunde so alt wie die Menschheit selbst. Mitteilungen wurden z.B. gespeichert oder auch weitergegeben auf Steinen, Höhlenwänden, auf Leder, Pergament oder dann viel später auf Papier; auch die Rauchzeichen etwa sind eine frühe Form der Nachrichtenübertragung. Neu ist heute die *Form,* wie diese Nachrichten mit dem Einsatz von Technik – z.B. Computer – verarbeitet werden. Durch die Weiterentwicklung der noch recht jungen Computertechnik[1] in Verbindung mit jüngsten Fortschritten in der Mikroelektronik ist seit einigen Jahren ein massives Vordringen dieser Techniken vor allem auch an den Arbeitsplätzen im Büro- und Verwaltungsbereich zu beobachten.

Abgesehen von den zentralen Groß-EDV-Anlagen[2] für die Erledigung von einfachen Massenaufgaben – wie z.B. Lohnabrechnung, Buchhaltung usw. – galten die „geistigen" Tätigkeiten in Büro und Verwaltung noch bis etwa Ende der 70er Jahre als nur begrenzt automatisierbar. Seither ist gerade dieser Bereich zu einem bevorzugten Rationalisierungsfeld durch den Einsatz neuer Informations- und Kommunikationstechniken (= I+K-Techniken) geworden. Seither hat sich die Erkenntnis durchgesetzt, daß selbst qualifizierte Tätigkeiten und komplizierte Aufgaben in nahezu allen Arbeitsbereichen prinzipiell automatisierbar sind. Diesem Wandel entspricht der heute zumeist für Büro- und Verwaltungstätigkeiten verwendete Begriff der *Informationsverarbeitung.*

Informationen können in verschiedenen Formen auftreten, nämlich als

– Daten (oder Zahlen) in der	Datenverarbeitung,
– Texte in der	Textverarbeitung,
– Graphiken oder Bilder in der	Bildverarbeitung,
– Sprache in der	Sprachverarbeitung.

Worin besteht das Neue dieser Techniken? Technisch betrachtet geht es um zweierlei: Zum einen beruhen die neuen I+K-Techniken auf den folgenden drei Säulen, die in diesem Kapitel näher erläutert werden: Computertechnik, Mikroelektronik, Telekommunikation; zum anderen geht der Techniktrend in Richtung einer Zusammenführung (= Integration) bisher getrennter Technikbereiche wie der Datenverarbeitungstechnik, Textverarbeitungstechnik und Nachrichtentechnik zu sog. „integrierten Informationsverarbeitungssystemen". Solche „multifunktionalen Geräte" sind Maschinen, die für mehrere verschiedene Aufgaben genutzt werden können. Hier einige Beispiele:

– Mit einem Gerät, z.B. mit einem Personalcomputer (PC), kann man Daten- und Textverarbeitung betreiben.

– Oder: Mit einem Teletex-Gerät kann man Texte schreiben, speichern und sie innerhalb des Unternehmens oder auch an einen weiter entfernt liegenden Ort als Nachricht versenden; es kann also als Fernschreibgerät (= Telex) oder als (Speicher-) Schreibmaschine zugleich genutzt werden.

– Oder: Ein Telefon kann nicht nur zum Fernsprechen benutzt werden, sondern beispielsweise auch zur Übertragung von Daten in alle Welt, zur Abfrage von Datenbanken usw.

Hinter diesem Trend zur Kombination von Technik steht für manche die Vision von „integrierten Techniksystemen", bei denen die Arbeitswelt, einschließlich der privaten Haushalte(!), in einem riesigen technischen Netzwerk verknüpft ist. Dieser Vision entstammt der Begriff der sog. „Informationsgesellschaft".

a) Computertechnik

Was ist ein Computer? Computer (engl. Rechner) sind mittlerweile in nahezu alle Lebensbereiche vorgedrungen: Steuerbescheide, Strom-, Wasser- oder Heizkostenabrechnungen, Kontoauszüge, Rechnungen, Versicherungspolicen oder Gehaltsabrechnungen und vieles andere mehr werden mit Hilfe von Computern erstellt. Mehr oder weniger direkt beobachten wir Computer beim Einkaufen, bei den Krankenkassen, beim Einwohnermelde- oder Arbeitsamt, bei Apotheken und Ärzten, oder sie werden im Haushalt benutzt (Heizungsanlage, Waschmaschine, Telespiele, Heimcomputer o. ä.). Zahlreiche Arbeitsplätze in Produktion und Verwaltung sind inzwischen mit Computern ausgestattet. Im Prinzip kann ein Computer lediglich extrem schnell Zahlen mit Hilfe elektrischen Stroms zusammenzählen; entgegen allen Phantasien und Visionen über die „künstliche Intelligenz" kann er jedoch nicht selbständig denken. Alles, was und wie ein Computer rechnen soll, muß ihm vorher eingegeben werden (z. B. Daten und Programme).

Computer gibt es in den unterschiedlichsten Formen, Größen und Preisklassen, vom Winzling bis hin zu großen EDV-Anlagen. Sie unterscheiden sich in der Hauptsache nach ihrer Leistungsfähigkeit, d. h. danach, welche und wieviele Aufgaben sie lösen sollen und wie sie diese lösen, ob schnell oder langsam, umständlich oder einfach und bedienungsfreundlich. Die Leistungsfähigkeit eines Computers wird danach bemessen, wieviele Bits gleichzeitig verarbeitbar sind. So gibt es heute z. B. (Personal)Computer mit 8-, 16- oder auch mit 32-Bit-Prozessoren. Ein Computer mit einem 32-Bit-Prozessor arbeitet um ein Vielfaches schneller, und er kann kompliziertere Aufgaben ausführen; freilich ist er auch viel teurer. (Zu den Begriffen „Bit" und „Prozessor" vgl. den Abschnitt „Mikroelektronik"). Die folgende Abbildung zeigt am Beispiel des relativ verbreiteten Personalcomputers (PC), aus welchen Teilen – auch Komponenten genannt – ein solcher Computer besteht. Diese „harten" oder sichtbaren Teile des Computers werden als *Hardware* bezeichnet.

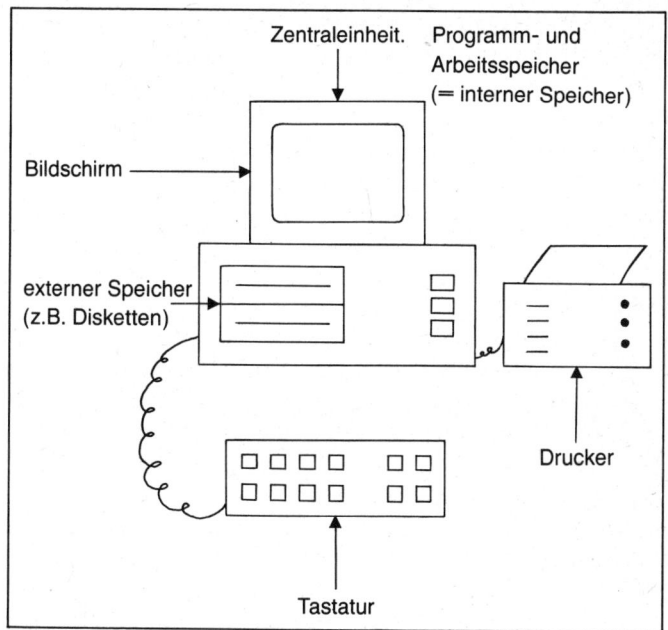

Abb. 1: Personalcomputer (PC) – Konfiguration (Hardware)

* Zentraleinheit und interner Speicher sind dem Betrachter nicht unmittelbar zugänglich; sie bilden beim PC häufig mit dem Bildschirm einen Block.
** Die Kapazität von externen Speichern wird in KB angegeben. Genau genommen sind 1 KB = 1024 Bytes, dementsprechend 1024 Zeichen; 1 MB genau 1024000 Bytes. Der Einfachheit halber geht man jedoch von der sonst üblichen Bedeutung für „Kilo"- bzw. „Mega"- = 1000 aus, d.h. 1 KB = 1000 Bytes (= 1000 Zeichen); 1 MB = 1000000 Bytes (= 1 Million Zeichen).

Anschlußmöglichkeiten (Beispiele)
– Teletex
– Bildschirmtext (Btx)
– zentrale DV-Anlage (Großrechner)
– lokale Netze (LAN, innerbetrieblich)

weitere Beispiele für *externe Speicher:*
- Magnetplatten
  (als Fest- oder Wechselplatten)
- Magnetbänder
(meist bei großen DV-Anlagen verwendet)

Wie funktioniert ein Computer? – Die in Abb. 1 genannten fünf Hauptbestandteile (Komponenten) eines Computers würden überhaupt nichts tun, wenn der Maschine nicht zuvor bestimmte Programmbefehle – *Software* genannt – eingegeben werden. Die Software unterscheidet man in

Herstellersoftware, das sog. *Betriebssystem:* Es enthält alle Befehle, die für eine korrekte „Zusammenarbeit" der einzelnen Teile (Komponenten) erforderlich sind. Es hat die Aufgabe, ähnlich wie eine Art Verkehrsleitzentrale den Datenfluß zwischen der Zentraleinheit, dem Herzstück des Computers, und den angeschlossenen Teilen, wie Bildschirm, Tastatur, Diskettenlaufwerk sowie Drucker, zu steuern und zu kontrollieren. Das Betriebssystem ist sozusagen der „Manager" des Computers.[3]

Anwendersoftware, das sind *Programme* für die Benutzer der Geräte. Solche Programme werden entweder als „Standardsoftware" (für gleiche Aufgaben in verschiedenen Einsatzbereichen) angeboten, oder sie müssen für spezielle Anforderungen vom Anwender selbst oder von einem beauftragten Software-Unternehmen erstellt werden (= „Individualsoftware").[4]

Die Voraussetzung dafür, daß Informationen überhaupt mit einem Computer verarbeitet werden können, ist ihre Aufbereitung in *Daten,* d.h. die per EDV zu lösenden Aufgaben werden formalisiert. Sämtliche Arbeitsschritte müssen zunächst mengenmäßig erfaßt (= quantifiziert), dann gleichartig gemacht (= standardisiert) und schließlich *programmiert* werden. Jeder von uns hat in seinem Leben schon so manches „Formular" ausgefüllt und dabei sicher auch manche Fragen nicht verstanden, anderes wiederum, was für ihn selbst wichtig war, wurde gar nicht gefragt. Solche Formulare sind vergleichbare Beispiele dafür, daß bei einer computergerechten Verarbeitung von Daten stets Besonderheiten ausgeklammert werden. Wasser-, Heizungs-, Strom- und manche Lohnabrechnungen oder auch Steuerbescheide sind Beispiele für eine optimale computergerechte Verarbeitung, die wir aber u. U. kaum noch verstehen können.

Damit nun die einzelnen Daten vom Computer überhaupt gelesen und verarbeitet („verstanden") werden können, müssen diese binär verschlüsselt werden. D. h. alle Zahlen, Buchstaben, Texte, Bilder/Graphiken oder auch Töne und Sprache werden aufgelöst in *Zeichenketten von 0 und 1*. Diese Umwandlung (= Codierung) übernimmt der Computer selbst, nicht der Benutzer; er merkt auch gar nichts davon. Beispiele:

Buchstabe A als Computer-Code: 1100/0001
Ziffer 5 als Computer-Code: 1111/0101

Eine einzelne 0 oder 1 nennt man *Bit* (bit); die Kombination von 8 Bits für ein Zeichen (z. B. eine Ziffer oder ein Buchstabe) heißt *Byte* (beit). Dieser computerinterne Umformungsprozeß wird als *Digitalisierung* bezeichnet. Der Begriff „digital" ist z. B. bekannt bei der Digitaluhr. Die Anzeige der Zeit bei der Digitaluhr, des Ergebnisses beim Taschenrechner (Leuchtziffern) oder auch von Daten auf dem Bildschirm eines PC erfolgt zwar in einer Form, die wir lesen und verstehen können, intern aber rechnen sie alle nur mit 0 und 1 (0 = Strom aus; 1 = Strom fließt). Diese Digitalisierung ist das grundlegende Verarbeitungsprinzip aller Geräte, die auf der Basis der Computertechnik arbeiten.

Formalisierung, Digitalisierung und Programmierung schaffen die Voraussetzungen für den universellen Einsatz der Computertechnik. Das jeweilige Programm sagt der Maschine, was sie mit den Daten machen soll. So kann ein und derselbe Computer am Vormittag Rechnungen schreiben, am Nachmittag Löhne ausrechnen oder säumige Zahler mahnen und am Abend als Schachcomputer oder für sonstige Spielchen dienen. Diese Universalität der Computertechnik ermöglicht es, Computer in fast allen Branchen, Funktions- und Lebensbereichen, sogar in privaten Haushalten einzusetzen: z. B. im Produktionsprozeß, in der Arbeitsvorbereitung, in der Konstruktion, im Dienstleistungsbereich, in Büros und Verwaltungen usw., aber auch als private Adressenkartei, für Computerspiele etc.

So gibt es z.B.:

CAD	computer *a*ided *d*esign	=	computerunterstütztes Zeichen
CAE	computer *a*ided *e*ngineering	=	computerunterstützte ingenieurmäßige Produktionsaufbereitung
CAM	computer *a*ided *m*anufacturing	=	computerunterstützte Produktion
CAP	computer *a*ided *p*lanning	=	computerunterstützte Produktionsplanung und -steuerung
CIM	computer *i*ntegrated *ma*nufacturing	=	computerintegrierte Fertigung (angestrebt)
CNC	computer *n*umerical control	=	computergesteuerte Werkzeugmaschinen
CSB	computergestützte *S*achbearbeitung		
CTV	computergestützte *T*extverarbeitung		
DNC	*d*irect *n*umerical *c*ontrol	=	computergesteuertes Fertigungssystem (Vorstufe von CIM)

Erklärungen zu Abb. 2:

ROM	read only memory
	d.h. die Daten sollen hier nur gelesen, aber nicht verändert werden
PROM	programmable read only memory
	(einmal programmierbarer Speicherbaustein) hier ist z.B. auch das Betriebssystem gespeichert
EPROM	erasable programmable read only memory
	(beliebig häufig programmierbarer und löschbarer Speicherbaustein; keine Standardeinrichtung von PCs)
CPU	central processing unit = Zentraleinheit
RAM	random access memory
	d.h. hier können die Daten gelesen und verändert werden; je

Nun zum Kernstück des Computers: der Zentraleinheit mit Programm- und Arbeitsspeicher.

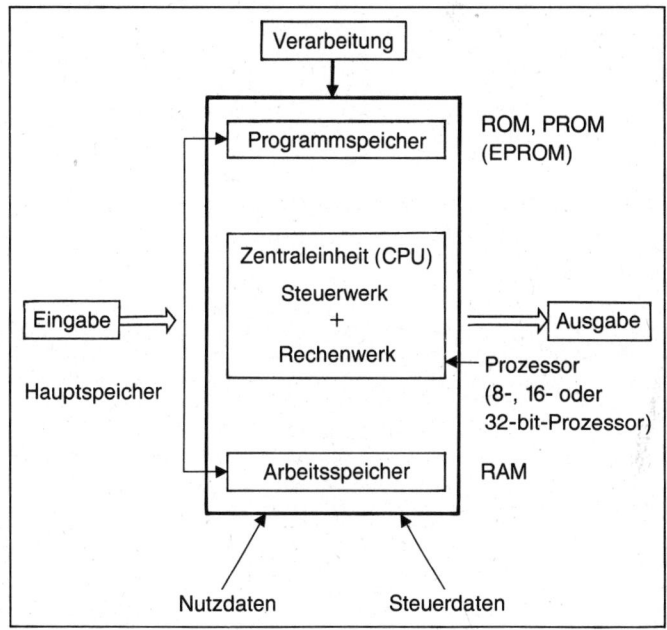

Abb. 2: PC-Zentraleinheit, Programm- und Arbeitsspeicher

größer der Arbeitsspeicher, desto mehr Aufgaben kann der Computer mit entsprechend größeren Programmen lösen.

Programm- und Arbeitsspeicher (Hautpspeicher) sind meist auf Chips untergebrachte sog. *interne* Speicher (vergleichbar mit dem menschlichen Gedächtnis), deren Speicherkapazität begrenzt ist und die nicht herausnehmbar oder auswechselbar sind – im Gegensatz zu den *externen* Speichern (vergleichbar mit Notizen, mit Aktenordnern, Karteikästen o. ä.). Diese sind erweiterbar, können herausgenommen und ausgetauscht werden.

Eine *Lohnabrechnung* z. B. erfolgt vereinfacht so:

Herr Müller ist Mitarbeiter in einer mittelgroßen Möbelfabrik. Im vergangenen Monat hat er 170 Stunden gearbeitet; sein Stundenlohn beträgt zur Zeit 18,50 DM. In einer Datei[5] sind unter der Personalnummer 150 seine Personalstammdaten – wie Name, Anschrift, Geburtsdatum, Lohnsteuerklasse, Kinderzahl, Krankenkasse, Stundensatz usw. – gespeichert.

Eingabe:
Zunächst wird das fertige Anwendungs*programm* „Lohnabrechnung" in den Computer eingegeben („geladen") (vgl. Abb. 2 „Programmspeicher"). Bei einem PC sind Anwendungsprogramme oftmals auf Disketten gespeichert. Das Programm muß dem Computer genau „sagen", *woher* er die Daten holen soll, *was* mit ihnen geschehen soll und *wohin* sie ausgegeben (transportiert) werden sollen. – Anschließend müssen alle für die Lohnabrechnung notwendigen *Dateien* (wie z. B. die Personalstammdatei), die auf externen Datenträgern (z. B. auf Disketten) gespeichert sind, bereitgestellt werden. Dies erledigt entweder Herr Schulze, der sog. „Operator" der EDV-Abteilung, oder die für die Lohnabrechnung zuständige Sachbearbeiterin, Frau Meier, selbst. Über die Tastatur gibt Frau Meier nun die Personalnummer und die geleistete Stundenzahl des Herrn Müller ein.[6]

Verarbeitung:
Die von Frau Meier eingegebenen Daten (Personalnummer und Stundenzahl) „wandern" in den *Arbeitsspeicher.* Dieser holt sich nun aus der externen Personalstammdatei unter der Nr. 150 sämtliche Daten des Herrn Müller heraus, die für seine Lohnabrechnung erforderlich sind. Auf Grund der internen Steuerung stehen hier jetzt auch all jene Anweisungen des Lohnabrechnungsprogramms (nur bestimmte Teile), die der Zentraleinheit „mitteilen", was mit den Daten geschehen soll. Das *Steuerwerk* regelt den gesamten Programmablauf: Es steuert den richtigen Abruf der Daten, die Reihenfolge der Rechenoperationen sowie die Art und Weise, wohin die Ergebnisse gebracht werden sollen, z. B. zu einem Drucker. Das *Rechenwerk* funktioniert ähnlich wie ein Taschenrechner; es multipliziert die Stundenzahl mit dem Stundensatz: hier 170 mal 18,50 DM = 3145 DM (Bruttolohn).

Ausgabe:
Nachdem das Rechenwerk die Bruttolohnsumme errechnet hat, gibt das Steuerwerk dem *Drucker* den Befehl, das Ergebnis – hier 3145 DM – an der vorgesehenen Stelle auf dem Abrechnungsformular auszudrucken.

In weiteren Arbeitsschritten werden nun die Abzüge wie Lohn- und Kirchensteuer sowie die Beträge zur Sozialversicherung (Kranken-, Renten- und Arbeitslosenversicherung) oder sonstige Zu- und Abschläge errechnet, um zum Nettolohn zu gelangen.

All das geht mit einer ungeheuren Geschwindigkeit und Genauigkeit vor sich. Damit dennoch am Ende kein „Datensalat" herauskommt, läuft der Datenverkehr nach bis ins Detail festgelegten Regeln ab. Sog. „Busse" befördern die verschiedenen Daten von einer Station zur anderen:
– Der *Steuerbus* (als Teil des Betriebssystems) ist zuständig für den Transport von Steuerungsdaten.

– Der *Adreßbus* befördert Programm- und Arbeitsdaten an die entsprechende Adresse, z.B. zum Arbeitsspeicher.

– Der *Datenbus* schließlich übernimmt den eigentlichen Datentransport, z.B. über Tastatur oder externe Speicher eingegebene Daten zum Arbeitsspeicher oder zum Rechenwerk.

– Eine *Schnittstelle* ist eine Verbindungsstelle a) zwischen den verschiedenen Hardwareteilen eines Computers (z.B. zwischen Tastatur und Bildschirm oder zwischen Speicher und Drucker); b) zwischen verschiedenen Softwareteilen (Softwaremodulen); c) zwischen verschiedenen DV-Geräten, die Daten über externe Leitungen übermitteln. V-Schnittstelle: zum Anschluß eines DV-Geräts an eine externe Leitung, z.B. Kabel oder Stecker; X-Schnittstelle: Software zur Datenübermittlung.

Am Beispiel „Lohnabrechnung" wurde das Grundprinzip der Funktionsweise eines Computers dargestellt. Im einzelnen unterscheiden sich jedoch die verschiedenen Computer u.U. erheblich. In größeren Unternehmen und Verwaltungen sind seit Jahren umfangreiche Computerverbundsysteme mit einer Vielzahl unterschiedlichster Eingabe-, Speicher-, Verarbeitungs- und Ausgabegeräten (= Konfiguration) installiert. Solche DV-Verbundsysteme variieren erheblich je nach Anwendungsbereich (Produktion, Verwaltung, private Dienstleistungen, öffentliche Verwaltung) und Aufgabenstellung, so daß es in der Praxis keine einheitlichen Einsatzformen der neuen I+K-Techniken gibt und geben kann. Gleichwohl ist seit einigen Jahren ein Trend zu beobachten, der neben der bisherigen Nutzungsform zentraler DV-Leistungen (Zentralcomputer/Großrechner) zunehmend in Richtung *dezentraler, arbeitsplatznaher Anwendungssysteme* (Bildschirmgeräte – sog. Terminals –, Personalcomputer o.ä.) zielt. Das heißt, mit dem Einsatz der neuen I+K-Techniken ist in der Regel auch ein neuer Verfahrenstypus verbunden: von der Stapelverarbeitung (auch als „off-line-Verfahren" bezeichnet) zum Dialogverfahren („on-line-", „real-time-", Echtzeit-, „time-sharing-" oder auch „interaktives Verfahren" genannt).

Bei der *Stapel*verarbeitung (auch Batch-Verfahren genannt) werden zunächst alle Daten an den einzelnen Arbeitsplätzen

„gestapelt" und erst später in einem Arbeitsgang ohne Unterbrechung von der zentralen DV verarbeitet – z.B. am Montagvormittag Rechnungserstellung, am Nachmittag Lieferantenbuchhaltung, am Dienstag Lohnabrechnung usw. Große Unternehmen und zunehmend auch die öffentlichen Verwaltungen gehen jedoch inzwischen auf *Dialog*verfahren über. Hierbei kann der Benutzer von seinem Arbeitsplatz aus direkt auf den entfernt liegenden Zentralrechner zugreifen, z.B. wenn er für seine Arbeit bestimmte zentral gespeicherte Adreß-, Bestands- oder Produktionsdaten benötigt. Diese direkte Aktion zwischen Mensch und Maschine wird als „Dialog" bezeichnet. Charakteristisches Merkmal und Voraussetzung des Dialogbetriebs ist die Dezentralisierung technischer Elemente, d.h. ein Teil des Computersystems rückt beispielsweise in Form eines Datensichtgerätes (Bildschirm) direkt an den einzelnen (dezentralen) Arbeitsplatz. Zudem ist es schon heute möglich, von diesem Arbeitsplatz aus auch direkt über öffentliche Leitungen (= Netze) auf externe (überbetriebliche) Rechner oder Datenbanken zuzugreifen und Informationen (Daten, Texte, Bilder/ Graphiken und Sprache) zu übermitteln oder abzurufen. Die Vorteile des Dialogverfahrens gegenüber der Stapelverarbeitung sind insbesondere die größere Aktualität des abgerufenen Informationsstandes sowie die drastisch kürzere Bearbeitungszeit. Die sich daraus ergebenden beträchtlichen Rationalisierungsmöglichkeiten bedeuten indessen nicht zwangsläufig auch Vorteile für die Arbeitnehmer (vgl. dazu Kapitel III).

Obwohl sich die technischen Möglichkeiten zur Kombination von Daten-, Text- und Nachrichtenverarbeitung sowie die Integration verschiedener Computersysteme auf betrieblicher und überbetrieblicher Ebene zumindest ansatzweise abzeichnen, sind die technischen Voraussetzungen dazu bei weitem noch nicht gegeben. Bisher jedenfalls versprechen die Computerverkäufer und die Hochglanzbroschüren der Computerhersteller mehr, als sie in der praktischen Anwendung halten können. Neben internationalen Standardisierungsproblemen bei der Übertragung von Daten gibt es vor allem noch erhebliche Schwierigkeiten bei der Verbindung von Geräten und Programmen unterschiedlicher Hersteller, ja selbst einzelne Geräte oder Komponenten eines DV-Systems desselben Herstellers sind teilweise nicht miteinander vereinbar oder – wie es in der Fachsprache heißt – kompatibel. So werden bei einer Erweiterung oder Modernisierung der in den Unternehmen oder Verwaltungen vorhandenen DV-Anlagen zum Teil sehr teure Zusatz- oder gar Neuanschaffungen notwendig. Ähnliche Erfahrungen hat mancher Heimcomputer-Fan gemacht, z.B. wenn er an seinen Computer einen Drucker eines anderen Herstellers anschließen wollte, dies aber nur mit einem zusätzlichen (zumeist recht teuren) „Interface" (eine Art Verbindungsstück) möglich war. Auch im Produktionsbereich gibt es gegenwärtig noch große Probleme, die unterschiedlichen computergesteuerten Fertigungssysteme zu verbinden.

Die Computertechnik wird in den Forschungsabteilungen der Computerhersteller und an Hochschulen mit sehr viel Geld, großenteils mit hohen öffentlichen Subventionen, weiterentwickelt. Gleichwohl wird nicht alles, was an technischen Geräten und Systemen entwickelt und angeboten wird, auch in der Praxis eingesetzt. Darüber, ob, wie und welche Technik jeweils verwendet wird, entscheiden stets *Menschen*. Wegen der weitreichenden Folgen der neuen I+K-Techniken auf die Arbeits- und Lebenssituation der abhängig Beschäftigten (vgl. Kapitel III, IV und V) müssen Arbeitnehmer und auch Verbraucher in diese Entscheidungsprozesse einbezogen werden. Sie können nicht den Leitungsinstanzen in den Unternehmen und Verwaltungen allein überlassen bleiben. Gerade die neuen I+K-Techniken bieten eine Fülle von Möglichkeiten und Spielräumen, die im Sinne einer sozialverträglichen Technikgestaltung diskutiert und genutzt werden könnten (vgl. Kapitel VI, Abschnitt 4).

b) Mikroelektronik

Mikroelektronik ist mittlerweile zu einem Reizwort geworden, das – so kann man ohne Übertreibung sagen – die Welt bewegt. „Technologie der Zukunft", „Chip-Chip-Hurra", „Jobkiller" oder „Jobknüller", „Basisinnovation", „Dritte industrielle Revolution", „massenhafte Vernichtung von Arbeitsplätzen" usw. all das sind Schlagworte, die sich auf das Stichwort „Mikroelektronik" beziehen. Das massenhafte Angebot an entsprechender Literatur wie Elektronikhandbücher oder Computerzeitschriften sind weitere Kennzeichen dieser Entwicklung. Was aber verbirgt sich hinter diesem Begriff zunächst technisch?

Technisch betrachtet ist die Mikroelektronik noch kein Gerät oder eine Maschine im eigentlichen Sinne, sondern die *Basistechnologie* für die neuen Informationstechniken. Sie beruht auf der Halbleitertechnik (als Weiterentwicklung der Transistortechnik), deren hervorstechendstes Merkmal die Miniaturisierung (Verkleinerung) ist. Auf einem winzigen halbfingernagelgroßen Plättchen aus Silicium, das aus Sand gewonnen wird, sind heute etwa 500 000 bis 1 Million Transistorenfunktionen oder Schaltungen aufgebracht. Diese Bauelemente werden „Chips", „integrierte Schaltungen" oder auch „IC" (= *i*ntegrated *c*ircuit) genannt.

Den gewaltigen Verkleinerungsprozeß vom ersten elektronischen Großrechner ENIAC an kann man sich in etwa vorstellen am Größenverhältnis eines Wohnzimmers zu einem Stück Würfelzucker. Ein Ende der Größtintegration (*Very Large Scale Integration*, kurz: VLSI) ist noch nicht abzusehen. Der 4-Mio-Chip ist nahezu serienreif, der 16-Mio-Chip im Versuchsstadium. Auch wird heute schon mit neuen Werkstoffen experimentiert, die eine noch höhere Schaltungsdichte ermöglichen sollen. Zur Zeit wird daran gearbeitet, die physikalischen Grenzen (Entstehung von Wärme) bei einer weiteren Miniaturisierung der Chips zu umgehen. Daneben werden sog. „intelligente", extrem schnelle Chips für besonders leistungsfähige Computersysteme entwickelt, z. B. für Datenbanken, künstliche Intelligenz o. a.

Mikrochips werden heute zum einen als *Mikroprozessoren* eingesetzt, die Steuerungs-, Regelungs- und Kontrollfunktionen übernehmen, z. B. im Computer, in der Waschmaschine, beim Roboter- oder Raketeneinsatz. Zum anderen dienen sie als *Speicher* für die interne Verarbeitung von Daten in der Zentraleinheit des Computers, z. B. als Programmspeicher oder meist als Arbeitsspeicher.[7]

Mikrochips sind nahezu überall einsetzbar: in Waschmaschinen, Taschenrechnern, Uhren, Fernsehern, Klein- und Großcomputern, Flugzeugen, Autos, Robotern, medizinischen Apparaten, Raketen usw. Sie sind preiswert, da sie fast vollautomatisch in Massenfertigung hergestellt werden; und sie sind energie- und rohstoffsparend. So konnten z. B. fast 1000 elektromechanische Bauteile eines ehemaligen Fernschreibers durch einen Mikroprozessor ersetzt werden. Allerdings sind die Entwicklungskosten solcher Hochleistungschips außerordentlich hoch. Auch sind inzwischen beträchtliche Umweltbelastungen bei der Chipherstellung bekannt geworden.

c) Telekommunikation

Werden Nachrichten oder Informationen von einem Sender zu einem Empfänger übermittelt oder ausgetauscht, spricht man von *Kommunikation.* Voraussetzung dafür ist, daß den Kommunikationspartnern ein Medium oder ein Kanal für den Transport der Information zur Verfügung steht.

Bei der Übermittlung von Informationen spricht man auch von einseitiger oder Einweg-Kommunikation, z. B. Radio, Fernsehen, Zeitungen, Videotext o. ä. Der Austausch von Informationen zwischen Sender und Empfänger wird als zweiseitige oder Zweiweg-Kommunikation bezeichnet, z. B. Telefon, Fernschreiber, Kabelfernsehen (mit Rückkanal), Bildschirmtext sowie die dialog-orientierte Datenverarbeitung (d. h. wechselseitiges Fragen und Antworten zwischen Menschen und Computern).

Ältestes Medium für die Übermittlung von Informationen ist die Sprache; sie ermöglicht direkte zwischenmenschliche Kommunikation, d. h. beide Kommunikationspartner sind zur selben Zeit am selben Ort. Die Überwindung von Zeit und Raum ermöglicht die *Telekommunikation,* auch „technisch vermittelte Kommunikation" genannt. „Telekommunikation" ist der Oberbegriff für nachrichtentechnische Übertragungsverfahren zwischen räumlich entfernt liegenden Teilnehmern. Klassische Telekommunikationsmittel sind z.B. Brief und Telefon. Bei den neuen I+K-Techniken, die auf der Basis der Mikroelektronik funktionieren, werden die Informationen vom Endgerät des Senders über öffentliche Fernmeldenetze und deren Vermittlungseinrichtungen zum Endgerät des Empfängers übertragen.[8] Einige neue Kommunikationstechniken ermöglichen sogar die Übermittlung von Nachrichten ausschließlich zwischen Endgeräten, bei denen die Anwesenheit von Menschen nicht mehr erforderlich ist. Es wird dann von „technischer Kommunikation" gesprochen, oder davon, daß Computer miteinander „kommunizieren". Einfacher: Daten werden z.B. von einem Computer in Hamburg zu einem anderen Computer in München automatisch übertragen.

2. Netzinfrastruktur

Nach den Fernmeldegesetzen der Bundesrepublik Deutschland liegt die Errichtung und der Betrieb der Übertragungsnetze von Fernmeldeeinrichtungen (Netze und Dienste) ausschließlich bei der Deutschen Bundespost (DBP), d.h. in öffentlicher Verantwortung.[9] Neben diesen öffentlichen Netzen gibt es – jedoch nur innerhalb des Privatgrundstücks – private Netze, sogenannte „inhouse-Netze" oder LANs (= local area networks), z.B. Nebenstellenanlagen für Telefon, Telex, Datenübertragung o.ä. Derartige private Netze bleiben hier außer acht.

Die Weiterentwicklung oder Vernetzung der bisher in weiten Teilen noch getrennten Technikbereiche zur Telekommunikation ist – wie schon mehrfach angedeutet – von zwei wesentlichen Voraussetzungen abhängig:
– von entsprechenden Geräten und der dazugehörigen Software, den sog. Diensten;
– vom Ausbau der Fernnetze, mit deren Hilfe Daten übertragen, d.h. die Dienste genutzt werden können.
Beide Entwicklungslinien laufen parallel und in enger Verzahnung zwischen der informationstechnischen Industrie und der DBP.

a) Gegenwärtige Netze

Wichtige Unterscheidungsmerkmale eines Netzes sind:
– das *Kabel* oder das „physische Medium": Kupfer-, Kupfer-koaxial- oder Glasfaserkabel;
– die Übertragungs*kapazität:* schmalbandig oder breitbandig;
– die Netz*struktur:* Verteil- oder Vermittlungsnetz.

Bisher gibt es in der Bundesrepublik folgende drei Netze: das Fernsprechnetz, das IDN (Integrated Digital Network) und das Funknetz.

(1) Das Fernsprechnetz

Es ist ein sehr dichtes, flächendeckendes schmalbandiges Vermittlungsnetz aus Kupferkabel für derzeit rund 25 Millionen Fernsprechanschlüsse. Die Übertragungsleistungen liegen zwischen 200 und 4800 bit/s. Ein Bit (Abkürzung für „binary digit" = Binärziffer) ist die kleinste für den Computer verständliche Informationseinheit: 0 oder 1 (vgl. Beispiel S. 17). Zur Darstellung einer Ziffer oder eines Buchstabens z.B. werden jeweils 8 Bits (= 1 Byte) benötigt. Eine Übertragungskapazität von 200–4800 bit/s (= Bits pro Sekunde) bedeutet umgerechnet folglich 26–600 Zeichen pro Sekunde.

Das Fernsprechnetz wird für folgende Dienste genutzt:
– Fernsprechen
– Datenfernübertragung (seit 1965)
– Fernkopieren (Telefax – seit 1979)
– Bildschirmtext (Btx – seit 1984 bundesweit).

Für die Fernübertragung von Computerdaten allerdings, die ja in digitaler Form vorliegen, ist es notwendig, sie in analoge Tonfrequenzsignale (Schwingungen) umzuwandeln und am Ende wieder in digitale Signale umzusetzen. Dies geschieht mit Hilfe des sog. „Modems", ein Kunstwort aus *mo*dulieren (= umwandeln oder verschlüsseln) und *dem*odulieren (= entschlüsseln). Diese Übertragungsweise hat vor allem zwei Nachteile:
– Die Datenübertragung (im Vergleich zur Rechengeschwin-

27

digkeit des Computers) ist sehr langsam und deshalb für die Benutzer teuer.
– Das Netz reicht in Spitzenzeiten und insbesondere bei einer künftig verstärkten Nutzung neuer Dienste nicht aus.

Aus diesem Grund arbeiten Bundespost und nachrichtentechnische Großunternehmen bereits seit 1982 daran, das Fernsprechnetz zu digitalisieren (s. unten S. 32 f.).

(2) *Das IDN (Integrated Digital Network)*

Das zweiadrige Kupferkabel des Fernsprechnetzes wird durch den zusätzlichen Einsatz elektronischer computergesteuerter Vermittlungsstellen an einigen Orten der Bundesrepublik auch für folgende Dienste genutzt:
– Fernschreiben (Telex)
– Datenfernübertragung: DATEX-L (Wählnetz für Datenübertragungen)[10], DATEX-P
– Bürofernschreiben (Teletex)

Das IDN ist seit 1976 aus dem Telex-Netz und den DATEX-Teilnetzen zusammengeführt worden. Die Übertragungsleistungen von bis zu 48000 bit/s (ca. 6000 Zeichen oder knapp 3 Schreibmaschinenseiten DIN A 4 pro Sekunde) sind damit wesentlich höher als beim Fernsprechnetz. DATEX ist eine Abkürzung für *data exchange* = Datenaustausch"; das „L" bedeutet *„Leitungsvermittlung"*, das „P" heißt *„Paketvermittlung"*. Der Nachteil von DATEX-L ist, daß hier nur Daten mit gleicher Übertragungsgeschwindigkeit übertragen werden können, z. B. 9600 bit/s (ca. 1500 Zeichen oder gut ½ Schreibmaschinenseite pro Sekunde) von Teilnehmer zu Teilnehmer. Hier muß für die gesamte Dauer der Verbindung eine (Telefon-)Leitung freigehalten und vom Benutzer bezahlt werden.

Bei DATEX-P (seit 1981) werden die Daten zu „Paketen" von jeweils 1024 bits gesammelt, zwischengespeichert und dann auf gerade freien Leitungen dem Empfänger weitergeleitet. Aufgrund der komplizierten und sehr flexiblen Netzsteuerung gibt es dennoch keinen „Datensalat"; die Teilnehmer merken von diesen Mehrfachbelegungen nichts. Neben verschiedenen

Übertragungsgeschwindigkeiten ist der Vorteil von DATEX-P, daß der Teilnehmer nicht mehr für die Dauer einer Verbindung zahlen muß, sondern nur für die übertragene Datenmenge. Das DATEX-P-Netz gilt als Übergangslösung bis zur Einführung des schmalbandigen dienstintegrierten ISDN (Integrated Services Digital Network oder Integriertes Schmalbandiges Digital-Netz; s. unten S. 33 ff.).

(3) Das Funknetz

Hierbei handelt es sich um ein flächendeckendes Breitband-„netz", das großenteils zur drahtlosen analogen Übertragung von Rundfunk[11] dient: für Hörfunk, Fernsehen und auch Videotext. Es ist – im Gegensatz zum Fernsprechnetz – ein reines *Verteil*netz mit sog. „Baumstruktur", vorstellbar wie ein Baum, von dessen Stamm aus die Rundfunkprogramme bis ins feinste Geäst hinein übertragen und von den privaten Haushalten in der Regel per Antenne empfangen werden können. Typisches Merkmal eines Verteilnetzes ist also, daß die Rundfunkempfänger (Teilnehmer) nicht untereinander(!) kommunizieren können. Von der Bandkapazität her betrachtet ist die breitbandige Struktur des Funknetzes wegen der hohen Qualitätsanforderungen an bewegte Fernsehbilder notwendig (mehrere -zig Millionen bit/s).

Die technische Alternative zu diesem drahtlosen „Netz" sind sog. „Breitbandkabelanlagen", wie sie schon seit längerem als Gemeinschafts- oder auch als Großgemeinschafts-Antennenanlagen bekannt sind. Heute sind nahezu die Hälfte aller Fernsehteilnehmer an solche Gemeinschaftsantennenanlagen angeschlossen.

Für die Breitbandverteilnetze auf öffentlichen Wegen ist die DBP zuständig, und zwar nur als Zuführung von Rundfunkprogrammen bis zum Übergabepunkt für entsprechende Gemeinschaftsantennenanlagen – in der Regel ist das die Grundstücksgrenze oder der Keller.

Solche lokalen Breitbandverteilanlagen – auch „Inselnetze" genannt – wurden von der DBP bis 1982 nur in sog. „Abschattungsgebieten" errichtet, in Gebieten also, in denen der Empfang von Rundfunkprogrammen durch Hochhäuser oder durch Berge beeinträchtigt ist. Heute werden bereits ganze Stadtteile via Kabel mit Hörfunk und Fernsehen versorgt; insofern ist die Breitbandverkabelung nichts Neues.

b) Netzausbau

Der von der Industrie ausgehende Druck auf die DBP, für die sog. Neuen Dienste (s. I. 2. c.) schnellstens entsprechende „Vorleistungen" in Form einer neuen Netzinfrastruktur zu erbringen, hat bisher zu folgenden Zielen und Planungskonzepten seitens der DBP geführt:

„– Die DBP muß ihre Dienstleistungen entsprechend den Anforderungen der Kunden in hoher Qualität möglichst preiswert anbieten. Daraus resultiert die Aufgabe der Rationalisierung und Weiterentwicklung ihrer Mensch-Mittel-Systeme und der konsequenten Innovation.
– Für die Volkswirtschaft ist es notwendig, neue Telekommunikationsformen zur Verbesserung der Wettbewerbsfähigkeit bzw. zur Erhöhung der Lebensqualität zu entwickeln. Dazu müssen geeignete Netze einschließlich neuer Endgeräte bereitgestellt werden, wobei die DBP als Netzbetreiber durch geeignete Vorleistungen und rechtzeitige Standardisierung die Entwicklung neuer Telekommunikationsformen und neuer Endgeräte unterstützen muß."
(DBP „Ausbaupläne" 1984, S. 4)

Diese beiden Ziele müssen sich beim Dienstleistungsangebot der DBP an einer sich abzeichnenden Marktnachfrage orientieren. Die DBP begründet die geplante völlig neuartige Netzinfrastruktur im wesentlichen mit drei Argumenten:
– Wirtschaftliches Argument: Die – wie bisher – getrennten Netze erfordern einen größeren Betriebsaufwand bzw. höhere Investitionen für neue Netze als ein einziges Netz, das „alte" und „neue" Dienste umfaßt.
– Kapazitätsargument: Die gegenwärtigen Netze reichen vor allem in Spitzenzeiten nicht aus; sie können gegenseitig keine Aushilfe bei Netzüberlastung leisten.
– Technisches Argument: Die technologischen Fortschritte bei den Netzen wie z.B. neue Vermittlungstechniken und Materia-

lien sowie die Integrationsmöglichkeiten verschiedener Dienste sollen genutzt werden.

Worum geht es nun im einzelnen, wenn von der „Integration der Fernmeldenetze" und damit dem Aufbau einer „neuartigen Netzinfrastruktur" gesprochen wird? Tatsächlich ist in dem Netzausbau der entscheidende Schritt zur Informatisierung der Gesellschaft zu sehen, weil hiermit die Übertragungswege (also die technischen Kanäle) für Sprach-, Daten-, Text- und Bild-Informationen geschaffen werden, d. h. Telekommunikation erst möglich wird. Die öffentliche Diskussion konzentriert sich zumeist nur auf die flächendeckende *Breitbandverkabelung* der Bundesrepublik mit Kupferkoaxialkabel, wodurch mehr Fernseh- (und Hörfunk)programme empfangen werden können und wohl auch sollen. Die zweite, sehr viel wichtigere Netzausbaustrategie der DBP jedoch ist die *Digitalisierung* des Fernsprechnetzes, der von Experten eine Schlüsselrolle zugesprochen wird.

Wir geben im folgenden einen Überblick über die verschiedenen Netzausbaustufen.

(1) Breitbandverkabelung

Die nach dem Regierungswechsel 1982 beschleunigt vorangetriebene Breitbandverkabelung der Bundesrepublik in der altbewährten Kupferkoaxialtechnik wird von der DBP mit einer „aktuellen privaten Nachfrage nach einer größeren Programmvielfalt" – wie es in den Ausbauplänen heißt – begründet. Neu daran ist die Absicht der flächendeckenden Verkabelung. Es sollen jeweils 25 Fernseh- und UKW-Hörfunkprogramme und mehr übertragen werden. In der zweiten Hälfte der 80er Jahre sollen zusätzlich Richtfunknetze und Satellitensysteme für weitere Programmverteilung errichtet werden, um so die Kapazitäten der Breitbandkabel auszunutzen.

Die Breitbandverkabelung der Bundesrepublik kostet etwa 20–30 Milliarden DM. Eine Kostendeckung für dieses Großprojekt scheint inzwischen sehr unwahrscheinlich, denn ein Ausbau der Verkabelung veranlaßt(e) die Fernsehzuschauer keineswegs automatisch, einen mehrere hundert Mark teuren Kabelanschluß zu beantragen. Das entscheidende Problem ist allerdings ein anderes: Die Bundespost kann und darf weder neue *Programm*inhalte anbieten noch die notwendigen *rechtlichen* Änderungen für ein zusätzliches Programmangebot veranlassen, da dies in den Hoheitsbereich der Länderparlamente gehört (s. Kapitel II.). Selbst technisch ist die Breitbandverkabelung der Bundesrepublik umstritten, da die Kupferkoaxialtechnik angesichts der verfügbaren Glasfasertechnik eine veraltete Technik ist und damit Milliardenbeträge verschleudert werden, wie Kritiker meinen.

Digitalisierung des Fernsprechnetzes

Das gegenwärtige Fernsprechnetz ist für eine schnelle Daten-, Text- und Bildübertragung ungeeignet. Andererseits bietet gerade dieses Netz wegen seiner flächendeckenden Ausdehnung die Grundlage für eine universelle Nutzung von Telekommunikationsdiensten – auch seitens der privaten Haushalte. Technisch gesehen handelt es sich bei der Digitalisierung des Fernsprechnetzes um zweierlei: 1. werden die heutigen elektromechanischen Orts- und Fernvermittlungsstellen durch *computergesteuerte* Vermittlungsstellen ersetzt. 2. wird die bisherige analoge Übertragungsweise von Sprache auf die *digitale Übertragungs*technik umgestellt. Das heißt: Bei der analogen Übertragung werden beim Telefonieren die Schallwellen in elektrische Schwingungen umgewandelt; bei der digitalen Technik müssen diese in Zahlenkombinationen von 0 und 1 aufgelöst werden.

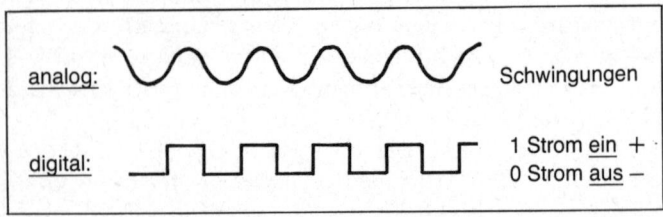

Abb. 3: Analoge und digitale Übertragungstechnik

Das geschieht durch regelmäßige Messungen der menschlichen Sprache, und zwar etwa 800mal in der Sekunde. Die Umwandlung von Tönen in digitale Signale ist bereits aus der Unterhaltungselektronik (z. B. CD-Plattenspieler) bekannt.

Die Standardgeschwindigkeit für die digitale Übertragung von Daten über das digitalisierte Fernsprechnetz beträgt 64 000 bit/s – auch geschrieben 64 kbit/s (= 64 Kilobit pro Sekunde, das sind etwa 8000 Zeichen oder knapp 4 Schreibmaschinenseiten DIN A 4).

Die Digitalisierung des Fernsprechnetzes ist die entscheidende Voraussetzung für die beabsichtigte Integration aller geschäftlichen Kommunikationsdienste wie Daten-, Text-, Bild- und Sprachübertragung (mit Ausnahme von Bewegtbildern wie z. B. Bildfernsprechen, Videokonferenz u. a.). Sie ist seit 1985 in vollem Gang, wobei sich die DBP ausschließlich auf große Verkehrszentren – hier sind meist auch die großen Unternehmen ansässig! – und auf die Umstellung des Fernnetzes konzentriert. Nach den Plänen der DBP soll das Fernnetz bis zur Jahrtausendwende, das gesamte Fernsprechnetz bis zum Jahre 2020 digitalisiert sein. Das mittelfristige Investitionsvolumen (1986 bis 1995) schätzt die DBP auf 35–40 Milliarden DM – eine gewaltige Summe in 10 Jahren, die vor allem von den Telefonkunden, also auch von den über 20 Millionen privaten Fernsprechteilnehmern aufgebracht wird.

(2) Das ISDN (Integrated Services Digital Network oder: Integriertes Schmalbandiges Digital-Netz)

Parallel zu der vorgenannten Digitalisierung des Fernsprechnetzes, das als flächendeckender Netzausbau vollständig erst in etwa 35 Jahren realisiert sein soll, strebt die DBP bereits 1988 (spätestens jedoch 1990) an, ein flächendeckendes, d. h. für das gesamte Bundesgebiet einschließlich West-Berlin, Diensteangebot für alle schmalbandigen Dienste der Daten-, Text-, Sprach- und Bildübertragung in einem integrierten Netz zur Verfügung zu stellen: dem sog. ISDN mit einer Übertragungsrate von 64 000 bit/s (64 kbit/s). Dazu wurden von der CCITT[12] bereits

1982 internationale Mindeststandards empfohlen, um Telekommunikation auch über nationale Grenzen hinweg zu ermöglichen.

Neu beim ISDN ist die Ausweitung der Digitalisierung auf den Teilnehmeranschluß mit einem sog. „Basisanschluß", einer Art Universal- oder Kommunikationssteckdose, an die nach den Post-Plänen bis zu 8 verschiedene Endgeräte angeschlossen werden können. Vorgesehen sind je Teilnehmeranschluß 2 Nutzkanäle (= Doppelanschluß) und ein zusätzlicher Steuerkanal unter Beibehaltung der gegenwärtigen Kupferdoppeladern. D.h., es können stets zwei verschiedene Dienste gleichzeitig genutzt werden.

Dazu ein Beispiel: An einem Büroarbeitsplatz wird das Telefon heute in der Regel nur für Ferngespräche genutzt. Diese Funktion soll nach den Vorstellungen der Bundespost und der informationstechnischen Industrie erweitert werden. So soll das Telefon außer der Übertragung von Sprache wie beim Fernsprechen gleichzeitig zur Übertragung von Daten, Texten und Bildern dienen. Wenn nun für diesen Büroarbeitsplatz 1988 ein ISDN-Anschluß bei der Bundespost beantragt und dieser installiert ist, so besteht zumindest die Möglichkeit, während eines Telefongesprächs zur gleichen Zeit auf dem 2. Nutzkanal z.B. Daten oder Texte zu empfangen oder abzusenden; oder man kann z.B. auf gesonderte Datenbanken zugreifen, um dort Informationen abzurufen. Freilich geht dies nur dann, wenn an diesem Arbeitsplatz außer dem Telefonapparat zusätzlich entsprechende Endgeräte wie z.B. ein Teletex-, Telefax- oder Datenfernübertragungsgerät vorhanden ist.

Ob diese technischen Möglichkeiten künftig auch in der Praxis von vielen genutzt werden, ist allerdings fraglich. Die Bundespost geht bei ihren Planungen und vagen Modellrechnungen davon aus, daß am ehesten die Privatwirtschaft sowie die öffentlichen Verwaltungen, weniger die privaten Haushalte, entsprechende ISDN-Anschlüsse beantragen werden und die Kosten für entsprechende Endgeräte aufbringen können. Ebenso wie bei der Digitalisierung des Fernsprechnetzes konzentriert sie sich auf Orte mit hohem Verkehrsaufkommen.[13] Ob diese technischen Großprojekte überhaupt sinnvoll sind und welche weitreichenden Folgen sie für Arbeitsplätze und gesellschaftliche Verkehrsformen haben werden, wird allerdings von den

Technikprotagonisten kaum ernsthaft diskutiert. Welchen Nutzen eine ISDN-Einrichtung, die im Vergleich zum herkömmlichen Telefonanschluß wesentlich teurer sein wird und zudem die Anschaffung aufwendiger Endgeräte erfordert, für den privaten Haushalt erbringt, ist weitgehend ungeklärt.

(3) Schritte zum Universalnetz: Breitband-ISDN, Glasfaserverkabelung und IBFN

Im ISDN sind alle *schmal*bandigen Individual-Kommunikationsdienste der Daten-, Text-, Sprach- und Bildübertragung über Kupferkabel nutzbar. Nicht möglich sind vermittelte *Breitband*dienste wie etwa Bildfernsprechen und Videokonferenzen (= bewegte Bilder in Farbfernsehqualität) oder auch sehr schneller Datenaustausch, weil die Netzkapazität des ISDN mit 64 kbit/s bei weitem nicht ausreicht. Dazu ist eine Kapazität von 30–60 Millionen und mehr bit/s erforderlich. Seit Jahren schon arbeiten daher nachrichtentechnische Konzerne an der Entwicklung optoelektronischer Übertragungsverfahren per *Glasfaser* und deren Einsatz als Alternative zum Kupferkabel.

Die *Glasfaser* besteht aus reinem Quarzglas (aus Quarzsand) und ist etwa so dünn wie ein menschliches Haar. Die Signale – bei der digitalen Übertragungsweise 0 und 1 – werden optisch mit Laserlichtstrahlen übertragen, daher auch die Bezeichnung „Lichtwellenleiter". Auf einer einzigen Faser können infolge der verschachtelten Übertragungsweise gleichzeitig etwa 32 000 Telefongespräche geführt oder 60 Fernsehprogramme übermittelt werden, d.h. die Glasfaser hat eine nahezu unbegrenzte Übertragungskapazität. Damit ist die Glasfasertechnik für alle schmal- und breitbandigen Dienste verfügbar. Weitere technische Vorteile gegenüber dem Kupferkabel sind z.B. die größere Abhörsicherheit und der Schutz vor elektromagnetischen Einwirkungen (z.B. Blitzschlag). Die Verlegung von Glasfaserkabel ist längst beschlossen und bereits in vollem Gang:

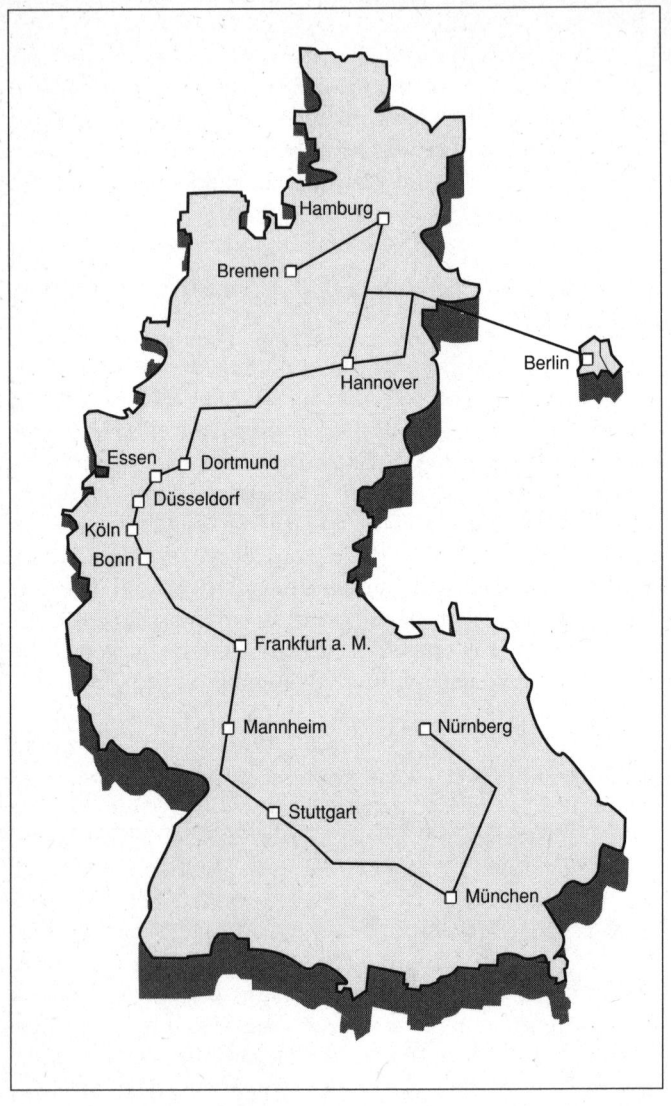

Abb. 4: Bundesweite Glasfaser-Fernstrecke

Quelle: Deutsche Bundespost: Mittelfristiges Ausbauprogramm 1986, S. 27.

Bis 1990 sollen weitere 67 Städte an das Glasfasernetz angeschlossen werden. 1986 wurde auch mit dem Ausbau von Glasfasernetzen im lokalen Bereich der in der Abbildung genannten Städte begonnen. Über diese örtlichen sog. Overlay-Netze sollen dann parallel zum bestehenden Kupfernetz vermittelte Breitbanddienste, wie z. B. Bildfernsprechen und Videokonferenzen, angeboten werden,[14] und zwar vorrangig „in besonders nachfrageträchtigen Geschäftsgebieten", wie es im Planungskonzept der DBP heißt (1986). Hier wird deutlich, was die Bundespost unter „bedarfsgerechtem Ausbau" versteht.

In einem weiteren Schritt ist ab 1990 vorgesehen, die Glasfaserteilnetze an die Netzknoten des Schmalband-ISDN zu koppeln zum sog. *Breitband-ISDN,* in dem sämtliche schmal- und breitbandigen Fernmeldedienste der Individualkommunikation integriert sein sollen.

Der letzte Schritt des geplanten Netzausbaus zu einem Universalnetz, das alle Nachrichtenformen der Individual- und Massenkommunikation, vom Telefon über Bildschirmtelefon und Datenfernübertragung bis hin zum Stereorundfunk, integriert, ist *ab* etwa 1992 mit dem sog. IBFN (= *I*ntegriertes *B*reitband-*F*ernmelde-*N*etz) geplant.

Ob sich dieses zeitlich und kostenmäßig gigantische Großprojekt – die langfristige flächendeckende Verkabelung der Bundesrepublik mit Glasfaser wird schätzungsweise mindestens 300 Milliarden DM kosten – jemals wirtschaftlich rechnet, wird von verschiedenen Seiten stark bezweifelt. So weisen Kritiker z. B. auf den fehlenden Bedarfsnachweis hin oder stellen in Frage, ob die Integration aller Dienste, d. h. auch der bewegten Bilder (= Breitbandintegration), überhaupt billiger ist. „Wir bauen mit der Glasfaser dem Teilnehmer die Autobahn bis in die Wohnung, obwohl er zur Zeit nur mit dem Fahrrad darauf fahren kann", meint ein Projektleiter bei der Firma Siemens (zit. nach Kubicek/Rolf 1985, S. 217). Problematisch ist die geplante Dienste-Integration im Glasfaser-Universalnetz (IBFN) aber nicht nur aus wirtschaftlichen Gründen, sondern vor allem wegen der damit verbundenen *sozialen Risiken,* die in der Öffentlichkeit bislang kaum diskutiert werden. Ebensowenig werden mögliche Alternativen zu den Ausbauplänen der DBP erwogen.

c) Neue Dienste

Im vorangegangenen Abschnitt wurde schon mehrfach der Begriff *Dienste* angesprochen. Damit sind – technisch definiert – bestimmte Formen der Nachrichtenübertragung gemeint. Soweit Nachrichten (Informationen) außerhalb privater Grundstücke über öffentliche Netze übertragen werden, kann allein die DBP neue Dienste – meist auf der Grundlage international anerkannter Standards – einrichten und sie zu genau festgelegten Gebühren anbieten. (Das wird sich allerdings ändern. In Zukunft sollen sämtliche Dienste außer dem Telefon-Dienst von privaten Unternehmen angeboten werden können.) Zur Teilnahme an solchen öffentlichen Diensten werden entsprechende Endgeräte benötigt, die von privaten Unternehmen entwickelt und hergestellt werden; sie müssen vom Fernmeldetechnischen Zentralamt der DBP zugelassen sein und erhalten von dort das Zulassungszeichen.

Neue schmalbandige Dienste

(1) Neue Fernsprechdienste (Auswahl)

Hier einige geplante, zumeist noch in der Erprobungsphase befindliche zusätzliche Fernsprechdienste:
– *Service 130*
Hierbei handelt es sich um einen Fernsprechdienst, bei dem die Gebühren vom angerufenen Teilnehmer gezahlt werden. Der Anrufer selbst zahlt lediglich die Orts- oder Nahgebühr, unabhängig von der Entfernung.
– *Dezentrale Anrufweiterschaltung*
Unter der Bezeichnung GEDAN (= *Ge*rät zur *de*zentralen *An*rufweiterschaltung) bietet die DBP einen Dienst an, bei dem die Weiterschaltung des Anrufs von Ort A automatisch zum Ort B möglich ist. Interessant ist dies z.B. für Filialen oder Zweigbüros.

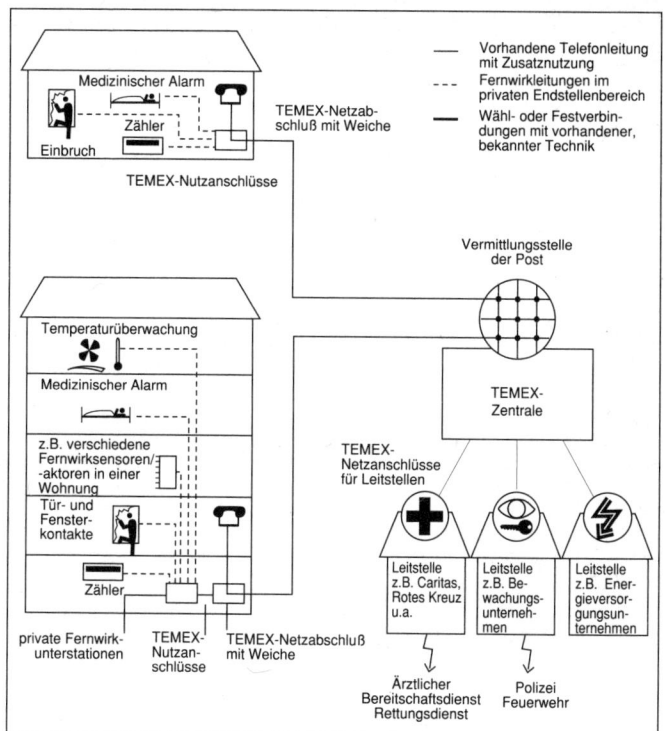

Abb. 5: Beispiele für Fernwirkanwendungen unter Mitwirkung von TEMEX

Quelle: Deutsche Bundespost: Postbuch 1986, S. 441.

– *TEMEX-Dienst* (*tel*emetry-*ex*change)
Bei diesem Dienst, auch „Fernwirken" genannt, übernimmt die DBP die Übertragung von Daten zwischen einer Zentraleinrichtung und einer Außenstation; hier einige Anwendungsmöglichkeiten (vgl. Abb. 5):

Fernüberwachung
– Fernmessen (Ablesen von Gas- oder Stromzählern, Meßgeräten u. ä.)
– Fernanzeigen, z. B. bekannt als Fernüberwachung mit Fern-

sehkameras in Schalterhallen, Bankfilialen, Kaufhäusern, Lager- und Produktionshallen oder zur Patientenüberwachung u. ä., auch Fernanzeige bei Feuer und Einbruch o. ä.

Fernsteuern
– Ferneinstellung von Maschinen oder Robotern oder auch Ampelanlagen, zur Regulierung von Heizungsanlagen u. a.
– Fernschalten, z. B. Ein- oder Abschalten von Maschinen, Heizungen, Beleuchtungen o. ä.

– *öffentliches Wertkartentelefon*
Der Fernsprechkunde kauft bei der DBP eine „Chipkarte" mit einem bestimmten Wert, mit der er anstelle der bisher üblichen Geldstücke an öffentlichen Fernsprechapparaten telefonieren kann.

– *Einzelgebührennachweis*
Auf Wunsch kann ein Fernsprechteilnehmer eine genaue Aufschlüsselung der von ihm geführten Telefongespräche von der DBP erhalten, d. h. mit wem und wie lange er telefoniert hat. (Problematisch ist hierbei allerdings der Datenschutz!)

(2) Teletex (Bürofernschreiben)

Vorläufer dieses neuen Textkommunikationsdienstes ist der allgemein bekannte und auch international vereinheitlichte Telex-Dienst, den es bereits seit 1933 gibt. Heute wird dieser Dienst in der Bundesrepublik von rund 165 000 und weltweit in ca. 200 Ländern von etwa 1,6 Millionen Teilnehmern genutzt. Nachteile dieses Fernschreibdienstes sind:
– die langsame Übertragungsgeschwindigkeit (50 bit/s, d. h. eine Seite DIN A 4 dauert etwa 5 Minuten)
– der geringe Zeichenvorrat: entweder nur kleine oder nur große Buchstaben, keine Umlaute, Ziffern 0 bis 9 und einige Sonderzeichen.
Dies veranlaßte die DBP, 1981 als erste Postverwaltung der Welt den international standardisierten elektronischen Textkommunikationsdienst *Teletex* zu eröffnen.

Im April 1988 gab es in der Bundesrepublik 18 345 Teletex-Anschlüsse. Die Vorteile von Teletex – auch „elektronische

Post" oder „electronic mail" genannt – gegenüber dem Telex-Dienst sind insbesondere:

– wesentlich schnellere Übertragung: 2400 bit/s, d. h. eine Seite DIN A 4 dauert knapp 10 Sekunden;

– gesamter Zeichenvorrat vorhanden, d. h. Groß- und Klein-schreibung, alle Zeichen der Schreibmaschinen-Tastatur;

– Senden und Empfangen von Texten gleichzeitig möglich;

– Texte können ausgedruckt oder auf einem Bildschirm ange-zeigt werden;

– Teletex kann durch die Möglichkeit, mehrere Teletex-Statio-nen (Nebenstellen oder Terminals) an eine Zentrale anzuschlie-ßen, auch intern, d. h. innerhalb des Betriebs/der Verwaltung, genutzt werden. Das bedeutet dezentrale Textkommunikation von Arbeitsplatz zu Arbeitsplatz;

– externe Speicher (z. B. Disketten oder Magnetplatten) ermög-lichen Textbe- und Textverarbeitung (z. B. Korrekturen, inhalt-liche Veränderungen, Verwendung von Textkonserven wie Textbausteine usw.);

– Teletex ist schon bei geringer Ausnutzung kostengünstiger als Telex;

– Teletex umfaßt auch den Telex-Dienst (mit einem speziellen Telex-Teletex-Umsetzer); das Teletex-Endgerät kann ferner als Schreibmaschine, als Speicher-Schreibmaschine oder als Text-automat genutzt werden;

– Geplant ist die Weiterentwicklung dieses Dienstes, der die Textkommunikation (= Teletex) und die Bildkommunikation (Telefax) verbindet zum sog. „elektronischen Brief" („Text-fax").

(3) Telefax (Fernkopieren)

Der Telefax-Dienst – ein weltweit standardisierter Telekommu-nikationsdienst – besteht in der Bundesrepublik seit 1979. Dazu wird ein spezielles Fernkopiergerät und ein Telefon benötigt, mit dem die Telefax-Nummer des Empfängers gewählt werden kann.[15] Es können nur DIN A 4-Vorlagen – vor allem Graphi-ken, Zeichnungen, Bilder, Dokumente o. ä. – in schwarzweiß (fern)kopiert werden, die während des Übertragungsvorgangs über das Fernsprechnetz vom Sendegerät in Punkte aufgelöst und beim Empfänger wieder originalgetreu zusammengesetzt werden.

Fernkopiergeräte werden derzeit in zwei Leistungsgruppen eingeteilt, die sich in der Übertragungsdauer unterscheiden:

Gruppe 2: Übertragung einer DIN A 4-Seite in ca. 3 Minuten (2400 bit/s)

Gruppe 3: Übertragung einer Seite DIN A 4 in ca. 1 Minute (4800 bit/s); hier auch bessere Wiedergabequalität

Weitere Gerätegruppen mit erheblich schnellerer Übertragung (bis zu 48000 bit/s sind in der Entwicklung. Ende Juni 1988 gab es in der Bundesrepublik 125659 Telefax-Anschlüsse.

Kleinere Firmen oder Privatpersonen, die keinen eigenen Telefax-Anschluß haben, können bei 640 Postämtern im Bundesgebiet und in Westberlin einen „telebrief" aufgeben.

Das nächstliegende Postamt am Empfangsort leitet den „telebrief" am gleichen Tag per Eilzustellung an den Empfänger weiter; auf Wunsch wird er telefonisch informiert und kann sich den „telebrief" selbst abholen. Die Gebühr für den „telebrief" beträgt 10 DM plus 1 DM für die telefonische Benachrichtigung bzw. plus Eilzustellungsgebühren.

(4) Bildschirmtext (Btx)

Das Prinzip des Bildschirmtextes beruht auf einer britischen Erfindung im Jahre 1970. Aus den drei bekannten Techniken Fernsprechen, Fernsehen und Rechnen (per Computer) sollte ein neues, bildhaftes Telekommunikationsmedium geschaffen werden. Auch in der Bundesrepublik wurde dieses Medium aufgegriffen und weiterentwickelt. Am 1. 6. 80 begannen in den beiden Städten Düsseldorf-Neuss und Berlin jeweils 3jährige Feldversuche mit wissenschaftlicher Begleitforschung, die umfassende Erkenntnisse über die sich abzeichnenden Veränderungen der Massen- und Individualkommunikation geben sollten. Erst danach sollte über die Einführung von Btx als Regeldienst der DBP entschieden werden. Das aber ist nicht geschehen: Schon lange vor Abschluß der Versuche haben die Bundesländer und die DBP über die Einführung entschieden, obwohl noch keine aussagekräftigen Ergebnisse z.B. auch über die Rationalisierungsrisiken vorlagen! Der äußere Auftakt für die bundesweite Einführung von Btx war die Berliner Funkausstellung im September 1983. Durch Pannen bei der Softwareherstellung (IBM) verzögerte sich der Start schließlich bis Mai 1984.

Mit Btx können nicht, wie etwa beim Fernsehen, bewegte, sondern nur feste Bilder (als Btx-Seiten) – vor allem Texte oder auch (einfache) Graphiken – aus einem Zentralspeicher, der sog. Btx-Zentrale, abgerufen werden.[16] „Home-banking" (Überweisungen oder Abbuchungen vom eigenen Bankkonto), „elektronische Selbstbedienung", wie Einkaufen, Bestellungen bei Versandhäusern aufgeben, Reisen buchen, Nachrichten oder Glückwünsche einem anderen Btx-Teilnehmer schicken, all das soll man mit Btx machen können, und zwar rund um die Uhr, ganz bequem von zu Hause aus.

Trotz einer massiven Werbekampagne der DBP scheint dieses Medium zumindest für die Bundesbürger keinen Nutzen zu erbringen. Teilweise schon wird Btx als „Flop" eingeschätzt. So hatte die DBP für Ende 1986 1 Million Anschlüsse geplant, tatsächlich waren es am 31. 12. 86 nur 58365 (Ende Juni 1988 = 121741) – davon in privaten Haushalten nur verschwindend wenige. Inzwischen ist klar geworden, daß Btx vor allem als geschäftliches Kommunikationsmedium dienen kann (neben anderen konkurrierenden Systemen). Hier einige denkbare Einsatzgebiete von Btx:
– in großen *Unternehmen* als innerbetriebliche Informationssysteme (sog. „Inhouse-Systeme"); dadurch gleichzeitiger Zugriff auf alle bei Btx-Vermittlungsstellen verfügbaren Informationen, Dienstleistungen, Datenbanken usw. möglich;
– *Kreditinstitute* (Banken, Sparkassen u. a.) im Bereich Kundenservice und Selbstbedienung – auch für private Kunden (damit kann die Dateneingabe nun auf die privaten Kunden selbst verlagert werden!);
– *Versicherungsunternehmen* – als Verbindung von Filialen und

Agenturen, für Privatkunden (Schadensmeldungen z.B.) usw.;
– *Handels- und Dienstleistungsunternehmen* wie: Versandhandel, Warenhäuser, Lebensmitteleinzelhandel, Touristikunternehmen, Hotels, Speditionen u.v.m.;
– *Nachrichtenagenturen, Verlage* usw.;
– *öffentliche Verwaltungen* (Ämter, Behörden, Einrichtungen der Sozialversicherung, Post, Bahn, öffentliche Datenbanken usw.).

Wie funktioniert Btx?

Neu beim *deutschen* Btx-Dienst ist die Möglichkeit des Dialogs mit sog. externen Rechnern, d.h. mit Computersystemen von Industriebetrieben, Banken, Versicherungen, Reisebüros, Versandhäusern usw., vermittelt über die Btx-Zentrale (auch

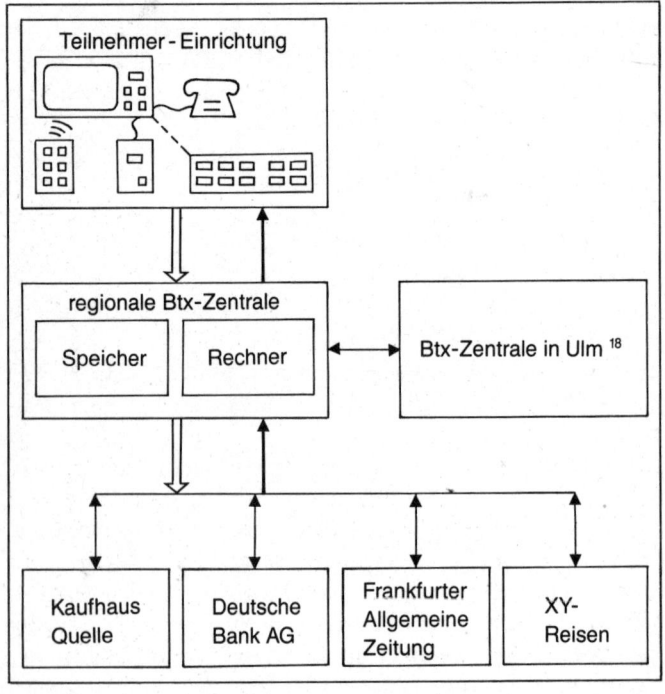

Abb. 6: Funktionsweise von Btx

„Rechnerverbund" genannt). Neben Informationen, verschiedenen Dienstleistungen und dem „elektronischen Briefkasten" (mail-box, hierin bewahrt die DBP elektronisch übermittelte Nachrichten für den Empfänger auf, bis dieser sie abruft) bietet die DBP über Btx auch alle Möglichkeiten der Datenfernübertragung an. Abb. 6 zeigt die Funktionsweise von Btx.

Kosten:
– einmalige Anschlußgebühr = 55 DM
– monatliche Gebühr für Anschlußbox[17] (wird von DBP gestellt) = 8 DM
– plus Telefongebühren (Nahtarif)
– plus Gebühren für elektronische Mitteilungen[18]
– plus Kosten für gebührenpflichtige Informationsseiten (von 0,02 bis 1 DM pro Seite)

Die einzelnen Btx-Seiten[19] werden von den Anbietern mit speziellen Btx-Editiersystemen entweder selbst oder von privaten Unternehmen (z.B. Btx-Agenturen) erstellt und gegen Gebühr bei den Btx-Zentralen gespeichert; von dort aus können sie die Teilnehmer abrufen. Für die inhaltliche Nutzung von Bildschirmtext haben die Ministerpräsidenten der Länder mit dem am 18. März 1983 unterzeichneten Staatsvertrag bundeseinheitliche gesetzliche Rahmenbedingungen festgelegt. In der Praxis zeigt sich jedoch, daß z.B. zwischen „Werbung" und „Information" oftmals keine scharfe Trennlinie gezogen werden kann; auch die Datenschutzprobleme sind noch keineswegs befriedigend gelöst.

Um den Btx-Dienst künftig attraktiver zu gestalten, hat die Deutsche Bundespost seit Mitte 1987 einige Änderungen eingeführt. So ist es beispielsweise über den Btx-Dienst möglich, den Telex- und Telefax-Dienst zu nutzen, wenn der Empfänger über ein Telex- bzw. Telefax-Gerät verfügt, jedoch kein eigenes Btx-Gerät hat. Eine Integration von Btx und Telefon bietet die DBP mit dem sog. „Multitel" an, mit dem beide Dienste, Fernsprechen und Btx, in einem Gerät genutzt werden können. Des weiteren wurde das bisherige relativ zeitaufwendige und manchmal ergebnislose Suchverfahren (über den sog. Suchbaum) durch die Möglichkeit der Eingabe von Stichwörtern ergänzt. Ähnlich wie beim Telefax-Dienst werden von der DBP inzwischen öffentliche Btx-Stellen, z. B. in Postämtern, eingerichtet. Schließlich bereitet die DBP die grenzüberschreitende Nutzung von Btx-Systemen anderer westeuropäischer Länder vor.

Die Zukunft von Btx ist einstweilen noch fraglich. Zumindest aber hat Btx deutlich gemacht, daß mit diesem Medium die bisherige Trennung von Individual- und Massenkommunikation, von Vermittlungs- und Verteilfunktionen und d. h. auch von Arbeits- und Privatsphäre aufgehoben sein dürfte. Die weitaus weniger riskante Alternative „Videotext" z. B. wird dagegen nicht weiterentwickelt (s. S. 51 f.), weil sie kommerziell kaum verwertbar ist.

(5) Datenfernübertragung

Wie bereits unter dem Stichwort „IDN" erwähnt, gibt es das Prinzip der Datenfernübertragung bereits seit einigen Jahren. Sie betrifft ausschließlich den Datentransport, d. h. die *Übermittlung* digitaler Daten über größere Entfernungen hinweg vom Sender zum Empfänger. Dort werden sie lediglich in einem Endgerät gespeichert, aber nicht verarbeitet. Insofern ist die Datenfernübertragung begrifflich von der „Datenfernverarbeitung" zu unterscheiden.

Die Datenfernübertragung – wie die übrigen DATEL-Dienste[20] auch – unterscheidet sich hinsichtlich der
– Übertragungsgeschwindigkeiten
– Übertragungssicherheit (Fehlerrate)
– Übertragungskosten.

Die Übertragungswege werden unterschieden nach
Wählverbindungen
– über Fernsprechnetz bis 4800 bit/s
– über DATEX-L (Leitungsvermittlung) bis 9600 bit/s
– über DATEX-P (Paketvermittlung) bis 48000 bit/s
Standverbindungen
– über Direktrufnetz bis 48000 bit/s
– über internationale Mietleitungen

Bei den Wählverbindungen besteht die Möglichkeit, eine Vielzahl von angeschlossenen Teilnehmern (im Amtlichen Teilnehmerverzeichnis) über Telefon anzuwählen und die Verbindung herzustellen. Standverbindungen dagegen sind fest geschaltete, ständig dienstbereite Verbindungswege zwischen zwei Datenendeinrichtungen.

Eine Datenendeinrichtung (DEE) dient zum Senden und Empfangen von Daten. Solche Endeinrichtungen können z.B. sein: Bildschirmgerät (Terminal), Drucker, Magnetplattenstation, Computer (z.B. ein PC) usw.

Eine Datenübertragungseinrichtung (DÜE) ist z.B. ein posteigenes MODEM (Modulator-Demodulator), das die digitalen Signale für die Übertragung über das Fernsprechnetz in analoge umsetzt und anschließend wieder in digitale zurückverwandelt.[21] An den Schnittstellen zwischen DEE und DÜE endet jeweils die Zuständigkeit der DBP. Die privaten Datenendgeräte müssen, wenn sie für Datenfernübertragungszwecke genutzt werden, von der DBP geprüft und zugelassen sein.

Im folgenden sind einige *Anwendungsfälle* von Datenfernübertragung zusammengestellt, die sich hinsichtlich *Geschwindigkeit* und *Häufigkeit* der Übertragung stark unterscheiden:

Übermittlung von Daten an eine andere Organisation: Die bei der monatlichen Gehaltsabrechnung eines Unternehmens einbehaltenen Beiträge für die Sozialversicherung können mit allen Einzelangaben an die zuständigen Versicherungsträger weitergegeben werden. In Sparkassen können die Schecks und Überweisungen an die zuständige Clearing-Stelle übermittelt werden. In einer kleinen Kommune können Daten für die Lohn- und Gehaltsabrechnung oder andere Abrechnungen an ein Gemeinschafts- oder Service-Rechenzentrum übermittelt werden, das die Ergebnisse als Ausdruck (Belege, Listen) zurückschickt.

Übermittlung von dezentral anfallenden Daten an eine zentrale Datenverarbeitungsanlage: In Zweigstellen von Sparkassen können Buchungen an dem Zentralrechner übermittelt und dort bearbeitet oder weitergeleitet werden. Von Geschäftsstellen einer Krankenkasse sollen Abrechnungen oder Veränderungen von persönlichen Daten der Versicherten an den Zentralcomputer übermittelt werden. Es ist auch möglich, mit Hilfe sogenannter *mobiler Datenerfassungsgeräte* von jedem Telefonanschluß aus oder über Funk Daten an einen Computer zu übermitteln. So können Versicherungsvertreter von der Wohnung des Versicherten aus Vertragsabschlüsse gleich in den Zentralrechner eingeben; beim Ablesen von Gas, Strom und Wasser wäre dies technisch auch möglich.

Dezentrale Abfrage von Daten aus einer zentralen Datei: Wenn in Außenstellen, Filialen o. ä. ein Kunde eine Auskunft für seinen Kontostand, seine Ansprüche aus der Rentenversicherung o. ä. wünscht, diese Daten aber in einem Zentralrechner gespeichert sind, so kann eine Anfrage von einer dezentralen Abfragestation erfolgen. Wenn im Zusammenhang mit der Abwicklung eines Geschäftsvorfalls Klärungen erforderlich sind (Beitragszahlung, persönliche Daten, Richtlinien), die Daten dazu aber nur im Zentralrechner gespeichert sind, so kann der Sachbearbeiter diese Daten über eine Eingabe-/Ausgabestation (z. B. Bildschirmgerät) abrufen. Mit Hilfe *mobiler Eingabe-/Ausgabegeräte* können Sozialarbeiter, Polizisten, Rentenberater dies von jedem Ort, an dem ein Telefonanschluß existiert, oder eventuell auch über Funk tun.

Dezentrale Nutzung von Datenverarbeitungsprogrammen (Software): Eine Kommune oder eine kleine Sparkasse, die sich aus Wirtschaftlichkeitsgründen keine eigene Datenverarbeitungsanlage kaufen oder mieten wollen, können ein Gemeinschafts- oder Service-Rechenzentrum über Bildschirmgeräte benutzen. Dann können sie Daten dorthin übermitteln oder von dort abrufen. Im sogenannten Dialogbetrieb können sie vom Bildschirmgerät aus auch rechnen. Eine kleine Spedition kann die Lohnabrechnung, die Auswertung der Fahrtenschreiber oder eine mathematische Optimierung der Routen der einzelnen Fahrzeuge bei einem solchen Anschluß alleine mit einem Bildschirmgerät erledigen. (Aus: Kubicek/Rolf 1985, S. 90/91.)

Eines der größten Hindernisse sowohl für den Zusammenschluß unterschiedlicher Computersysteme zu lokalen Netzwerken (LAN) als auch für eine größere Verbreitung der Datenfernübertragung – vor allem auch über die Ländergrenzen hinweg – ist die noch weitgehend unzureichende Kompatibilität (Vereinbarkeit) einer Vielzahl von Endgeräten und der Netze (öffentlich und privat). Die Hersteller von Endgeräten und Anbieter privater Netze sowie die DBP und internationale Gremien diskutieren bereits seit einigen Jahren über entsprechende Standardisierungen. In dieser internationalen Standardisierungsdebatte geht es indessen weniger um technische Probleme als vielmehr um unternehmenspolitische Strategien – entweder zur Blockierung internationaler Normungsbestrebungen oder zur weltweiten Durchsetzung eigener Standards. So will z. B. der Computerriese IBM sein System SNA (*Systems Network Architecture*) durchsetzen. Die europäischen Konkurrenten dagegen favorisieren den offenen Kommunikationsstandard OSI (Open Systems Interconnection), wonach sämtliche Computersysteme in entsprechend „offenen Netzen" kompatibel wären.

Neue breitbandige Dienste

(6) Bildfernsprechen

Beim Bildfernsprechen – auch „Fernsehtelefon" genannt[22] – können sich die Gesprächspartner nicht nur wie bisher hören, sondern auch sehen – zudem in Farbe. Als Zusatzgeräte werden eine Videokamera und ein Bildschirm (z. B. ein Fernsehapparat) benötigt. Die Teilnehmer schalten die Videokamera jeweils erst dann ein, wenn sie vom anderen gesehen werden möchten. Neben der Möglichkeit, Mimik und Gebärden des Gesprächspartners wahrzunehmen, können Gegenstände, Zeichnungen, Bilder usw. über den Bildschirm gezeigt werden.

Ob für das Bildfernsprechen eine bedeutende Nachfrage besteht, ist heute noch unklar. Die Kosten für Zusatzgeräte, die Gebühren, die verschiedenen Anwendungsfelder, die Akzeptanz und vor allem auch der Bedarf nach solchen Kommunikationsformen sind kaum abzuschätzen. Herstellerfirmen rechnen insbesondere mit Anwendungsmöglichkeiten im geschäftlichen Bereich, z. B. von Arbeitsplatz zu Arbeitsplatz. Zur Zeit müßten die Gebühren pro Einheit für ein Bildtelefongespräch im Vergleich zum normalen Telefongespräch etwa 2000mal höher sein, weil ein Bildferngespräch die Leitungskapazität von rund 2000 Telefongesprächen beansprucht.

(7) Videokonferenz

Videokonferenzen sind nach Auffassung der DBP die geschäftliche Anwendungsform des Bildfernsprechens, d. h. volle Bewegtbildübertragung in Farbfernsehqualität, unterstützt durch zusätzliche Text-, Daten- und Festbildübertragung. Videokonferenzen gelten als zeit- und energiesparende Alternative zu Geschäftsreisen sowie als sinnvolle Einsatzmöglichkeit bei Unternehmen, die ein starkes Kommunikationsbedürfnis zwischen verschiedenen Standorten haben, z. B. Filialbetriebe. Die Teilnehmer treffen sich in zwei örtlich entfernt liegenden Videokonferenzstudios, in denen entweder jeder Teilnehmer einen eigenen Bildschirm hat oder große Monitorwände errichtet sind. Solche Studios können sein:

– öffentliche Videokonferenzräume, die in 13 Städten von der DBP eingerichtet sind und gemietet werden können; sie sollen in erster Linie Demonstrationszwecken dienen;

– private firmeninterne Konferenzstudios, z. B. zwischen der Zentrale und einem Zweigwerk im In- oder Ausland;

– private Mietstudios, die z. B. von Hotelketten oder Messegesellschaften vermietet werden.

Der Videokonferenz-Dienst der DBP ist ein Teilbereich der sog. „Telekonferenzen". Erstmals vorgestellt wurde der Videokonferenzdienst von der DBP auf der Internationalen Funkausstellung 1983 in Berlin; Prototypversuche starteten in Berlin, Hamburg und Frankfurt. Öffentliche Videokonferenzstudios gibt es derzeit in 13 Großstädten der Bundesrepublik von Kiel bis München. Die Übertragung erfolgt innerhalb der Bundesrepublik per Kabelnetz, international über Satellitenverbindungen (nach Voranmeldung).

Als potentieller Kundenkreis werden in der „Studie für einen Telekommunikations-Entwicklungsplan" NRW (1984) folgende Teilnehmergruppen genannt: multinationale Unternehmen, Versandhäuser, Banken, Versicherungen, Werbeagenturen, große Reiseveranstalter, Verlage, internationale Handelshäuser, sonstige Firmen mit großem Kommunikationsbedürfnis.

Die Einrichtung von Videokonferenzräumen kostet je nach Ausstattung zwischen 250 000 und 500 000 DM und mehr. Für die Nutzung des Videokonferenz-Versuchsnetzes werden von der DBP folgende Gebühren erhoben:

– einmalige Anschlußgebühr für private Videokonferenzräume   12 000 DM
– monatliches Grundentgelt   1 500 DM
– Übertragungskosten pro Stunde:
innerhalb der Bundesrepublik   800 DM

im europäischen Ausland	1 200 DM
außerhalb Europas	2 500 DM

Eine wichtige Voraussetzung für die Akzeptanz von Videokonferenzen ist neben der Kostenfrage vor allem die einfache Bedienung, die Einrichtung und die ergonomische Gestaltung der Studios. Das Fraunhofer Institut für Arbeitswissenschaft und Organisation in Stuttgart z. B. hat einige Vor- und Nachteile von Videokonferenzen in Unternehmen untersucht. So wurde festgestellt, „daß schwierige, komplexe, konfliktgeladene oder politisch brisante Verhandlungen mit Videokonferenzen nicht oder nur unzureichend durchgeführt werden können. Obwohl die Übertragungs- und Displaytechnik inzwischen wesentlich verbessert wurde, gehen doch teilweise Informationen des Gesichtsausdrucks bzw. der Körpersprache verloren [...] Vertrauensbildende Maßnahmen können nur bei direktem persönlichen Kontakt in vollem Umfang stattfinden. Videokonferenzen werden deshalb nur bei sachlichen und technisch orientierten Konferenzen, bzw. wenn sich die Konferenzteilnehmer bereits kennen, den gewünschten Erfolg erzielen." (in: Office Management, Okt. 1984, S. 936)

(8) Videotext

Unter der Bezeichnung Videotext wird in der Bundesrepublik seit 1980 von den öffentlich-rechtlichen Rundfunkanstalten (ARD und ZDF) ein Dienst angeboten, mit dem zu den Sendezeiten meist kurze Texte übertragen und per Fernseher (mit Videotext-Decoder) empfangen werden können. Technisch wird Videotext in der sog. „Austastlücke" des Fernsehgeräts übertragen, die bei falscher Einstellung des Geräts als schwarzer Balken sichtbar wird. Zuweilen wird dieser Dienst auch „Bildschirmzeitung" genannt, worin die rundfunkrechtlich ungeklärte Situation zum Ausdruck kommt, was Videotext eigentlich ist: Presse oder Fernsehen oder eine Mischung aus beiden Medien.

Zur Zeit stehen dem Fernsehzuschauer kostenlos zwischen 200 und 300 Textseiten (Tafeln) zur Verfügung, die dem Seiten-

aufbau des Bildschirmtextes ähneln. Zwei wichtige Unterschiede bestehen jedoch zu Btx:
– Videotext dient ausschließlich dem Abruf von Informationen. Es fallen also keine Nutzungsdaten und keine seitenabhängigen Gebührendaten an!
– Die Videotextseiten werden fortlaufend ausgestrahlt und wiederholen sich in regelmäßigen Abständen. Daher kann es einige Sekunden (max. bis zu einer Minute) dauern, bis die per Fernbedienung aufgerufene Texttafel auf dem Bildschirm erscheint; sie bleibt so lange stehen, wie der Betrachter es wünscht.

Die Informationsangebote reichen von aktuellen Nachrichten (Eilmeldungen) über Programmhinweise, Wetterbericht, Kultur- und Theaterangebote bis zu Lottozahlen, verschiedenen Tips usw. Ein besonderer Service beim Videotext sind die Untertitel für Hörbehinderte sowie für fremdsprachige Sendungen. Untersuchungen haben eine durchweg positive Einstellung der Videotext-Nutzer ergeben; am beliebtesten sind Eilmeldungen und allgemeine Nachrichten. In bezug auf die Aktualität einer Information ist Videotext allen anderen Massenmedien weit überlegen. Seit 1983 haben einige Sendeanstalten damit begonnen, Videotext zu regionalisieren; gesendet wird er auf den Kanälen der Dritten Fernsehprogramme. Als mögliche Alternative zu Btx und vor allem als risikobegrenzende Technik wird Videotext in der Bundesrepublik technisch allerdings nicht weiterentwickelt.

II. Mehr Programme = freie Fahrt für privaten Rundfunk?

Die technische Entwicklung hat die Vermehrung von Rundfunkprogrammen durch Kabelübertragung bereits vor Jahren möglich gemacht. Ebenso war der Zeitpunkt, an dem über Satelliten neue Übertragungsmöglichkeiten bereitgestellt werden, lange bekannt. Eine politische Streitfrage ist daraus erst geworden, als die Vermehrung der möglichen Programme zur Begründung für die Zulassung von privaten Programmanbietern gemacht wurde.

1. Einstieg ins Privatfernsehen – Gründe und Streitpunkte

Das Kabelpilotprojekt Ludwigshafen mit den ersten privaten Fernsehprogrammen hat seinen Betrieb am 1. Januar 1984 aufgenommen. Das Kabelpilotprojekt München folgte am 1. April 1984. Der erste europäische Fernmeldesatellit mit Fernsehübertragungskanälen steht seit 1983 am Himmel und als erstes privates Fernsehprogramm wurde über diesen Satelliten am 1. Januar 1985 SAT 1 ausgestrahlt. Radio Luxemburg sendet unter der Bezeichnung RTL-plus ein durch Werbeeinnahmen finanziertes Fernsehprogramm in deutscher Sprache seit Januar 1984 auf herkömmlichem Wege und seit 1. September 1985 über Satellit. Der Einstieg ins Zeitalter des Privatfernsehens hat also bereits stattgefunden.

Worum ging dann also der große medienpolitische Streit der Jahre 1984 bis 1986, der vor allem innerhalb der SPD und anschließend bei den Verhandlungen der Ministerpräsidenten der Bundesländer heftig entbrannte? Es ging vor allem darum,
– ob und, wenn ja, unter welchen Bedingungen private Anbieter von Rundfunkprogrammen zugelassen werden sollten;
– ob und, wenn ja, wie der Fortbestand der öffentlich-rechtlichen Rundfunkanstalten gesichert werden soll, wie also ein fai-

rer Wettbewerb zwischen den öffentlich-rechtlichen und den privaten Programmanbietern organisiert werden könne;
– wie die einheimischen Zuschauer und Hörer und in ihrem Schlepptau der bundesdeutsche Werbemarkt vor der „Verführung" durch ausländische Sender bewahrt werden können. Auf Grund des Rechtes der Europäischen Gemeinschaft und auch der KSZE-Schlußakte (KSZE = Konferenz über Sicherheit und Zusammenarbeit in Europa) können solche Programmangebote aus dem Ausland nicht einfach per Federstrich untersagt werden;
– wieviel prozentual oder in Stunden und Minuten an Werbezeit in und zwischen die Programme der öffentlich-rechtlichen Anstalten und des kommerziellen Rundfunks eingeschoben werden darf;
– wie die Kontrolle oder die Aufsicht über die Inhalte privater Rundfunkprogramme organisiert werden soll.

Die technische Möglichkeit, Fernsehen über Kupferbreitbandkabel oder über Satelliten zu übertragen, war schon vor zehn Jahren und mehr gegeben und bekannt. Auch gab es bereits damals die Forderung nach Zulassung von privatrechtlichem Rundfunk. Diese Forderung erhoben vor allem der „Bund der Zeitungsverleger" (BDZV) und die Medienpolitiker der damaligen Oppositionspartei CDU.

Eine Expertenkommission (Kommission für den Ausbau des technischen Kommunikationssystems = KtK) empfahl 1976, die neue Kabeltechnik und ihre Wirkungen einschließlich der Erprobung von Rückkanälen, des Bürgerfernsehens oder des „offenen Kanals" und die Akzeptanz von mehr Fernseh- und Hörfunkprogrammen in vier Versuchsgebieten zu überprüfen. Ausgewählt wurden dann 1978 die Städte Berlin, München, Ludwigshafen/Mannheim und eine Stadt in Nordrhein-Westfalen, für die schließlich Dortmund benannt wurde. Das sind also die vier Kabelpilotprojekte, die damals als „rückholbare Versuche" für drei Jahre geplant waren. Aus diesem Grunde zahlen alle Fernsehteilnehmer seit 1983 den „Kabelgroschen" von 0,20 DM pro Monat zusätzlich zur Fernsehgebühr, der zur Finanzierung der Pilotprojekte dienen sollte.

Aufgabe der Kabelpilotprojekte sollte also sein, den Bedarf nach zusätzlichen Fernsehprogrammen und die Auswirkungen einer Vielzahl von Rundfunkprogrammen und von zusätzlichen Diensten zu untersuchen. Was nicht vorgesehen war, sich aber aus politischen und wirtschaftlichen Gründen in den Vordergrund geschoben hat, ist die Zulassung von privaten Programmanbietern in den Pilotprojekten (außer Dortmund), die damit geradezu zu Übungsplätzen für private Interessenten im Medienbereich geworden sind.

Wie war das möglich? Das Bundesverfassungsgericht hat in mehreren Urteilen zwischen 1961 und 1981 festgestellt, daß Rundfunk prinzipiell eine öffentliche Angelegenheit ist, daß er unter öffentlicher Kontrolle stattfinden muß und daß Rundfunkprogramme die Überzeugungen und Interessen der verschiedenen gesellschaftlichen Gruppen berücksichtigen müssen. Im Fernsehurteil von 1981 (dem sog. FRAG-Urteil) wurde allerdings auch die prinzipielle Möglichkeit der Zulassung von privaten Programmanbietern festgestellt, soweit deren Programme gewissen Anforderungen genügen. Dazu gehört,
– daß sie durch eine öffentlich-rechtliche Aufsichtsbehörde ausreichend kontrolliert werden, und
– daß die Zahl der zur Verfügung stehenden Programme so groß ist, daß die unterschiedlichen gesellschaftlichen Gruppen und Interessen darin einigermaßen repräsentiert sind.

Die Entwicklung der Satellitentechnik, die seit dem Regierungswechsel im Herbst 1982 beschleunigt vorangetriebene Verkabelung und der Start der Kabelpilotprojekte ermöglichte es oder lieferte den Vorwand, in Anlehnung an dieses Fernsehurteil und nach entsprechender gesetzlicher Regelung auf Landesebene nun doch private Rundfunkprogramme zuzulassen.

2. Verkabelung und Satelliten

Die Technik der Verteilung von Rundfunkprogrammen über breitbandige Kupferkoaxialkabel ist seit langem bekannt und wird in Gemeinschaftsantennenanlagen genutzt. Von der Bundespost wurde diese Technik eingesetzt, um Wohngebiete mit schlechter Empfangslage (Abschattungsgebiete) mit Rundfunkprogrammen zu versorgen. Pläne der Post, Kabelinseln auch in anderen Gebieten zu errichten, wurden nach den Beschlüssen der Ministerpräsidenten, zunächst vier Kabelpilotprojekte durchzuführen, von der SPD-FDP-Bundesregierung gestoppt. Am 1. Januar 1982 waren 270 000 Wohneinheiten (= 1,3% der Fernsehhaushalte) an Kabelnetze angeschlossen. Nach dem Regierungswechsel 1982 wurde das Ziel einer flächendeckenden Verkabelung ausgerufen, bevor noch das erste der vier geplanten Kabelpilotprojekte angelaufen war. Pro Jahr sollten 1–2 Milliarden DM für entsprechende Investitionen bereitgestellt werden. Innerhalb von 5 bis 10 Jahren sollte eine Kostendeckung erreicht werden. Ebenfalls in diesem Zeitraum sollte ein Verkabelungsgrad von 50% der privaten Haushalte (= 12,5 Millionen) erreicht werden.

Nach Auskunft des Bundespostministeriums sehen die am 30. 6. 1988 erreichten Zahlen wie folgt aus:
– verkabelte Haushalte 9,85 Millionen
– davon angeschlossene Haushalte 3,8 Millionen
– davon mit Empfangsmöglichkeit für Satellitenprogramme 3,6 Millionen.

Mit etwa 14% der Fernsehhaushalte, die sich haben anschließen lassen, ist die Bundespost also noch ziemlich weit vom Ziel entfernt. Auf Grund der intensiven politischen Diskussion, insbesondere der Kritik an den vorgelegten Finanzierungsplänen, ist der Postminister inzwischen allerdings vom Ziel einer flächendeckenden Verkabelung abgerückt.

Gegenüber den von der Post angegebenen Kosten von 20 bis 30 Milliarden DM für das Gesamtprojekt hat z.B. der technische Direktor des Bayerischen Rundfunks einen Finanzbedarf von 46 Milliarden DM errechnet. Während bei einer Anschlußquote von 50% im Jahr nur 1,8 Milliarden DM Einnahmen erzielt würden, müßte die Bundespost jährlich etwa 12 Milliarden DM für Zinsen, Wartung, Unterhaltung und Abschreibungen aufwenden. Ähnlich bezweifelte auch der Bundesrechnungshof die Rentabilität dieses Programms und empfahl (1984), auf eine flächendeckende Verkabelung zu verzichten.

Die Verkabelung erstreckt sich bisher auf Gemeinden oder Stadtviertel, die in sich geschlossene Kabelinseln darstellen. Programme werden über „Kopfstationen" eingespeist. Sie können über Antennen vom Sender oder von Satelliten empfangen werden oder werden über Richtfunkstrecken herangeführt (z.B. die Dritten Programme).

Entscheidend für die Art und Zahl der jeweils zu empfangenden Programme ist der Stand des Ausbaus der Übertragung durch Satelliten. Dabei werden Fernmelde- und Rundfunksatelliten unterschieden:

Fernmeldesatelliten werden bereits seit 1962 zur Übertragung von Fernsehsendungen benutzt. Seit 1965 besteht *Intelsat* als multinationale Gesellschaft für die kommerzielle Nutzung von Fernmeldesatelliten für die Verbreitung von Fernsehsendungen. Fernmeldesatelliten kreisen an einer in bezug auf die Erdoberfläche festen Stelle (stationär) auf einer Umlaufbahn in 36 000 km Höhe. Ihre Sendeleistung erlaubt nur, sie über relativ große Empfangsantennen (Parabolantennen) zu empfangen. Sie stehen deshalb nicht in Konkurrenz zu den Kabelanlagen, auf die sie zur Verteilung der Programme an die einzelnen Haushalte angewiesen sind.

Erst mit der Einführung von *Rundfunksatelliten* mit einer stärkeren Sendeleistung ist auch der private Empfang von Programmen durch Parabolantennen mit kleinerem Durchmesser möglich. Dies macht aber auch die Umrüstung bzw. Neuanschaffung von geeigneten Fernsehgeräten notwendig. Angesichts der bevorstehenden technischen Entwicklung hat die Weltkonferenz der Funkverwaltungen (WARC) 1977 allen beteiligten Staaten die Positionen und Frequenzen für die zukünftigen Rundfunksatelliten zugeteilt. Die Bundesrepublik hat danach das Recht, 5 Kanäle für die Direktsendung von Rundfunkprogrammen zu benutzen. Der seit 1983 entwickelte TV-Sat wurde im November 1987 in seine Umlaufbahn gebracht, ist aber nicht funktionsfähig. Der Start von TV-Sat 2 ist für Oktober 1989 geplant.

Für die Einspeisung von Programmen in Kabelnetze (Gemeinschaftsantennenanlagen oder Kabelinseln der Post) stehen folgende Fernmeldesatelliten zur Verfügung bzw. werden vorbereitet:

	Verfügbarkeit	Kanäle	Sendebeginn
ECS 1	1983	6	1. 1. 1985
Intelsat V	1985	6	30. 8. 1985
DFS Kopernikus	1989	10	1990?

Es kann also damit gerechnet werden, daß ab 1990 22 Kanäle auf Fernmeldesatelliten und ab 1990 5 Kanäle auf TV-Sat 2 für bundesdeutsche Programme zur Verfügung stehen. Dabei sind nicht die Kanäle mitgezählt, über die von Satelliten anderer nationaler Zugehörigkeit Programme ausgestrahlt werden, die in der Bundesrepublik empfangen werden können, z. B. vom kommerziellen „Hybridsatelliten" Astra der Luxemburger SES.[1]

3. Die Kabelpilotprojekte

Die „Kronberger Beschlüsse" der Ministerpräsidenten der Länder legten 1980 fest, wo die Kabelpilotprojekte durchgeführt werden sollten und wie sie zu finanzieren seien. Bedingung für die Durchführung war eine entsprechende Gesetzgebung in den zuständigen Bundesländern. Obwohl Rheinland-Pfalz bereits im Dezember 1980 ein entsprechendes Gesetz vorlegte und dabei erstmals die Möglichkeit der Zulassung von privaten Programmanbietern eröffnete, dauerte es noch bis zum 1. Januar 1984, daß der Betrieb des Pilotprojektes *Ludwigshafen* aufgenommen werden konnte.

Die Zahl der effektiv angeschlossenen Haushalte lag zu diesem Zeitpunkt erst bei etwa einem Zehntel der vom Gesetz vorgeschriebenen Zahl von 30000 Haushalten. Diese Zahl wurde erst nach mehr als zwei Jahren erreicht, nachdem weitere Kabelinseln in der Pfalz an das Projektgebiet angegliedert worden waren. Trotz dieser enttäuschend niedrigen Zahlen bemühten sich zeitweise mehr als 70 Programmanbieter um die Aufmerksamkeit der Zuschauer und Zuhörer. Ihre Zulassung erfolgte jeweils durch die öffentlich-rechtliche *Anstalt für Kabelkommunikation* (AKK). Die Anforderungen, die dabei an die Anbieter in bezug auf Inhalt und Ausgewogenheit der Programme gestellt wurden, waren eher gering:

„Zu den Vorschriften für die eigenverantwortlich tätigen Programmanbieter gehören eine Verpflichtung auf die verfassungsgemäße Ordnung, Ausgewogenheit im Programmangebot und ein Verbot für Fernsehwerbung an Sonn- und Feiertagen (sie ist werktags zu jeder Stunde und ohne zeitliche Höchstbegrenzung zulässig).“[2]

Gegenüber der Diskussion um das Niveau und die Akzeptanz der neuen Fernsehprogramme traten andere Neuerungen bald in den Hintergrund wie z.B. neue Informationsdienste, offener Kanal sowie Abruf- und Rückkanalmöglichkeiten durch den Einsatz von „fernadressierbaren Teilnehmerkonvertern“ (FAT).

Die FATs waren in Ludwigshafen neben der schleppenden Verkabelung der schwache Punkt des Beitrages der Deutschen Bundespost zum Kabelpilotprojekt. Sie funktionierten zumeist nicht und trugen damit dazu bei, daß es weder zu einer Erprobung von Rückkanaldiensten noch zu einer automatischen Erfassung des Rundfunkverhaltens der Teilnehmer kam. Ähnliches gilt auch für das Kabelpilotprojekt München, während in Dortmund das FAT-System nach einigen Anlaufschwierigkeiten funktionieren soll.

Das wichtigste Ergebnis des Kabelpilotprojektes Ludwigshafen, das Ende 1986 abgeschlossen wurde, ist aber zweifellos, daß hier das erste bundesweite private Fernsehprogramm „erzeugt“ wurde: SAT 1.

Der Start des zweiten Kabelpilotprojektes in *München* war noch mühsamer als der von Ludwigshafen. Gegenüber den geplanten 10 000 Teilnehmern sollen es bei Sendebeginn am 1. April 1984 nur etwa 500 gewesen sein. Um die Attraktivität des Projektes für die kommerziellen Anbieter zu erhöhen, bestimmte das Erprobungsgesetz vom Januar 1984 in letzter Minute, daß die Programme auch in andere Kabelinseln in Bayern

„eingespeist" werden dürften. Wie in Ludwigshafen haben auch in München die FATs als Instrument von sog. Dialog-Diensten nicht funktioniert. Damit war auch die Erprobung von Pay-TV mit Einzelabruf und Einzelbezahlung nicht möglich. Im übrigen wurden wie in anderen Projekten Sparten- und Zielgruppenprogramme angeboten.

So wie Ludwigshafen die Eintrittskarte für den Wettbewerb um die Zulassung als Privatfernsehprogramm zu vergeben hatte und deshalb attraktiv war, drängelten sich in München die privaten Hörfunkanbieter, nachdem klar war, daß Radiosendungen nicht nur über Kabel, sondern auch per Funk verbreitet würden.

Mit der Verabschiedung des bayerischen Landesmediengesetzes im November 1984 wurde die Zulassung privater Kabelfernseh- und Hörfunkprogramme landesweit zulässig. Damit schrumpfte die Bedeutung des Kabelpilotprojektes gegen Null. Folgerichtig wurde dieser Pilotversuch denn auch bereits zum 31. 12. 1985 beendet. Zuletzt lag die Beteiligung etwa bei 3500 Haushalten.

Das *Berliner Kabelpilotprojekt* startete dagegen erst mit der Funkausstellung 1985 als drittes Projekt mit Zulassung von privaten Programmanbietern. Die Zahl der angeschlossenen Haushalte blieb unbekannt, denn von den 220 000 verkabelten Haushalten in Berlin hatte nur eine geringe Zahl die für den Empfang tauglichen Fernsehgeräte (zwischen 10 000 und 70 000). Dieser Versuch soll über 5 Jahre laufen und bis Anfang 1988 für die Teilnehmer gebührenfrei sein. Die Schwerpunkte der erprobten neuen Programmformen blieben allerdings bis zum Start unklar, und technische Neuerungen wie der Rückkanal mußten aus finanziellen Erwägungen gestrichen werden. Die Anbieter sind überwiegend dieselben wie in Ludwigshafen und München.

Nur das Kabelpilotprojekt *Dortmund* startete am 1. Juni 1985 unter Programmverantwortung einer öffentlich-rechtlichen Anstalt, nämlich als Tochter des WDR. Auch dieser Versuch verlief jedoch nicht mehr ungestört von den Einflüssen des Privatrundfunks. Das NRW-Vorschaltgesetz erlaubt nämlich die

Einspeisung der bundesweit zu empfangenden Privatprogramme SAT 1, RTL plus und Sky-Channel.

Kabelfunk Dortmund bietet als Besonderheiten ein lokales Fernseh-Vollprogramm, eine Reihe von Spartenprogrammen, für die Gebühren gezahlt werden müssen (Sport und Information, Bildung, Familienprogramm, Kulturkanal, Unterhaltungskanal), die offenen Kanäle in Fernsehen und Hörfunk und den Kabeltext, der etwa 20mal so viele Textseiten bietet wie Videotext.

Außer den üblichen Rundfunkgebühren müssen alle Teilnehmer 15 DM für das Gesamtprogramm bezahlen. Die Teilnehmerzahl wurde für das Projektgebiet auf 10 000 begrenzt. Diese Zahl wurde etwa ein Jahr nach dem Start erreicht. Kabelfunk Dortmund betreibt auch eine der ersten *„low-power-stations"* (Hörfunksender mit schwacher Sendeleistung, die nur ein begrenztes Gebiet abdecken), nämlich Radio Dortmund, das ein Gebiet mit etwa 1,8 Millionen Einwohnern erreicht. Das Projekt Dortmund wurde Ende Mai 1988 abgeschlossen.

Neben vielen technischen Neuerungen, die für die Pilotprojekte versprochen wurden, und der ungeplanten Premiere privater Rundfunkprogramme wurde vorher besonders die Neuheit des „offenen Kanals" oder „Bürgerkanals" hervorgehoben, der in Ludwigshafen, Berlin und Dortmund bereitgestellt wurde. Dabei soll prinzipiell jeder Zuschauer/Zuhörer oder auch jeder Verband oder Verein berechtigt sein, eigene Film- oder Tonaufnahmen herzustellen und zu senden. Für Ludwigshafen gilt, daß jede Person oder Gruppe aus dem gesamten Bundesgebiet Zugang zu den Studios des offenen Kanals hat. In Dortmund gilt dieses Recht nur für Dortmunder Bürger, und in Berlin ist diese Aufgabe Vereinen übertragen, die sich zu diesem Zweck gebildet haben. Über die wirklichen Erfahrungen mit diesem „neuen Medium" gibt es keine verläßlichen Informationen. Der Zuspruch soll jedenfalls gering sein, ebenso wie die Resonanz bei Zuschauern oder Zuhörern. Das Interesse der Bürger an privatem Rundfunk in dieser Form scheint also noch gering zu sein. Dennoch sehen eine Reihe von Landesmediengesetzen die Einrichtung von lokalen offenen Kanälen vor.

4. Vom öffentlich-rechtlichen zum privaten Rundfunk: Mediengesetze, Staatsverträge und das Bundesverfassungsgericht

Die Medienordnung der Bundesrepublik ist föderalistisch, d.h. die Bundesländer haben die Rundfunkhoheit. Sie können gesetzlich festlegen, wer was auf ihrem Territorium sendet bzw. was über öffentliche Netze verbreitet werden darf. Sie können aber auch über Staatsverträge (die von den Länderparlamenten gebilligt werden müssen) festlegen, was bundesweit gesendet bzw. empfangen wird und wieviel dafür gezahlt werden muß. Bis zu Beginn der 80er Jahre gab es einen Konsens der Bundesländer, das gemeinsame System öffentlich-rechtlicher Rundfunkanstalten zu bewahren. Anläufe zu staatlichem oder privatem Rundfunk wurden zwar unternommen (Adenauer-Fernsehen, Rundfunkgesetz des Saarlandes von 1967), aber vom Bundesverfassungsgericht für unzulässig erklärt. Erst die Entscheidung für die Kabelpilotprojekte und das entsprechende Versuchsgesetz des Landes Rheinland-Pfalz von 1980, aber auch die Möglichkeit der Nutzung von Rundfunksatelliten und die Verkabelung schufen die Rahmenbedingungen für weitere Entscheidungen, die zum Aufsplittern der Medienlandschaft und zum Durchbruch des kommerziell betriebenen Rundfunks geführt haben.

Nach Rheinland-Pfalz kündigten auch andere Bundesländer an (zunächst nur CDU/CSU-regierte Bundesländer), private Veranstalter zuzulassen und entsprechende Landesmediengesetze vorzubereiten. Seit Anfang 1984 versuchten die Ministerpräsidenten der Länder mehrmals, sich auf einen neuen Staatsvertrag für die Nutzung der Satellitenkanäle zu einigen, was automatisch auch die Zulassung von privaten Veranstaltern beinhaltete.

Nachdem die SPD im Februar 1984 ihre „medienpolitische Wende" vollzogen hatte und die bedingungslose Verteidigung der öffentlich-rechtlichen Rundfunkordnung aufgab, war der Weg im Prinzip offen. Eine vorläufige Vereinbarung der Ministerpräsidenten ermächtigte die AKK in Ludwigshafen, einen Kanal auf dem Fernmeldesatelliten ECS an einen privaten Anbieter zu vergeben. Dies wurde auch umgehend vollzogen, und der glückliche Gewinner war das SAT 1-Konsortium.

Nach diesem Durchbruch wurden die privaten Programme (u.a. SAT 1, RTL plus, Sky Channel, Music box, Teleclub) zunächst in den Kabelpilotprojekten zugelassen. Die Bundesländer folgten allerdings schnell und schrieben diese Regelung auch für ihr jeweiliges Territorium in entsprechenden Landesmediengesetzen fest: 1984 Bayern, Berlin, das Saarland und Schleswig-Holstein; 1985 Hamburg, Baden-Württemberg und Niedersachsen; 1986 Rheinland-Pfalz und Nordrhein-Westfalen.

Umstritten war dabei, inwieweit früheren Anforderungen des Bundesverfassungsgerichtes nach Staatsferne, öffentlicher Aufsicht, Ausgewogenheit und Minderheitenschutz entsprochen wurde. Deshalb urteilte das Bundesverfassungsgericht nach einer Normenkontrollklage der SPD gegen das Rundfunkgesetz des Landes Niedersachsen am 4. November 1986 und zog damit einen vorläufigen Schlußstrich unter den medienpolitischen Wandel der letzten Jahre. Nach diesem Urteil sind
– private Programme zulässig und dürfen sich ausschließlich durch Werbung finanzieren. Anforderungen an Breite des Programms und gleichgewichtige Vielfalt sind bescheidener als die an die öffentlich-rechtlichen Programme;
– öffentlich-rechtliche Programme unerläßlich zur „Grundversorgung" der Bevölkerung mit Informationen, Bildung, kulturellen und Minderheitenprogrammen und dürfen sich auch weiterhin über Gebühren und Werbung finanzieren;
– muß eine ausreichende Kontrolle aller Programme, auch der privaten, gewährleistet sein, die durch entsprechende Gremien (in denen die gesellschaftlich wichtigen Gruppen vertreten sind) durchzuführen ist.

Dieses Urteil ermöglichte letzten Endes auch den lange hinausgezögerten Medienstaatsvertrag der Ministerpräsidenten, der am 3. April 1987 unterzeichnet wurde. Er sah insbesondere vor:

– Die Zuteilung von drei der fünf Fernsehkanäle des TV-Sat an drei private Anbieter sowie der beiden anderen an ARD und ZDF.
– Rundfunkwerbung darf auch an Sonn- und Feiertagen ausgestrahlt werden. Unterbrecherwerbung und von „Sponsoren" bezahlte Sendungen sind zulässig.
– Die Rundfunkgebühr wird um 35 Pfennig erhöht, um die Landesmedienanstalten zu finanzieren, die die privaten Programme kontrollieren sollen.

5. Angebot und Nachfrage privater Programme

In den Kabelpilotprojekten sollte erstmals untersucht werden, welche Angebote die privaten Programme im Vergleich zu den öffentlich-rechtlichen Rundfunkanstalten machen können oder wollen und wie sich das Zuschauerverhalten angesichts der „neuen Vielfalt" entwickelt. Seit 1986 werden auch in anderen Kabelanlagen, die öffentliche und private Programme empfangen können, regelmäßig Beobachtungen über das Zuschauerverhalten durchgeführt.

Befürworter des kommerziellen Fernsehens versprachen eine größere Vielfalt des Angebots und eine Qualitätssteigerung aufgrund der stärkeren Konkurrenz. Kritiker befürchteten stattdessen mehr seichte Unterhaltung, mehr Manipulation durch Werbung und einen verstärkten Druck auf die öffentlich-rechtlichen Programme, auch ihrerseits den Anteil an Unterhaltung (Spielfilme, Fernsehserien à la Dallas, Quizsendungen usw.) zu erhöhen. Inzwischen liegen erste Untersuchungsergebnisse vor, die die Thesen beider Seiten in gewissem Ausmaß relativieren.

Eine Untersuchung der Programme, die im April 1986 innerhalb einer Woche ausgestrahlt wurden, kommt zu folgenden Ergebnissen:[3]

In der Sendezeit zwischen 15 Uhr bis Sendeschluß an Werktagen und bei längeren Sendezeiten am Wochenende lag der Anteil von *Unterhaltungssendungen* für

– SAT 1	bei 53,4%	(privat)
– RTL plus	bei 62,6%	(privat)
– Sky Channel	bei 69,8%	(privat)
– 3SAT	bei 44,6%	(ZDF, ORF, SRG)
– EINS PLUS	bei 55,9%	(ARD)
– ARD	bei 47,6%	(öffentlich-rechtlich)
– ZDF	bei 43,3%	(öffentlich-rechtlich)

RTL plus hat dabei einen Schwerpunkt bei Kinofilmen und Shows/Quiz, SAT 1 bei Fernsehserien und Kinofilmen, Sky Channel bei Musikunterhaltung (Videoclips) und Fernsehserien.

Bei *Informationssendungen* (Nachrichten, Dokumentation, Magazine) gab es folgende Verteilung:

– SAT 1	19,8%
– RTL plus	20,4%
– Sky Channel	14,1%
– 3SAT	40,4%
– EINS PLUS	26,0%
– ARD	26,0%
– ZDF	30,2%

Bei Programmen aus dem Bereich *Schauspiel/Oper/Konzerte/ bildende Kunst* gab es von den Privaten überhaupt kein Angebot, während die Öffentlich-rechtlichen dafür zwischen 4,1% (3SAT) und 0,9% (ARD) aufwendeten.

Die *Sport*sendungen rangierten bei ARD mit 14,8%, bei ZDF mit 12,1%, bei SAT 1 aber nur mit 6,1% und bei RTL plus mit 5,2%.

Kirchliche Sendungen gab es bei den Privaten gar nicht, bei ARD und ZDF nahmen sie 0,8% bzw. 1,3% der Sendezeit ein.

Von den Privaten wandte sich vor allem SAT 1 an die Zielgruppe *Kinder und Jugendliche* mit 15% seiner Sendezeit, während beim ZDF dafür 6% der Zeit und bei der ARD nur 3,8% gesendet wurden.

Bei der *Werbung* lagen die Privaten im April 1986 noch nicht erheblich über den öffentlich-rechtlichen Programmen (SAT 1 3,3%, RTL plus 4,6%, Sky Channel 3,4% – gegenüber ARD 3,0% und ZDF 3,1%). Dies kann allerdings auch damit erklärt werden, daß die privaten Programme wegen ihrer geringen Zuschauerzahl damals noch nicht so viel Werbeaufträge erhielten, wie sie zu senden bereit waren.

Wie haben nun die Fernsehzuschauer auf die veränderte Situation reagiert?[4] Im Kabelpilotprojekt *Ludwigshafen* ist im Verlauf von 2 Jahren (Anfang 1984 bis Anfang 1986) das Interesse am Kabelanschluß gestiegen. Die Anschlußquote stieg von 4% auf 25% der Befragten. Von den anderen verkabelten, jedoch nicht angeschlossenen Haushalten waren 1984 weitere 32% interessiert und 50% nicht interessiert. 1986 waren immer noch 31% interessiert und 32% nicht interessiert. *Bundesweit* sieht der Trend allerdings anders aus. Die Zahl derjenigen, die verkabelt und entweder bereits angeschlossen oder interessiert waren, sank von 35% auf 30%. Allerdings sank auch der Anteil der Ablehnenden von 62% auf 48%. Die Zahl derjenigen, denen es egal war, stieg auf 21%.

Sowohl in den Kabelpilotprojekten als auch in anderen Kabelhaushalten hat die Fernsehnutzungsdauer zugenommen, jedoch nicht so dramatisch wie manchmal befürchtet wurde. Während im Sommer/Herbst 1986 die „normalen" Fernsehhaushalte das Gerät für durchschnittlich 116 Minuten pro Tag einschalteten, waren es bei Haushalten, die auch SAT 1 und RTL plus empfangen konnten, 133 Minuten, d.h. 14% mehr. Es gibt aber auch Anhaltspunkte dafür, daß bei den Kabelhaushalten die Sehdauer nach einiger Zeit wieder sinkt und schließlich nicht mehr Zeit aufgewendet wird als vorher.

Die meisten Zuschauer erwarten von den privaten Programmen kein erhöhtes Bildungs- und Informationsangebot. Die Mehrheit derjenigen, die sich haben anschließen lassen, finden dies auch ganz in Ordnung (60%), während von einer Vergleichsgruppe von Nicht-Kabelhaushalten nur 45% dies für gut hielten.[5]

Inzwischen liegen auch die ersten Ergebnisse vor, wie sich die Einschaltquoten für bestimmte Teile des Fernsehangebotes verändert haben. Einige dieser Ergebnisse scheinen den Pessimisten recht zu geben, denn die öffentlich-rechtlichen Anstalten mußten gerade in den Programmbereichen starke Verluste an

Einschaltquoten hinnehmen, in denen sie sich von den privaten Programmen am stärksten unterscheiden:[6]

– Kunst/Kultur (Magazine)	60% Rückgang
– Nachrichtenmagazine	60% Rückgang
– Politik/Wirtschaft (Magazine)	55% Rückgang
– Hauptnachrichten (z.B. „Tagesschau", „heute")	35% Rückgang

Das gesamte Programmangebot der öffentlich-rechtlichen Anstalten büßte zwar auch erhebliche Anteile ein, doch war der Rückgang nicht so dramatisch, und die neueren Untersuchungen aller Kabel- und Satellitenhaushalte, die SAT 1, RTL plus und andere private Programme empfangen können, zeigen eine Erholung der öffentlich-rechtlichen Programme an. So wurden im September/Oktober 1985 folgende „Marktanteile" der Programme im Kabelgebiet Ludwigshafen gemessen:

ARD	ZDF	3. Programme	3SAT	SAT 1	RTL plus	sonstige
24%	25%	9%	4%	15%	15%	5%

Im Sommer 1986 (Juli bis September) ergab eine Untersuchung aller bundesdeutschen Kabelhaushalte (mit Satellitenprogrammen) dagegen:

ARD	ZDF	3. Programme	3SAT	SAT 1	RTL plus	sonstige
31%	25%	11%	3%	13%	11%	8%

Daraus könnte geschlossen werden, daß es den privaten Programmen bisher zwar gelungen ist, einen Teil der Fernsehzuschauer anzuziehen, daß aber die Öffentlich-rechtlichen gute Aussichten haben, die Mehrheit der Zuschauer auch weiterhin an sich zu binden. Ergebnisse vom 1. Quartal 1988 zeigen aber, daß es SAT 1 zu gelingen scheint, zu ZDF und ARD aufzuschließen (22% – 23% – 26%).[7]

6. Medienkonzerne – Wer kontrolliert die neuen privaten Rundfunkprogramme?

Im Vordergrund wirtschaftlicher Interessen steht natürlich der Bereich Fernsehen, den wir auch zunächst behandeln wollen, obwohl sich im Hörfunkbereich ebenfalls erhebliche derartige Interessen an privaten Programmen feststellen lassen.

Das erste „Konsortium" (d.h. die Zusammenarbeit mehrerer Unternehmen in einem Programm), das in der Bundesrepublik ein kommerzielles Fernsehprogramm über Satelliten verbreiten konnte, trägt den Namen SAT 1. Es wurde aus mehreren Anbietern gebildet, die bereits im Kabelpilotprojekt Ludwigshafen von Anfang an dabei waren. Dazu gehört vor allem die Programmgesellschaft für Kabel- und Satellitenrundfunk (PKS). Sie befindet sich im Besitz der Deutschen Genossenschaftsbank Hamburg, die ihrerseits die Bank der Raiffeisenbanken, aber auch der Einkaufsgenossenschaften Edeka und Rewe ist. Das Interesse der Deutschen Genossenschaftsbank an den „neuen Medien" kommt aber nicht von dieser Seite, sondern daher, daß sie die Hausbank von Leo Kirch ist, dem angeblich größten Filmhändler Europas (Beta-Taurus-Filmverleih). Die Deutsche Genossenschaftsbank (DGbank) vertritt also faktisch die Interessen eines Medienkonzerns aus der Film- und Fernsehbranche.

Zweite Interessengruppe im SAT-1-Konsortium sind die Verleger, vor allem der Axel-Springer-Verlag. Seit dem Start von SAT 1 hat es in dem Konsortium einige interne Konflikte gegeben, die schließlich dazu führten, daß die Frankfurter Allgemeine Zeitung (FAZ), der Bauer-Verlag, der Burda-Verlag und die Kabelmedia-Programmgesellschaft (Music box) ihre Anteile an die Mitgesellschafter verkauften und FAZ und Kabelmedia-Programmgesellschaft sogar zum Konkurrenten RTL plus abwanderten. Seitdem bestehen bei SAT 1 die folgenden Anteilsverhältnisse:

40% PKS (gehört zu 100% der DGbank und damit indirekt Leo Kirch)

15% Axel-Springer-Verlag (gehört zu 10% Leo Kirch und zu 24,9% dem Burda-Verlag)

15% Aktuell-Presse-Fernsehen (APF) (die APF ist ein Zusammenschluß von etwa 165 Zeitungsverlegern; der Axel-Springer-Verlag hält 35% Anteile)

15% AV Euromedia (gehört zu 100% der Holtzbrinck-Verlagsgruppe Stuttgart)

1% Neue Mediengesellschaft Ulm
1% Otto-Maier-Verlag Ravensburg
13% gemeinsam gehalten von den Gesellschaftern (dieser Anteil gehörte vorher der FAZ, Bauer, Burda und der Kabelmedia-Programmgesellschaft).

Seit Januar 1984 sendete das zweite kommerzielle Programm,
RTL plus, zunächst über Funk von Luxemburg aus. Seit Mitte
1985 wird dieses Programm auch über Satelliten verbreitet und
bundesweit in die Kabelnetze „eingespeist". Zunächst war die
Compagnie Luxemburgoise de Télévision (CLT) alleinige Ge-
sellschafterin, jedoch schon 1984 beteiligte sich Bertelsmann
über seine Tochtergesellschaft Ufa Film- und Fernseh-GmbH
an RTL plus. 1986 folgte die WAZ-Gruppe, Besitzerin von 4
wichtigen Tageszeitungen im Ruhrgebiet, und schließlich
wechselten auch die FAZ und die Kabelmedia-Programmgesellschaft (KMP) von SAT 1 zu RTL plus, während sich die CLT
auf 46% der Anteile beschränkte. Damit ist RTL plus zu einer
mehrheitlich bundesdeutschen Programmgesellschaft geworden, die ihren Sitz inzwischen nach Köln verlegt hat. Im August
1987 verteilten sich die Gesellschafteranteile wie folgt:
46% CLT (Radio Luxemburg)
39% Ufa Film- und Fernseh-GmbH (gehört zu 100% Bertelsmann)
10% Westfilm Medien GmbH (gehört zu 100% der WAZ-
Gruppe)
1% FAZ
2% Burda
2% noch zu vergeben

Dritter Mitbewerber auf dem bundesdeutschen Fernsehmarkt
ist das englischsprachige Programm *Sky Channel,* das auch in
anderen europäischen Ländern ausgestrahlt wird. Diese Programmgesellschaft steht unter der Kontrolle des britischen Zei-
tungsverlegers Rupert Murdoch.[8]

Als Fazit dieser Bestandsaufnahme kann festgehalten werden,
daß sich überwiegend die Buch-, Zeitungs- und Zeitschriftenverleger neben einem großen Filmverleiher auf diesem neuen
Markt durchgesetzt haben. Diese Entwicklung war auch von

vielen Beobachtern erwartet worden. In diesem Prozeß werden die Unternehmensgruppen der „Print-Medien" zu Medienkonzernen, die durch die Zusammenarbeit in den Konsortien zusätzlich miteinander verflochten werden.

Ähnliche Entwicklungen werden auch auf dem neuesten Medienmarkt erwartet, dem der privaten Radios, die durch die Mediengesetze in den meisten Bundesländern zugelassen werden. Zu beobachten ist diese Entwicklung bereits in Bayern und Baden-Württemberg, wo sich regionale Zeitungs- und Zeitschriftenverleger an einer ganzen Reihe von Lokalradios beteiligen. Zu erwarten ist sie auch in Nordrhein-Westfalen, wo die WAZ-Gruppe bereitsteht, mit ihrem Netz von Lokalredaktionen und überlokaler Werbekraft die Plätze zu besetzen, die das Landesrundfunkgesetz eröffnet hat.

III. Auswirkungen auf Arbeitsplätze und Wirtschaft

Zweifellos werden die neuen I+K-Techniken langfristig zu einer radikal veränderten Arbeitswelt führen, deren Formen und Auswirkungen indes heute noch kaum absehbar sind. Die gegenwärtige Diskussion um die möglichen Chancen und Gefahren wird außerordentlich kontrovers geführt. Das hat verschiedene Gründe:

– *Technische Gründe:* Niemand kann voraussagen, wie die heute sich erst in ihren Grundlinien abzeichnenden neuen I+K-Techniken in Zukunft weiterentwickelt werden und welche zusätzlichen Dienste, Endgeräte und Anwendungsmöglichkeiten es geben wird.

– *Ökonomische Gründe:* Es ist weder die wirtschaftliche Entwicklung innerhalb der Bundesrepublik noch auf dem Weltmarkt absehbar. Mit welcher Geschwindigkeit, in welchen Formen und mit welchen Wirkungen die angebotenen technischen Möglichkeiten auch tatsächlich in den Betrieben und Verwaltungen eingesetzt werden, ist nicht prognostizierbar.

– *Soziale Gründe:* Angesichts der sich am Horizont abzeichnenden technischen Vernetzungsmöglichkeiten von Arbeits- und Privatsphäre, der heute schon offenkundigen negativen Auswirkungen, des fragwürdig werdenden ausschließlich „technischen" Fortschritts sowie der seit Jahren anhaltenden Massenarbeitslosigkeit oberhalb der 2-Millionen-Grenze ist nicht vorauszusagen, wie sich die Menschen künftig entscheiden und verhalten werden. D.h., welche Interessen und Entscheidungen der Unternehmer, Manager, Politiker sowie der Arbeitnehmer und deren Vertreter (Betriebs-/Personalräte, Gewerkschaften) sich bei der Auswahl der angebotenen technischen Möglichkeiten und deren Gestaltung letztlich durchsetzen werden, ist ungewiß.

Eines aber kann nicht nachdrücklich genug betont werden: Nicht die Technik entscheidet über die künftigen Formen der

Arbeitsorganisation, über das Ausmaß und die Verteilung von Chancen und Risiken, sondern Menschen nach ihrer jeweiligen Interessenlage und Machtposition. *Technik ist gestaltbar!* Insofern kommt es darauf an, die Auswirkungen der neuen I+K-Techniken nicht stromlinienförmig von diesen selbst her zu beurteilen, sondern stets danach zu fragen, warum diese und keine andere Technik eingeführt wird, wer den Technikeinsatz plant und darüber entscheidet und welche möglichen Konsequenzen dies für die in den Betrieben und Verwaltungen beschäftigten Menschen hat. Wenn auch die gegenwärtige Diskussion über die Auswirkungen auf die Arbeitsverhältnisse in Büro und Verwaltung – auf sie werden wir uns in diesem Kapitel beschränken – noch von beträchtlichen Unsicherheiten geprägt ist, so lassen sich dennoch einige Gefährdungsmomente und Trends aus den bisher zu diesem Thema vorliegenden Untersuchungen und Entwicklungen erkennen.

Zunächst: Der Einsatz von Technik in Büro und Verwaltung ist keineswegs neu; Schreibmaschine, Telefon, Fernschreiber (Telex), Rechenmaschine u. ä. haben schon früh Einzug in die Büros gehalten; in den 60er Jahren setzten sich verstärkt z. B. Kopiergeräte und zentrale EDV-Anlagen durch. Der Technikeinsatz erforderte zumeist auch eine Veränderung der Arbeitsorganisation oder setzte diese voraus. Eine der nachhaltigsten Formen organisatorischer Rationalisierung ist z. B. der Ausbau des Formularwesens, als Voraussetzung für computerisierte Arbeitsabläufe. Solche, in erster Linie auf einfache und massenhaft anfallende Bürotätigkeiten ausgerichteten Rationalisierungsmaßnahmen führten im Ergebnis zu stark arbeitsteiligen und spezialisierten Tätigkeiten, z. B. Locherin/Datenerfasserin, Operator, Programmierer, Schreibkraft/Phonotypistin usw. Der hier geschilderte Typ von Büro- und Verwaltungsrationalisierung bezieht sich indessen auf einzelne abgegrenzte Tätigkeitsbereiche oder Abteilungen, heute vielfach auch als „Insellösung" bezeichnet.

Mit der Entwicklung und Einführung neuer I+K-Techniken – wie Computertechniken auf der Basis von Mikroelektronik und Telekommunikation – ändert sich jedoch das Rationalisierungs*prinzip* radikal: Nun wird der gesamte Büro- und Verwaltungsapparat, der Kommunikations- und Informationsfluß und dessen Organisation, Steuerung und Kontrolle in einem Zug neu gestaltet. Dabei zielt diese „systemische Rationalisierung" (Baethge/Oberbeck 1986) nicht nur auf den innerbetrieblichen Informationszusammenhang, sondern bezieht gleichzeitig die überbetriebliche Ebene mit ein. D.h., letztlich werden *alle* Arbeitsplätze mehr oder weniger intensiv von den neuen I+K-Techniken berührt.

Freilich werden solche Konzepte nicht von heute auf morgen entwickelt; auch der Einführungsprozeß erstreckt sich zumeist über mehrere Jahre. All das aber macht die Einschätzung der Auswirkungen auf die Arbeitsplätze gegenüber früheren Rationalisierungsprozessen ungleich schwerer. Auch wenn gegenwärtig noch das Spektrum der technischen Ausstattung in den Büros und Verwaltungen von der einfachen mechanischen Schreibmaschine bis hin zu hochtechnisierten Arbeitsplätzen im Dialogbetrieb mit zentralen Computersystemen in Großunternehmen und Konzernen reicht, so ist doch unverkennbar, daß allein schon auf Grund des günstiger werdenden Preis-Leistungs-Verhältnisses[1] in Zukunft auch Mittel- und Kleinbetriebe verstärkt neue Techniken einsetzen werden. Insbesondere in den vergleichsweise noch wenig technisierten öffentlichen Verwaltungen deutet sich ein neuer Rationalisierungsschub an.

Trotz aller heute bestehenden Unterschiede im Hinblick auf Anwendungsbreite, Einsatzgeschwindigkeit und Grad der Vernetzung sowie hinsichtlich der Branchenzugehörigkeit und Größe der Betriebe werden die neuen I+K-Techniken zu einer völligen Umwälzung der bisherigen Arbeitslandschaft führen. Wie sie künftig aussehen wird und welche Folgen die technisch-organisatorischen Veränderungen auf die Beschäftigten haben werden, hierüber geht das Meinungsspektrum stark auseinander: Im wesentlichen stehen sich in dieser Diskussion zwei konträre Positionen gegenüber: Auf der einen Seite die Technikbefürworter, wie Hersteller- und Anwenderunternehmen neuer Techniken und die Regierungsparteien CDU/CSU und FDP, die (mögliche) Risiken für die Beschäftigten bagatellisieren oder

Kritiker gar als „Maschinenstürmer" oder „Ruinierer der deutschen Wirtschaft" betrachten. Auf der anderen Seite die Technikkritiker, wie große Teile der Beschäftigten und Gewerkschaften sowie der Oppositionsparteien (SPD, Grüne) und zahlreiche Wissenschaftler, die einen weitreichenden Abbau der Arbeitsplätze und negative Auswirkungen im Hinblick auf die Arbeitsplatzqualität, wie neue körperliche und seelische Belastungen, Dequalifizierung, Kontrolle/Überwachung u. a., befürchten.

Den in dieser Auseinandersetzung vorgebrachten Argumenten und Befürchtungen soll in diesem Kapitel unter zwei Fragestellungen nachgegangen werden:

1. Welche Auswirkungen haben die neuen I+K-Techniken auf den *Arbeitsmarkt* (= quantitativ)? Werden die Rationalisierungseffekte größer sein als die arbeitsmarktpolitischen Impulse, die z.B. von der Herstellung neuer Geräte, der Ausweitung von Dienstleistungen und dem möglicherweise zusätzlichen Export ausgehen?

2. Wie werden sich die neuen I+K-Techniken auf die *Qualität der Arbeitsplätze* auswirken, z.B. auf Arbeitsinhalte, Zusammenarbeit, Kontrolle, Qualifikation, Gesundheit usw.?

Dabei werden wir uns auf die Analyse des Büro- und Verwaltungsbereichs konzentrieren, da hier zum einen in Zukunft mit neuen Rationalisierungsschüben zu rechnen ist, insbesondere auch mit einer verstärkten Nutzung von Telekommunikationstechniken. Zum anderen wuchs der Dienstleistungssektor in den 70er Jahren noch beträchtlich und wird in Zukunft weiter an Bedeutung gewinnen, so daß vielfach nicht mehr von der Industriegesellschaft, sondern von einer „Dienstleistungsgesellschaft" gesprochen wird. Die folgende Übersicht zeigt, was unter „Dienstleistungsbereich oder tertiärer Sektor" verstanden wird:[2]

(1) Die kaufmännisch-verwaltenden Dienstleistungen für den Markt, also *privatwirtschaftliche Unternehmen:* Handel (Einzel- und Großhandel, Handelsvermittlung; dazu zählen auch Kauf- und Warenhäuser, Versandhäuser, kleine Einzelhandelsgeschäfte), Touristik (Reisebüros z.B.), Banken, Versicherun-

gen, Verkehrsunternehmen (z.B. Speditionen, Schiffahrt), Nachrichtenübermittlung (z.B. Zeitungsbetriebe/Druckereien, Verlage), sonstige Dienstleistungen (z.B. Steuerberater, Wirtschaftsprüfer, Hotels und Gaststätten, Reinigungsbetriebe, Gesundheitswesen, Bildung, Kunst, Wissenschaft usw.).

(2) *Die (halb)staatlichen Betriebe* (z.B. Bahn, Post, Energie- und Wasserversorgung usw.).

(3) *Die Gebietskörperschaften:* Öffentliche Verwaltungen (Bundes-, Landes- und Gemeindeverwaltungen), Sozialversicherung.

(4) *Die Organisationen ohne Erwerbscharakter:* Kirchen, Verbände, Vereine, Parteien usw. sowie *private Haushalte* (z.B. Haus- und Gartenangestellte).

(5) *Die kaufmännisch-verwaltenden Abteilungen der Industriebetriebe:* Finanz- und Rechnungswesen, Einkauf (Beschaffung), Personalwesen, Arbeitsvorbereitung, Verkauf (Vertrieb) und Marketing, Gesamtorganisation usw.

1. Quantitative Auswirkungen auf den Arbeitsmarkt

„Jobkiller" oder „Jobknüller" – auf diese vereinfachte Formel lassen sich die außerordentlich widersprüchlichen Meinungen und Publikationen zu den quantitativen Auswirkungen der neuen I+K-Techniken in Büro und Verwaltung bringen. Auf der einen Seite stehen die Unternehmen (Hersteller und Anwender der neuen Techniken), deren Verbände (z.B. BDA, BDI, DIHT[3]) sowie die Regierungsparteien CDU/CSU/FDP.[4] Einige exemplarische Aussagen:

BDI: „Die Mikroelektronik wird immer wieder als ‚Jobkiller', der traditionelle Arbeitsplätze vernichte, mißverstanden, gelegentlich verteufelt. Die so erzeugte, viele Lebensbereiche umfassende Angst des einzelnen vor allem um seinen Arbeitsplatz ist einer der Hauptgründe für die mangelnde Akzeptanz der neuen Techniken. In Wirklichkeit sind Befürchtungen, die fortschreitende Anwendung der Informations- und Kommunikationstechnik in Büro und Verwaltung werde Arbeitsplätze auf Dauer vernichten, nicht begründet." (BDI 1982, S. 72)

Bundesregierung: „Die Informationstechnik ist für die gesamte Wirtschaft ein Mittel, um die Produktivität zu erhöhen und damit ihre Wettbewerbsfähigkeit zu verbessern [...] Die Informatisierung der Produktion und der Produkte moderner Volkswirtschaften bewirkt einen Strukturwandel, der in jenen Industrieländern starke Wachstumsimpulse freisetzt, die diesen Strukturwandel aktiv aufgreifen. Wer durch innovative Nutzung der Informationstechnik an Wachstumsmärkten teilnehmen kann, hat im internationalen Wettbewerb gute Chancen, neue Arbeitsplätze zu schaffen, wegfallende Arbeitsplätze durch neue zu ersetzen und bestehende Arbeitsplätze durch Modernisierung zukunftssicher zu machen." (Konzeption der Bundesregierung 1984, S. 14)

Den von dieser Seite seit Jahren vorgetragenen Argumenten liegen die Behauptungen zugrunde,

– daß die *Produktivität* in Büro und Verwaltung erhöht werden müsse durch Rationalisierung mit dem Effekt, Personalkosten einzusparen;
– daß die Mikroelektronik neue Produkte und Dienstleistungen hervorbringe und damit *Wachstum* bewirke, das wiederum Arbeitsplätze schaffe;
– daß die *internationale Wettbewerbsfähigkeit* verbessert werden müsse, weil davon die Sicherheit und Qualität der Arbeitsplätze abhänge;
– daß umgekehrt ein *Verzicht* auf den Technikeinsatz zur *Vernichtung* von Arbeitsplätzen und zum Ruin der deutschen Wirtschaft führe.

Auf der anderen Seite stehen die Gewerkschaften, große Teile der Arbeitnehmerschaft sowie die Oppositionsparteien (SPD, Grüne) und zahlreiche kritische Wissenschaftler.

DGB: „Während in den Herstellerbereichen im Saldo bis 1980 keine Arbeitsplätze verloren gingen, steht für die Anwenderbereiche zu befürchten, daß durch den Einsatz moderner Techniken Millionen von Arbeitsplätzen gefährdet sind [...] Der Ausbau einer telekommunikationstechnischen Infrastruktur droht diesen Prozeß der Arbeitsplatzvernichtung in unabsehbarer Weise zu beschleunigen [...]
Durch den Einsatz der Informations- und Kommunikationstechniken steht dieser Bereich (gemeint ist der Büro-, Verwaltungs- und Dienstleistungsbereich, d. Vf.) erklärtermaßen im Mittelpunkt der Rationalisierungsoffensive der Unternehmensleitungen und der öffentlichen Arbeitgeber. Diese Entwicklung läßt eine Verschärfung der Beschäftigungsprobleme im gesamtwirtschaftlichen Rahmen befürchten." (DGB 1984, S. 41 u. 43)

H. Kubicek (Wissenschaftler): „Bisher war es stets so, daß ein volkswirt-schaftlicher Sektor rationalisiert wurde, während ein neuer, für den Bedürf-nisse vorhanden waren, aufgebaut wurde [...] Heute wird jedoch mit Ro-botern und numerischen Werkzeugmaschinen sowie neuen Werkstoffen in der industriellen Produktion massiv weiterrationalisiert, und gleichzeitig sollen im Bereich von Handel, Banken und Versicherung und im Bereich der öffentlichen Verwaltung, der Bildung und der Medien ebenfalls neue Rationalisierungsmöglichkeiten geschaffen werden. Das heißt, mit der Mi-kroelektronik und der Telekommunikation wird *in alten und neuen (!) Wirtschaftssektoren gleichzeitig* rationalisiert; ein Sektor, der kompensie-rend wirken könnte, ist jedoch nicht in Sicht." (Kubicek/Rolf 1985, S. 249)

Tatsache ist, daß gegenwärtig keine genauen Aussagen ge-macht oder gar Prognosen über negative oder positive Beschäf-tigungswirkungen der neuen I+K-Techniken gegeben werden können. Es kann auch nicht Aufgabe dieses Kapitels sein, die vielfältigen Studien und Prognosen gegeneinander abzuwägen und daraus ein statistisches Mittel zu bilden. Wir wollen uns hier vielmehr mit den vorgetragenen Argumenten auseinander-setzen und dazu reale (statistische) Daten über die Beschäfti-gungs-, Wirtschafts- und Bevölkerungsentwicklung heranzie-hen und diskutieren.

a) Demographische Entwicklung

Als sich schon vor einigen Jahren die anhaltende Massenarbeits-losigkeit oberhalb der 2-Millionen-Grenze sowie die dramati-sche Entwicklung im Ausbildungssektor abzeichnete, verkün-deten Politiker, Unternehmen und deren Verbände, daß sich dieses Problem spätestens ab 1990 entschärfe, weil dann erheb-lich weniger Menschen Arbeitsplätze suchten. Ja, einige mein-ten, man müsse gar mit einem Arbeitskräftemangel rechnen. Abgesehen einmal von der unverantwortlichen Einstellung vie-ler Politiker, daß sich das Problem der Arbeitslosigkeit nach dieser „Durststrecke" von selbst erledigen würde, sind diese Hoffnungen spätestens durch die großangelegte Studie des In-stituts für Arbeitsmarkt- und Berufsforschung – in Zusammen-arbeit mit der Prognos AG (= IAB/Prognos-Untersuchung) – widerlegt worden:

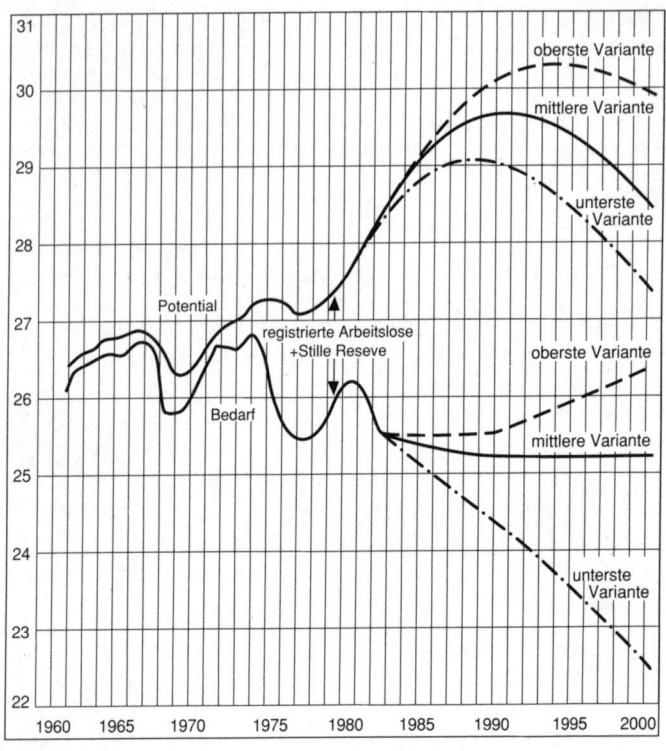

Abb. 7: Arbeitsmarktbilanz 1960–2000. Ergebnisse der Modellrechnungen*
auf Basis 1982 ohne Vorruhestandseffekt, in Mio.

* Projektionswerte des Potentials = IAB-Projektion
                des Bedarfs   = IAB/Prognos-Projektion

Quelle: Sonderdruck aus: Mitteilungen aus der Arbeitsmarkt- und Berufsforschung 1/1985: Klauser, W., Schnur, P., Thon, M.: Arbeitsmarktperspektiven der 80er und 90er Jahre. Neue Modellrechnungen für Potential
und Bedarf an Arbeitskräften (S. 59).

In dieser Modellrechnung wurden für das *Angebot* an Arbeitskräften (= Potential) und für die *Nachfrage* nach ihnen (=
Bedarf) zunächst die realen Beschäftigungszahlen bis 1982 errechnet. Auf dieser Basis wurden Modellrechnungen unter 3

alternativen Varianten bis zum Jahre 2000 erstellt. Hier einige Erläuterungen über die zugrundegelegten Annahmen:

Erwerbspersonenpotential (Angebot)

oberste Variante: a) Forsetzung des seit 1967 stark steigenden Trends der Zunahme verheirateter Frauen am Erwerbsleben (25–55 Jahre)

b) Zuwanderung von 300 000 Ausländern

mittlere Variante: a) Fortsetzung des langfristigen Trends der Frauenerwerbstätigkeit bis 2000

b) ohne Wanderung (keine Zu- oder Abnahme von Ausländern)

unterste Variante: a) Abschwächung der Erwerbsneigung von Frauen

b) Abwanderung von 450 000 Ausländern

Bedarf (Nachfrage)

obere Variante: a) Steigerung des Bruttosozialprodukts (BSP) pro Jahr um 3%

b) Produktivität + 4% pro Jahr
Arbeitszeitverkürzung − 1,2%
Saldo: + 2,8%

mittlere Variante: a) BSP + 2,5%

b) Produktivität + 3,5%
Arbeitszeitverkürzung − 1,0%
Saldo: + 2,5%

untere Variante: a) BSP + 1,2%

b) Produktivität + 3,2%
Arbeitszeitverkürzung − 1,3%
Saldo: + 1,9%

Bei der mittleren Variante, d. h. bei einem Wachstum vom 2,5% jährlich und konstanten Erwerbsquoten (jeweils durchgezogene Linien), ergibt sich hiernach ein Arbeitskräfteangebot von ca. 28,5 Millionen im Jahre 2000, dagegen ein Arbeitskräftebedarf von nur ca. 25,3 Millionen. Abgesehen von dem sehr unwahrscheinlichen Wachstumsplus von 2,5% jährlich,[5] macht diese Betrachtung folgendes deutlich: Selbst wenn sich das Arbeitskräfteangebot ab etwa 1991/92 verringert und selbst bei allen arbeitsmarktpolitisch günstigen Annahmen ist in den 90er Jahren mit einer anhaltend hohen Arbeitslosigkeit zu rechnen: bei der mittleren Variante ca. 3,2 Millionen, bei der unteren ca. 5 Millionen, bei der oberen 3,7 Millionen. Der Vorruhestandseffekt würde diese Zahlen nicht sehr wesentlich beeinflussen.

b) Ökonomische Entwicklung

(1) Produktivitätsentwicklung und Wirtschaftswachstum in der informationstechnischen Industrie (Hersteller)

Spätestens seit Vorlage des Zwischenberichts der Enquête-Kommission „Neue Informations- und Kommunikationstechniken"[6] ist deutlich geworden, daß die gesamte informationstechnische Industrie[7] trotz z.B. erheblicher Wachstumsraten nur eine geringfügige Zunahme der Beschäftigten verzeichnen konnte.

Tab. 1: Ist-Situation Hersteller 1980 (Nominalentwicklung)

	Produktion		Beschäftigte	
	in Mrd. DM	△75/80 v.H.	in Tausend	△75/80 v.H.
Nachrichtentechnik	9,3	+ 52	103	+ 12
Fernmeldekabel und -leitungen..............	1,1	+ 8	8	0
Büro- und Informations-technik................	9,1	+ 63	84	+ 17
Unterhaltungselektronik ..	8,6	+ 7	90	− 17
Elektronische Bauelemente/ Mikroelektronik.........	4,4	+ 30	65	− 9
Raumfahrt	0,4	−	3	−
insgesamt	32,9	+ 39	353	+ 2

Quelle: Zwischenbericht der Enquête-Kommission 1983, S. 36 (gekürzt).

Damit machte die Kommission auf ein relativ neues Phänomen aufmerksam: Der als Wachstumssektor geltende Bereich der neuen I+K-Techniken ist ein geradezu typisches Beispiel für ein Wirtschaftswachstum *ohne* zusätzliche Arbeitsplätze („jobless growth" genannt).

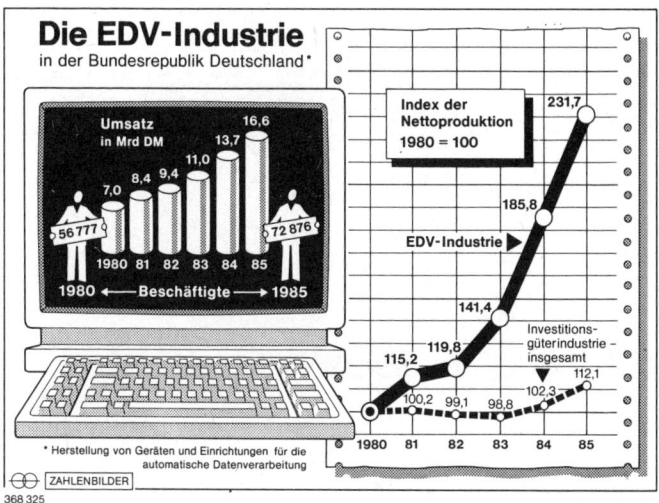

Abb. 8

Quelle: Statistisches Bundesamt, Zahlenbilder. Erich Schmidt Verlag 1986.

Aus Abb. 8 geht hervor, daß der Umsatz von 1980–1985 von 7,0 Milliarden auf 16,6 Milliarden DM, also um 137%, gestiegen ist, die Beschäftigten jedoch nur um 28% zugenommen haben (von 56777 in 1980 auf 72876 in 1985). Im Vergleich zur Gesamtwirtschaft 1985 ergeben sich jeweils folgende Anteile:
Bruttosozialprodukt 1837,9 Mrd. – Anteil EDV-Industrie = 0,9%
Abhängig Beschäftigte 22,237 Mio. – Anteil EDV-Industrie = 0,33%

Die weit auseinanderklaffende Schere zwischen Umsatzsteigerung und Beschäftigtenzunahme liegt darin begründet, daß die Herstellung dieser neuen Produkte selbst hochgradig automatisiert ist, wie die alle Branchen überragende Produktivitätssteigerung in der Büromaschinen- und EDV-Industrie von fast 87% in der Abb. 9 (S. 82) zeigt.

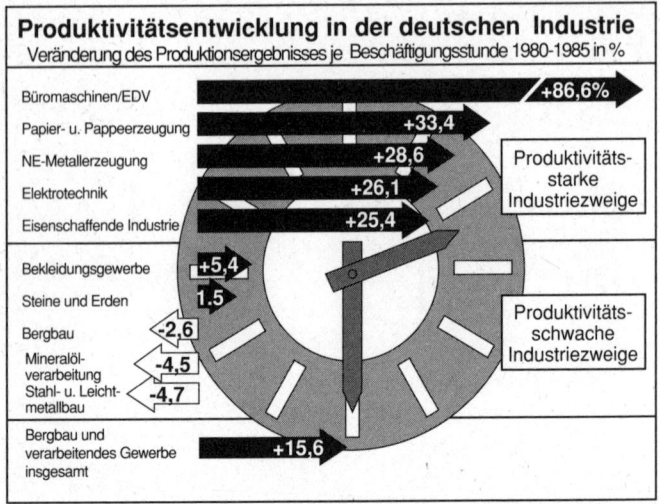

Produktivitätsentwicklung in der deutschen Industrie
Veränderung des Produktionsergebnisses je Beschäftigungsstunde 1980-1985 in %

Büromaschinen/EDV +86,6%

Papier- u. Pappeerzeugung +33,4

NE-Metallerzeugung +28,6

Elektrotechnik +26,1

Eisenschaffende Industrie +25,4

Produktivitäts-
starke
Industriezweige

Bekleidungsgewerbe +5,4

Steine und Erden 1,5

Bergbau -2,6

Mineralöl-
verarbeitung -4,5

Stahl- u. Leicht-
metallbau -4,7

Produktivitäts-
schwache
Industriezweige

Bergbau und
verarbeitendes Gewerbe
insgesamt +15,6

Abb. 9

Quelle: Statistisches Bundesamt, Zahlenbilder. Erich Schmidt Verlag 1986.

Daraus folgt, daß im Herstellerbereich der neuen I+K-Techniken nur geringe positive Beschäftigungseffekte zu erwarten sind. Damit aber wäre auch die von vielen Politikern und Ökonomen vertretene wirtschaftspolitische These: „Wachstum → Investitionen → Arbeitsplätze" zumindest teilweise widerlegt. Die These, durch eine gezielte Förderung der neuen I+K-Techniken könne die Beschäftigungskrise gelöst werden, ist demnach nicht haltbar.

(2) Anwendung

Die auf der Mikroelektronik beruhenden neuen Techniken sind im wesentlichen Rationalisierungstechniken, die
– menschliche Arbeitskraft ersetzen (durch Automation),
– Sachbearbeiter und andere Büro- und Verwaltungskräfte bei ihren Tätigkeiten unterstützen oder deren Arbeitshandeln steuern und

– Führungskräfte (Management) bei der Planung und Entscheidungsfindung unterstützt werden (sog. Management-Informations-Systeme, MIS).

Unternehmen und öffentliche Verwaltungen setzen diese Techniken freilich nicht deshalb ein, weil sie von den Herstellern angeboten werden und als modern für das „Büro der Zukunft" gelten, sondern zweifellos als Mittel zur Ausschöpfung ökonomischer Vorteile wie: Effizienzsteigerung, Verbesserung der Ertragslage und Gewinnmaximierung. Die zentralen Rationalisierungsziele sind erklärtermaßen:

– bessere Informationen über die Marktentwicklung zur Erzielung von Marktvorteilen;

– Kosteneinsparungen, insbes. in Form der Personalkostensenkung;

– effizientere Gestaltung der innerbetrieblichen Arbeitsabläufe und des Personaleinsatzes (schneller und mit geringerem Aufwand);

– Verbesserung der Qualität von Dienstleistungen.

Hier wird deutlich, daß das oben skizzierte neue Rationalisierungsprinzip der „systemischen Rationalisierung" nicht nur auf die Optimierung der betriebs*internen* Abläufe, sondern auch auf das *gesamte* Unternehmen-Markt-Gefüge zielt. Solche Strategien sind heute allenfalls erst in Ansätzen realisiert, sei es, weil die technischen Systeme in der Praxis bei weitem nicht den Versprechungen vieler Hersteller standhalten, sei es, weil der Ausbau der Übertragungsnetze erst anläuft oder weil es noch an einheitlichen nationalen und internationalen Standardisierungen (Normen) fehlt. Im Prinzip aber sind die Rationalisierungsmöglichkeiten in Büro und Verwaltung durch Technikeinsatz nahezu unbegrenzt. Die Frage ist allerdings, welchen Preis die Unternehmen und Verwaltungen dafür bezahlen wollen und welche ökonomischen Vorteile sie sich dadurch erhoffen. Zudem wird der tatsächliche Einsatz neuer Techniken weniger von den neu entwickelten Techniken selbst, als vielmehr von Marktentwicklungen und gesellschaftlichen Verhaltensweisen abhängen.

Wie weitreichend sich der Technikeinsatz in Zukunft vollzie-

hen wird und welche negativen Beschäftigungseffekte damit
verbunden sein werden, ist daher ziemlich ungewiß. Es ist aber
sehr wahrscheinlich, daß sich die nicht wegzuleugnenden Personaleinsparungen in den vergangenen Jahren, die nahezu alle-
samt auf Rationalisierungsmaßnahmen in Büro und Verwaltung
zurückzuführen sind, in Zukunft verschärft fortsetzen werden.
Je nachdem, wieweit und in welchem Zeitraum die Unternehmen und Verwaltungen die Rationalisierungsmöglichkeiten
auch tatsächlich ausschöpfen werden, ist mit größeren Einspa-
rungseffekten erst langfristig zu rechnen. Denn vorerst, d. h.
während der Einführungs- und Umorganisierungsphase, die
sich durchaus über mehrere Jahre erstrecken kann, ist zunächst
noch mit Mehrarbeit zu rechnen. Danach aber wird es zu
durchschlagenden negativen Beschäftigungseffekten größeren
Ausmaßes kommen – nicht in diesem Jahrzehnt, sondern vermutlich erst im nächsten und über die Jahrtausendwende hinaus.

Nach dieser vorsichtigen Prognose noch ein etwas genauerer
Blick auf die vergangenen *personellen Entwicklungen* im Büro-
und Verwaltungsbereich. Trotz aller Schwierigkeiten, Arbeits-
platzverluste und damit Personaleinsparungen als Folge des
Technikeinsatzes genau zu messen, sind sie dennoch aus einer
Reihe von Untersuchungen belegt. Bisher führte der Technikeinsatz noch nicht zu spektakulären Entlassungen im Angestell-
tenbereich; vielmehr wurden Personaleinsparungen realisiert
durch
– natürliche Fluktuation und Abgang;
– Einstellungsstopp und Abbau von Planstellen;
– vorzeitige(r) Pensionierung/Ruhestand;
– Umsetzung;
– aber auch: durch direkte Entlassungen.

Unternehmen und öffentliche Verwaltungen stellen trotz einer kräftigen Steigerung ihrer Geschäfts-, Umsatz- und Ar-
beitsvolumen kaum noch zusätzliches Personal ein, sondern
versuchen, diese Steigerungen mit der vorhandenen Belegschaft
aufzufangen. Das Beispiel *Versicherungswirtschaft* mag diesen
Sachverhalt veranschaulichen: „Während sich die Brutto-Bei-

tragseinnahmen der Versicherer zwischen 1960 und 1970 von 9,4 auf 27,7 Milliarden DM fast verdreifachten, hatte sich die Zahl der Beschäftigten von 116 000 auf 189 000 nicht einmal verdoppelt. Der Einnahmesprung auf 78,9 Milliarden Mark zehn Jahre später wurde mit 202 000 Beschäftigten erzielt. Und obwohl in die Kassen der Versicherungsbranche 1986 rund 114 Milliarden Mark flossen, beschäftigten sie weniger Menschen – 198 000." (Wirtschaftswoche Special Supplement Nr. 2/87, 20. 2. 87, S. 10 u. 12).

Die hier zu beobachtende Abschottung gegenüber all jenen, die einen Arbeitsplatz suchen, führt zumindest zu einer erheblichen Einschränkung von Beschäftigungsmöglichkeiten, wenn nicht gar zu einer Blockierung. Davon besonders betroffen sind Frauen, Arbeitslose und (immer noch) Jugendliche – sie sind, wenn man das Wort gebrauchen will, die eigentlichen „Rationalisierungsverlierer".

Die Verengung der Beschäftigungsmöglichkeiten in Büro und Verwaltung wird zudem sichtbar an der *Entwicklung der Arbeitslosigkeit* der in Büroberufen tätigen Menschen, wie Tabelle 2 zeigt:

Tab. 2: Arbeitslose im Bundesgebiet nach Berufsordnungen (Auswahl)

Berufe (Nr. der Berufsgruppe)	Arbeitslose			
	Sept. 78 insges.	Sept. 81 insges.	Sept. 85 insges.	dav. Frauen
Warenkaufleute (68)	81 000	105 419	199 537	145 040
darunter:				
– Groß- und Einzelhandelskaufleute, Einkäufer (681)	11 317	16 514	35 056	16 830
– Verkäufer (682)	58 211	74 605	138 592	118 115
– Verlagskaufleute, Buchhändler (683)	865	1 088	2 061	1 414
– Apothekenhelfer (685)	2 479	2 414	4 804	4 730
– Handelsvertreter, Reisende (687)	5 843	8 102	14 408	1 990

Berufe (Nr. der Berufsgruppe)	Arbeitslose			
	Sept. 78 insges.	Sept. 81 insges.	Sept. 85 insges.	dav. Frauen
Dienstleistungskaufleute und zuge- hörige Berufe (69–70)	13 841	16 667	28 660	15 994
darunter:				
– Bankfachleute (691)	6 287	7 379	11 382	8 937
– Lebens-/Sachversicherungsfach- leute (694)	3 318	4 532	5 943	2 470
– Speditionskaufleute (701)	1 506	3 012	3 788	1 106
– Fremdenverkehrsfachl. (702)	743	1 538	2 053	1 518
– Werbefachleute (703)	726	1 296	1 567	669
– Vermieter, Vermittler, Versteige- rer (705)	447	645	2 030	337
Organisations-, Verwaltungs- und Büroberufe (75–78)	136 965	165 131	274 846	212 394
darunter:				
– Unternehmer, Geschäftsführer, Geschäftsbereichsleiter (751)	4 253	6 500	10 419	1 441
– Wirtschaftsprüfer, Steuerberater (753)	1 586	1 582	4 104	3 001
– Kalkulatoren, Berechner (771)	1 686	1 685	2 886	1 920
– Buchhalter (772)	11 410	12 276	19 301	15 396
– Kassierer (773)	5 252	6 640	10 724	10 228
– Datenverarbeitungsfachl. (774)	1 525	2 238	5 199	1 697
– Bürofachkräfte (781)	69 633	82 599	140 199	108 079
– Stenographen, Stenotypisten, Maschinenschreiber (782)	14 886	18 213	30 379	29 851
– Datentypisten (783)	2 861	3 293	5 454	5 338
– Bürohilfskräfte (784)	23 475	29 529	44 545	35 106
Summe 68/69/70, 75–78	231 806	287 217	503 043	373 428

Quelle: Bundesanstalt für Arbeit; eigene Berechnungen.

Zum Vergleich einige Beschäftigtenzahlen:

Tab. 3: Sozialversicherungspflichtige Beschäftigte im Bundesgebiet nach Berufen (Auswahl)

Berufe (Nr. der Berufsgruppe)	Sozialversicherungspfl. Beschäftigte			
	30. 6. 77		30. 6. 85	
	insges.	dav. Frauen	insges.	dav. Frauen
Warenkaufleute (68) (wie: Groß- u. Einzelhandelskaufleute, Ein- u. Verkäufer, Handelsvertreter usw.)	1 494 322	927 840	1 620 054	1 039 584
Dienstleistungskaufleute u. zugehörige Berufe (69–70)	653 942	273 402	765 346	344 013
darunter: – Bankfachleute (691)	359 302	180 265	441 867	227 103
– Lebens-/Sachversicherungsfachleute (694)	115 898	36 146	124 860	42 060
– Speditionskaufleute (701)	62 660	11 875	68 632	17 109
Organisations-, Verwaltungs- und Büroberufe (75–78)	3 539 193	2 194 376	3 787 357	2 444 586
darunter: – Bürofachkräfte (781)	2 067 894	1 318 141	2 281 932	1 562 695

Quelle: Bundesanstalt für Arbeit; eigene Berechnungen.

Wie die Tabelle 2 über die Entwicklung der Arbeitslosigkeit in Büroberufen (S. 85/86) zeigt, ist die Arbeitslosigkeit vor allem in den 80er Jahren deutlich gestiegen; davon betroffen sind insbes. *Warenkaufleute* – und darunter vor allem die Verkäufer/innen – sowie *Bürofachkräfte.* Innerhalb der Berufsgruppen trifft die Beschäftigungslosigkeit überproportional die *Frauen:* Von den insgesamt 503 043 Arbeitslosen (Sept. 1985) in den og. Büroberufen sind 74,2 % (!) Frauen. Ohne die Warenkaufleute (Verkäufer/innen) sind von den insgesamt 303 506 Arbeitslosen in Büroberufen im engeren Sinne 228 388 Frauen arbeitslos, das sind sogar 76,2 % (!). Die Tabelle zeigt ferner, daß selbst Er-

Tab. 4: Modellrechnungs-Ergebnisse: Erwerbstätige nach Tätigkeitsgruppen 1973–2000. Entwicklung in Abhängigkeit von der Variante: Erwerbstätige in 1000

Tätigkeitsgruppen/-bereiche	1973	1980	Mittlere Variante		Untere Variante		Obere Variante	
			1990	2000	1990	2000	1990	2000
1 Primärproduktion	2106	1584	1336	1223	1318	1153	1382	1291
2 Handwerkliche Fertigung	3394	2934	2520	2261	2379	2015	2548	2433
3 Maschinelle Fertigung	2701	2283	1853	1607	1878	1624	1848	1583
4 Kontrolle, Anleitung	771	651	507	407	523	432	512	422
5 Maschinenbedienung, -regelung	939	971	1023	1132	940	880	1081	1264
6 Reparatur	1501	1446	1365	1328	1320	1211	1379	1371
1–6 Produktion	11412	9869	8613	7958	8358	7315	8750	8364
7 Lager und Versand	1307	1182	1029	942	1032	914	1025	944
8 Transport (Güter/Personen)	617	594	560	538	544	490	562	550
9 Verkaufstätigkeiten allgemeiner Art	2097	2051	1919	1873	1831	1607	1928	1884
10 Produktbezogene Handelstätigkeiten	350	331	319	340	302	280	327	365
11 Kundenbezogene Handelstätigkeiten	252	260	263	270	267	262	269	280
7–11 Lager, Transport, Vertrieb	4623	4418	4090	3963	3976	3553	4111	4023
12 Abteilungsspezifische Bürotätigkeiten	1778	1611	1339	1155	1358	1166	1324	1135
13 Integrierte Sach-/Antragsbearbeitung	1090	1258	1385	1495	1307	1342	1416	1542
14 Entscheidungsvorbereitung/-assistenz	261	306	360	397	336	346	362	401

	1	2	3	4	5	6	7	8
12–14 Büro	3 129	3 175	3 084	3 047	3 001	2 854	3 102	3 078
15 Forschung und Entwicklung	564	581	646	753	608	613	657	799
16 Sachbezogene Entscheidungen	687	796	955	1 147	856	878	971	1 220
17 Führungsaufgaben, Management	975	1 116	1 344	1 658	1 250	1 347	1 371	1 784
15–17 Disposition, F + E	2 226	2 493	2 945	3 558	2 714	2 838	2 999	3 803
18 Reinigung, Hauswirtschaft, Bewirtung	1 473	1 367	1 356	1 360	1 342	1 263	1 390	1 399
19 Lehren, Betreuen	795	1 080	1 237	1 379	1 189	1 197	1 262	1 507
20 Ordnen, Bewachen	967	960	973	1 036	971	959	994	1 087
21 Rechtspflege	263	311	368	447	345	374	368	445
22 Physisch/psychisch behandeln, beraten	944	1 181	1 301	1 409	1 267	1 252	1 315	1 467
23 Publizieren, Kunst schaffen	122	134	146	169	141	141	156	191
19–23 Dienstleistungen	3 091	3 666	4 025	4 440	3 913	3 923	4 095	4 697
24 In Ausbildung	897	1 265	1 145	956	1 117	865	1 153	979
Alle Tätigkeiten	26 849	26 251	25 257	25 282	24 424	22 609	25 600	26 344

Quelle: Rothkirch v., C., Weidig, I.: Die Zukunft der Arbeitslandschaft. Zum Arbeitskräftebedarf nach Umfang und Tätigkeiten bis zum Jahr 2000 – Textband. In: Beiträge zur Arbeitsmarkt- und Berufsforschung (BeitrAB) 94.1, Nürnberg 1985, S. 141 und 171.

werbstätige in qualifizierten kaufmännischen Berufen von Beschäftigungslosigkeit nicht mehr ausgeschlossen sind.

Zweifellos ist die Kritik an der Berufsstatistik berechtigt, da aus ihr nicht die konkreten Tätigkeiten der Erwerbstätigen ersichtlich sind. Diesem Mangel trägt die bereits erwähnte große IAB-Prognos-Untersuchung insofern Rechnung, als hier auf der Basis von Tätigkeitsmerkmalen Veränderungen der Erwerbstätigenstruktur von 1973 bis 1980 ermittelt und dazu in 3 Varianten Modellrechnungen bis zum Jahre 2000 erstellt werden (Tabelle 4, S. 88/89).

Nach Tabelle 4 sinken die Erwerbstätigen im Bürobereich (Nr. 12–14) in allen drei Varianten. Innerhalb dieser Tätigkeitsgruppe sind es allein die „abteilungsspezifischen Bürotätigkeiten"[8] – hier Nr. 12 –, die bereits von 1 778 000 im Jahre 1973 auf 1 611 000 1980 gesunken sind (um 9,4%) und nach der Modellrechnung bei der mittleren Variante weiter auf 1 155 000 im Jahre 2000 sinken, d. h. von 1980–2000 um 28,3% (!).

Ein deutlich abnehmender Tätigkeitsbereich ist neben den drastisch sinkenden Erwerbstätigenzahlen um fast 2 Millionen in der Produktion (mittlere Variante 1980 bis 2000, Nr. 1–6) auch der Bereich Lager, Transport, Vertrieb (Nr. 7–11), darunter die Nr. 9 „Verkaufstätigkeiten allgemeiner Art": bei der mittleren Variante sinken sie von 2 051 000 (1980) auf 1 873 000 im Jahre 2000, ein Rückgang um ca. 8,7%.

Erhebliche Zunahmen sind vor allem in den Tätigkeitsgruppen 15–17 „Disposition, Forschung und Entwicklung" sowie bei den Dienstleistungen im engeren Sinne (Nr. 19–23) zu erkennen; bei den letzteren allerdings mit deutlich schwächeren Wachstumsraten.

Insgesamt aber ist nicht zu übersehen, daß sich die Erwerbstätigenzahl zwischen 1973 und 1980 bereits um 600 000 (von 26,85 Mio auf 26,25 Mio) reduziert hat und in der Modellrechnung bei der mittleren Variante bis zum Jahre 2000 weiter um 1 Million auf 25,28 Millionen sinkt. Dabei ist zu bedenken, daß die mittlere Variante in den Modellrechnungen mit einem durchschnittlichen Wirtschaftswachstum von 2,5% und konstanten Erwerbsquoten nicht sehr wahrscheinlich ist, sondern eher die untere Variante anzunehmen ist. Danach würde die Erwerbstätigenzahl im Jahre 2000 gegenüber 1980 sogar um fast 4 Millionen sinken.

c) Strukturwandel

Mit dem Begriff (sektoraler) „Strukturwandel" werden die längerfristigen Verschiebungen der hergestellten Güter und der Beschäftigten zwischen den drei Wirtschaftssektoren (primärer, sekundärer und tertiärer Sektor) bezeichnet. Wie Abb. 10 zeigt, ist der primäre Sektor (Land- und Forstwirtschaft) zwischen 1950 und 1980 deutlich zurückgegangen, während der tertiäre Sektor (Dienstleistungen im weiten Sinne) kräftig expandierte.

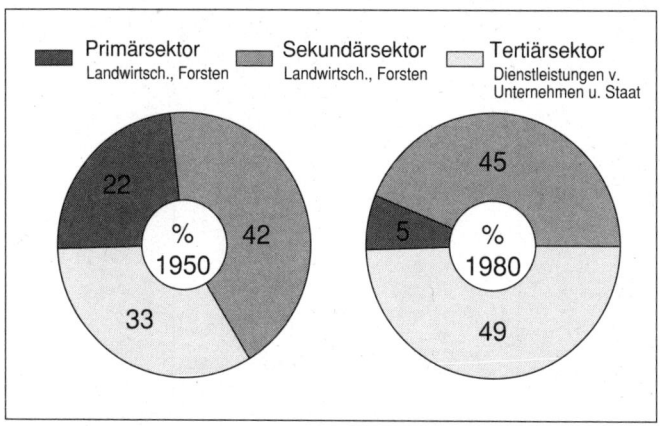

Abb. 10: Sektoraler Strukturwandel 1950–1980

Quelle: DGB 1984, S. 44.

Diese Entwicklung führte zu der These, daß die im primären Sektor entfallenden Arbeitsplätze zunächst im sekundären Sektor neu geschaffen würden; die hier wiederum „freigesetzten" Arbeitskräfte fänden im tertiären Sektor eine neue Beschäftigung. Diesen Ersatz von im ersten und zweiten Wirtschaftssektor vernichteten Arbeitsplätzen durch im dritten Sektor neu geschaffene wird als *Kompensation* bezeichnet.

Tab. 5: Bruttowertschöpfung und sozialversicherungspflichtige Beschäftige nach Wirtschaftsbereichen (zu jeweiligen Preisen)

Wirtschaftssektor	1977				1981			
	absolut Mrd. DM	%[2]	Beschäftigte[5] absolut	%[7]	absolut Mrd. DM	%[2]	Beschäftigte[5] absolut	%[7]
primärer Sektor Land- und Forstwirtschaft	31,8	2,7	208013	1,0	31,7	2,1	232476	1,1
sekundärer Sektor warenproduzierendes Gewerbe[3]	529,8	45,6	10526164	53,0	641,6	43,1	10622547	50,9
tertiärer Sektor Handel, Verkehr, Nachrichten	186,3	16,0	3706495	18,7	236,5	15,9	3918862	18,8
Dienstleistungen	253,0	21,8	3796427	19,1	366,9	24,6	4372166	21,0
Staat, private Haushalte, Organisationen ohne Erwerbszweck	160,4	13,8	1630245	8,2	212,7	14,3	1716177	8,2
gesamt	1119,7[1]	100,0[4]	19879862[6]	100,0	1426,1[1]	100,0	20863972[6]	100,0

[1] Differenz: Bei der Bruttowertschöpfung (gesamt) sind die unterstellten Entgelte für Bankdienstleistungen abgezogen
[2] Prozentwerte der unbereinigten Bruttowertschöpfung
[3] einschl. produzierendes Handwerk und Baugewerbe
[4] richtig: 99,9%
[5] jeweils 2. Quartal
[6] Differenz: nicht angegebene Wirtschaftszweige
[7] Prozentwerte der Beschäftigten in den einzelnen Wirtschaftsbereichen

Quelle: BMWI (1986); Bundesanstalt für Arbeit; eigene Berechnungen.

Wirtschaftssektor	1983				1985			
	absolut[8] Mrd. DM	%[2]	Beschäftigte[5] absolut	%[7]	absolut[8] Mrd. DM	%[2]	Beschäftigte[5] absolut	%[7]
primärer Sektor Land- und Forstwirtschaft	32,4	2,0	225325	1,1	30,9	1,8	231077	1,1
sekundärer Sektor warenproduzierendes Gewerbe[3]	684,4	42,1	9960817	49,5	760,1	42,6	9895825	48,6
tertiärer Sektor Handel, Verkehr, Nachrichten	254,8	15,7	3742591	18,6	274,6	15,4	3753154	18,4
Dienstleistungen	425,5	26,2	4471573	22,2	473,0	26,5	4679144	23,0
Staat, private Haushalte, Organisationen ohne Erwerbszweck	228,5	14,0	1740667	8,6	244,2	13,7	1810990	8,9
gesamt	1544,1[1]	100,0	20146521[6]	100,0	1697,4[1]	100,0	20378397[6]	100,0

[1] Differenz: Bei der Bruttowertschöpfung (gesamt) sind die unterstellten Entgelte für Bankdienstleistungen abgezogen

[2] Prozentwerte der unbereinigten Bruttowertschöpfung

[3] einschl. produzierendes Handwerk und Baugewerbe

[4] richtig: 99,9%

[5] jeweils 2. Quartal

[6] Differenz: nicht angegebene Wirtschaftszweige

[7] Prozentwerte der Beschäftigten in den einzelnen Wirtschaftsbereichen

[8] vorläufig

Quelle: BMWI (1986); Bundesanstalt für Arbeit; eigene Berechnungen.

Bei der Betrachtung des sektoralen Strukturwandels (Abb. 10) zeigt sich, daß die Beschäftigtenzahlen im Dienstleistungsbereich kräftig anstiegen, während sie im primären und sekundären Sektor stark zurückgingen. Das heißt, bis etwa Mitte der 70er Jahre hat der Dienstleistungsbereich tatsächlich diese Kompensationsfunktion erfüllt. In der zweiten Hälfte der 70er Jahre aber deutet sich ein Bruch an: Spätestens seit Beginn der 80er Jahre erfüllt er diese Funktion nicht mehr. Wie die Tabelle 5 (S. 92/93) zeigt, wurden 1977 48,3% der Bruttowertschöpfung im primären und sekundären Sektor mit 54% der Beschäftigten erarbeitet; 1985 waren es nur noch 44,4% mit 49,7% der Beschäftigten. Für den tertiären Sektor waren das 1977 51,6% mit 46,0% der Beschäftigten; in 1985 wurden hier 55,6% der Bruttowertschöpfung mit 50,3% der Beschäftigten erarbeitet. Daraus folgt, daß sich der Strukturwandel weiter in Richtung einer Ausdehnung des Dienstleistungsbereichs (tertiärer Sektor) fortgesetzt hat: Über die Hälfte der sozialversicherungspflichtigen Beschäftigten (gut 10,2 Mio) ist nun im tertiären Sektor tätig.

Wichtige Hinweise dafür, daß die heute immer noch von vielen Politikern und Wissenschaftlern vertretene Kompensationsthese seit Beginn der 80er Jahre nicht mehr greift, liefern die absoluten Zahlen über die Beschäftigtenentwicklung (s. Tab. 5). 1981 waren 10 Millionen sozialversicherungspflichtig Beschäftigte[9] im Dienstleistungsbereich tätig, 1983 sogar nur knapp 10 Millionen und 1985 nur wenig mehr, nämlich rund 10,2 Millionen. Im gleichen Zeitraum (1981–1985) sind im primären und vor allem im sekundären Sektor 728 121 Arbeitsplätze weggefallen, während im tertiären Sektor lediglich 236 083 neue Arbeitsplätze geschaffen wurden. Das heißt, knapp eine halbe Million der sozialversicherungspflichtig Beschäftigten fanden keinen Arbeitsplatz im sonst aufnehmenden Dienstleistungsbereich.

Die sich hier abzeichnende Entwicklung, daß der Dienstleistungsbereich im weiten Sinn (tertiärer Sektor) immer weniger die im primären und sekundären Sektor wegfallenden Arbeitsplätze aufsaugt, wird sich in Zukunft weiter verschärfen, da weite Teile des Dienstleistungsbereichs nun selbst im Zentrum von Rationalisierungsbemühungen stehen. Ein vierter Wirtschaftssektor, der die Arbeitsplatzvernichtung ausgleichen könnte, ist jedoch heute nicht in Sicht. Die Hoffnung darauf, daß der forcierte Strukturwandel die Massenarbeitslosigkeit beseitigen könne, ist unter den gegenwärtigen Bedingungen nicht realistisch.

Wie die Analyse demographischer und wirtschaftlicher Bedingungen im Hinblick auf die künftigen Beschäftigungschancen gezeigt hat, werden Herstellung und Anwendung der neuen I+K-Techniken per Saldo mit einiger Sicherheit nicht zu positiven, sondern eher zu *negativen* Beschäftigungseffekten führen. D.h., wenn dem nicht wirksam auf allen Ebenen, z.B. Staat/ Politik, Gewerkschaften, Betriebe, gegengesteuert wird, dann droht tatsächlich zumindest längerfristig eine weitere Zunahme der Massenarbeitslosigkeit.

2. Qualitative Auswirkungen auf die Arbeitsplätze

Ebenso kontrovers wie die quantitativen Auswirkungen werden die Folgen des Technikeinsatzes auf die *Qualität* der Arbeitsplätze diskutiert. Das Meinungsspektrum reicht hier von der Behauptung genereller Verbesserungen in bezug auf die Arbeitsbedingungen und einer allgemeinen Erhöhung der Qualifikationsanforderungen bis hin zu weitreichenden Befürchtungen im Hinblick auf die Entwertung fachlicher und sozialer Qualifikationen, die drastisch zunehmenden Kontrollmöglichkeiten, die erheblich steigenden körperlichen und seelischen Belastungen sowie die Aushöhlung von Arbeitnehmerschutzrechten, etwa durch die elektronische Fernarbeit. Tatsache ist, daß heute niemand in der Lage ist, die möglichen Folgen genau abzuschätzen oder gar zu prognostizieren.

Während die Technikbefürworter – allen voran die Hersteller- und Anwenderunternehmen sowie die Bundesregierung und viele andere Politiker – die möglichen negativen Folgen kaum oder gar nicht erwähnen und sie bewußt als „Preis für den Modernisierungsprozeß" in Kauf nehmen, bemühen sich demgegenüber insbesondere die Gewerkschaften und zahlreiche kritische Wissenschaftler intensiv darum, die inzwischen aufge-deckten Gefährdungsmomente durch den Einsatz der neuen I+K-Techniken genauer zu analysieren und entsprechende Konzepte zur Abwendung der Risiken sowie alternative Ratio-nalisierungsvorschläge im Sinne einer humanen Technikgestal-tung zu entwickeln und durchzusetzen. Unter der Zielsetzung, die neuen I+K-Techniken an den Bedürfnissen des Menschen nach humaner, sozial- und naturverträglicher Gestaltung zu orientieren, hat die Landesregierung in Nordrhein-Westfalen 1984 das Programm „Mensch und Technik. Sozialverträgliche Technikgestaltung" beschlossen, das zunächst bis 1988 befri-stet ist. Es soll die Betroffenen informieren und sie zu einem menschen- und naturverträglichen Umgang mit den neuen Techniken befähigen, Technikalternativen entwickeln sowie Ansatzpunkte für die Beteiligung der Betroffenen bei der Tech-nikgestaltung aufzeigen.

Die Erkenntnis, daß der Technikeinsatz von sich aus keine bestimmte Gestaltung der Arbeitsplätze erzwingt, sondern je-weils das Ergebnis von politischen, sozialen und ökonomischen Entscheidungen ist, muß daher auch als Grundlage für die Dis-kussion über die qualitativen Folgen dienen. Wie verschiedene Untersuchungen bisher zeigen, sind die Wirkungen der Ratio-nalisierung auf die Beschäftigten in Büro und Verwaltung sehr unterschiedlich: Sie können je nach Wirtschaftszweig (Bran-che), Betrieb oder Verwaltung, wirtschaftlicher Lage des Unter-nehmens, Aufgabenbereich, Hierarchieebene, Personalpolitik, Unternehmens- und Rationalisierungs„philosophie" z.T. be-trächtlich voneinander abweichen. Allenfalls – und auch das noch mit Vorsicht – lassen sich für bestimmte Typen von Büro- und Verwaltungsarbeit einheitliche Tendenzen feststellen. D.h., die qualitativen Veränderungen der Arbeitsplätze in Büro und Verwaltung aufgrund von Rationalisierungsentscheidun-gen und deren Folgen auf die Beschäftigten sind unterschiedlich verteilt: Während für die einen durchaus auch positive Wirkun-gen festzustellen sind, werden andere Beschäftigtengruppen z.T. extrem negativ betroffen. Im folgenden sollen dazu einige bisher bekannte Ergebnisse diskutiert werden.

a) Zentralisierung – Hierarchie – Organisation

Ein für nahezu alle Dienstleistungsbereiche zutreffendes Merkmal der Veränderung von Arbeitsstrukturen ist die Verschränkung von Technikeinsatz mit neuen Formen der Geschäfts- und Personalpolitik. So wurden vor allem in den 70er Jahren eigene strategische Abteilungen oder Stäbe für Planungs- und Steuerungsaufgaben auf- oder ausgebaut, z.B.: Controlling-Abteilungen, Organisationsstäbe mit streng betriebswirtschaftlicher Ausrichtung, Planungsämter oder -abteilungen, Stäbe oder Abteilungen für Personalwirtschaft und Marketing usw. Als Folge dieser Herauslösung von Aufgaben, die zuvor im wesentlichen von den verschiedenen Fachabteilungen übernommen wurden, ist zum einen eine deutliche *Schwächung der Fachabteilungen* festzustellen; auf der anderen Seite haben die *leitenden und planenden* Unternehmensbereiche ihre *Machtposition* außerordentlich *ausweiten* können. Von ihnen werden geschäftspolitische Zielvorgaben für einzelne Abteilungen oder Gruppen formuliert; von hier aus werden auch die Arbeitsabläufe im wesentlichen gesteuert. Und hier wird auch über den Einsatz der jeweiligen technischen Systeme und deren Nutzungsformen entschieden.

Das im Zusammenhang mit dem Einsatz neuer I+K-Techniken häufig benutzte Stichwort „Dezentralisierung" erhält unter diesen Bedingungen einen anderen Inhalt: Unbestritten sind in den letzten Jahren weite Teile der technischen Ausstattung näher an den einzelnen Arbeitsplatz gerückt, z.B. der Bildschirm oder der PC, die in der Regel wiederum mit der zentralen DV-Anlage verbunden sind – Stichwort: arbeitsplatznahe Datenverarbeitung im Dialogverfahren. Diese Dezentralisierung von Technik umfaßt jedoch nicht gleichzeitig eine Dezentralisierung von Planungs-, Steuerungs- und Kontrollentscheidungen dergestalt, daß die einzelnen Fachabteilungen oder Gruppen nun selbständig darüber befinden könnten, wie sie die Technik nutzen wollen. D.h., Fachabteilungen, Gruppen oder einzelne Mitarbeiter sind von jenen strategisch außerordentlich wichtigen und für sie folgenreichen Entscheidungen in aller Regel ausgeschlossen. So beschränkt sich die Informationspolitik der Unternehmens- und Verwaltungsleitungen über geplante Rationalisierungsprojekte in der Praxis zumeist nur auf das gesetzlich festgelegte Mindestmaß.

Seit einigen Jahren verfolgen Unternehmen und Verwaltungen tendenziell die Leitlinie, markt- oder kunden-/klientenbezogene Aufgaben weitgehend von den internen Verwaltungstätigkeiten (Administration) zu trennen. Am konsequentesten wird das Motto „Kundenbetreuung aus einer Hand" von Banken und Versicherungen vollzogen. Diese Strategie hat zur Folge, daß Arbeitsplätze mit marktbezogenen Aufgaben interessant und anspruchsvoll sind, während zahlreiche der nach innen gerichteten Verwaltungs- und Abwicklungsarbeiten weniger anspruchsvoll sind und verstärkt rationalisiert werden. Letzteres trifft besonders für die Servicebereiche wie Textverarbeitung, Datenerfassung, Abwicklung des Zahlungsverkehrs, Registratur/Dokumentation usw. zu.

Die hier angedeutete Stärkung der zentralen Entscheidungsinstanzen auf der Leitungsebene in Verbindung mit der Trennung von markt- oder kundenbezogenen und verwaltungsinternen Aufgabenbereichen führt im Ergebnis zu einer *Verfestigung* – und nicht, wie oft behauptet wird, zu einer Lockerung – *der Unternehmens- und Verwaltungshierarchien.* Damit aber werden die Aufstiegsmöglichkeiten zwischen den folgenden vier hierarchischen Ebenen zumindest sehr stark eingeschränkt, wenn nicht gar unmöglich:

(1) Leitungs- und Stabsbereiche

(2) markt- oder kundenbezogene Fachabteilungen

(3) rein verwaltend (administrativ) tätige Abteilungen

(4) Serviceabteilungen für allgemeine Hilfstätigkeiten.[10]

Zusammenfassend läßt sich zunächst festhalten, daß der Einsatz neuer I+K-Techniken in Unternehmen und Verwaltungen durchweg mit tiefgreifenden geschäftspolitischen und organisatorischen Veränderungen verbunden ist, die sich auf die Qualität der Arbeitsplätze jeweils sehr unterschiedlich auswirken. Solche Rationalisierungsprozesse verlaufen auch nicht überall gleichartig, allein schon deswegen nicht, weil innerhalb jedes Unternehmens und jeder Verwaltung sowohl auf der Leitungsebene als auch auf der Ebene der Sachbearbeiter und anderer Bürokräfte stets Menschen mit jeweils sehr verschiedenen und oftmals sogar gegensätzlichen Interessen agieren. So wird selbst auf der Leitungsebene um das „richtige" Rationalisierungskonzept oder um den Einsatz eines bestimmten Techniksystems heftig gestritten, etwa deswegen: weil ein Organisator seine eigene Karriere im Auge hat; der EDV-Leiter sich für ein bestimmtes System einsetzt, weil er bereits intensive Kontakte zum Hersteller hat; der Planungs- und Projektleiter ausschließlich nach Kosten- und Wirtschaftlichkeitsaspekten entscheiden will; der Personalchef wiederum auf fehlende Mitarbeiterqualifikationen hinweist, keine Neueinstellungen oder auch keine Entlassungen will usw. Des weiteren kann es unter den Mitarbeitern selbst zu ausgeprägten Interessenkonflikten kommen, z.B. zwischen den Gegnern oder Befürwortern des neuen Rationalisierungskonzepts oder zwischen den „Rationalisierungsgewinnern" und „Rationalisierungsverlierern". Ebenso denkbar ist aber auch der von einer großen Mehrheit der Mitarbeiter getragene Widerstand gegen die Durchsetzung bestimmter Rationalisierungsformen, die sich negativ auf die Arbeitsbedingungen der Beschäftigten auswirken. Allerdings – und das macht die Durchschaubarkeit von Rationalisierungsprozessen vor allem bei „systemischer Rationalisierung" ungleich schwieriger – werden Planungsvorhaben in der Regel in Teilschritten und über viele Jahre durchgesetzt, so daß Veränderungen manchmal kaum noch wahrgenommen werden.

Weitere Gründe für unterschiedliche Rationalisierungskonzepte sind zum einen die *wirtschaftliche Situation* des Unternehmens oder der Verwaltung: Unternehmen, die in ihrer Existenz bedroht sind, rationalisieren in erster Linie unter dem Gesichtspunkt der Kostensenkung – zumeist ohne jede Berücksichtigung von Beschäftigteninteressen. Wirtschaftlich „gesunde" Unternehmen dagegen verfolgen eher das Ziel, bessere Informationen über Marktprozesse zu erhalten oder ihre Dienstleistungsqualität zu erhöhen; auch werden in diesen Betrieben die Interessen der Mitarbeiter in einem gewissen Maße berücksichtigt.

Zum anderen wirken sich die je nach Unternehmen oder Verwaltung im Zeitablauf unterschiedlich *gewachsenen Organisationsformen* wesentlich auf die qualitativen Veränderungen aus. So sind organisatorische Umstellungen in jüngeren Unternehmen, wie beispielsweise in Versicherungen, oftmals weit weniger problematisch als etwa in traditionellen Industriebetrieben mit ausgeprägten bürokratischen und oft wenig flexiblen, historisch gewachsenen Organisationsformen. In letzteren sind nicht selten auch Mitarbeiter anzutreffen, die auf Grund ihrer „Hausmacht", d.h. außerhalb der offiziellen Kompetenzzuteilungen, beträchtliche Einflußmöglichkeiten auf geplante Veränderungen haben.

b) Arbeitsinhalte

Bei früheren Rationalisierungsprozessen, wie z.B. bei der Einführung der zentralen EDV in den 60er und frühen 70er Jahren, die sich zumeist auf einzelne Funktionen oder Bereiche – etwa Lohn- und Gehaltsabrechnung, Buchhaltung, Schreibdienst usw. – erstreckten, waren häufig technikbedingt eine stärkere Arbeitsteilung sowie eine ausgeprägte Spezialisierung dominante Merkmale beim Neuzuschnitt von Teilaufgaben. Demgegenüber zeichnen sich die neuen I+K-Techniken, die in gegenwärtigen und künftigen Rationalisierungsprojekten eingesetzt werden, gerade durch ihre großenteils flexiblen Nutzungsformen aus. Insbes. die neuen Formen der integrierten Datenverarbeitung bieten die Möglichkeit, die frühere z.T. extreme Arbeitsteilung wieder rückgängig zu machen. In der Realität werden diese Chancen jedoch zur Zeit noch wenig genutzt. Wenn auch in Teilbereichen der Büro- und Verwaltungstätigkeiten, bei der Dateneingabe oder bei der Abwicklung des Zahlungsverkehrs durchaus neue Formen einer verstärkten Arbeitsteilung nach tayloristischem Muster anzutreffen sind, so scheint diese Form jedoch nicht die Richtung zukünftiger Arbeitsorganisation zu sein, sondern eher eine Zusammenführung (Integration) von Aufgaben. Freilich vollzieht sich diese Entwicklung nicht von heute auf morgen. Damit ist keineswegs gesagt, daß sich eine integrative Arbeitsorganisation durchweg positiv für alle Beschäftigten in Büro und Verwaltung auswirkt. Die realen Veränderungen der Angestelltenarbeit sind zweifellos für die jeweiligen Beschäftigtengruppen unterschiedlich: Sie verlaufen im wesentlichen entlang der oben genannten vier Hierachiestufen, die im folgenden – ohne die Leitungs- und Stabsebene – an einigen Beispielen näher untersucht werden sollen.[11]

(1) Markt- oder kundenbezogene Tätigkeiten: die qualifizierten Sachbearbeiter

In kaum einem Wirtschaftsbereich zeigen sich arbeitsinhaltliche Veränderungen so deutlich wie bei *Banken und Sparkassen.* Das Tätigkeitsspektrum etwa von Kreditsachbearbeitern und Kundenberatern ist erheblich vielfältiger und anspruchsvoller geworden. Sie verfügen in der Regel über größere Entscheidungskompetenzen, z. B. im Hinblick auf höhere Kreditsummen, und haben durchweg mehr Verantwortung. Im Zentrum ihrer Tätigkeiten stehen intensive Kommunikationsprozesse wie Beratung von und Verhandlungen mit Kunden; die Technik – meist in Form integrierter Datenbanksysteme – soll sie dabei möglichst weitreichend unterstützen (z. B. durch genaue Informationen über Zinsentwicklungen, wirtschaftliche Lage und Kreditwürdigkeit des jeweiligen Kunden usw.).

Eine stärkere inhaltliche Orientierung mit z. T. ausgeweiteten Kompetenzen und größerer Verantwortung ist auch bei *Einkäufern* in Industrieverwaltungen zu beobachten, teilweise auch bei *Darlehnssachbearbeitern* in Bausparkassen oder bei *Schadensfallsachbearbeitern* in Versicherungen. Insgesamt werden die qualifizierten Sachbearbeiter von administrativen (verwaltungsmäßigen) Arbeiten entlastet, so daß sie sich stärker als bisher auf ihre fachinhaltlichen Kernaufgaben konzentrieren können. Diese Arbeitsplätze werden in der Mehrzahl von Männern besetzt; Frauen sind hier weit weniger vertreten.

In diese Gruppe gehören weiter die *Abteilungs- und Marktleiter* im *Einzelhandel* – bei ihnen jedoch im Sinne eines Abstiegs. Auf Grund der starken Konzentrationsprozesse im Handel sowie durch wenig Service und Beratung gekennzeichnete Vertriebsformen hat sich das Tätigkeitsprofil dieser Gruppe deutlich verengt. Als „Verkaufsorganisatoren vor Ort" beschränken sich ihre Aufgaben zumeist nur noch auf Personalführung, insbesondere Personaleinsatzplanung, sowie auf die Verkaufsorganisation.

(2) Administrativ tätige Sachbearbeiter

Ihre Tätigkeiten sind inhaltlich auf die innerbetrieblichen Abwicklungsarbeiten konzentriert, die in der Vergangenheit und in der Zukunft verstärkt durch Automatisierungsbestrebungen und computergesteuerte Technikeinsatzkonzepte erheblichen Veränderungen ausgesetzt sind. Am deutlichsten werden die im Ergebnis inhaltsärmeren Aufgaben bei den für die Korrespondenz- und Prüftätigkeiten zuständigen Sachbearbeitern in den *Versicherungen* und *Bausparkassen.* Infolge der Einführung der automatisierten Textverarbeitung[12] entfällt das freie Formulieren von Texten weitgehend. Dieser Verlust von fachinhaltlichen Aufgaben wird teilweise durch Aufgabenzusammenführung (Integration, „integrierte Sachbearbeitung") auf gleichem inhaltlichen Niveau ausgeglichen, was jedoch kaum zu einer arbeitsinhaltlich interessanteren Perspektive führt, die nur dann gegeben wäre, wenn die Arbeitsteilung zwischen marktbezogenen und nach innen gerichteten (administrativen) Verwaltungsaufgaben aufgehoben würde; gerade das aber geschieht in der Praxis zumeist nicht, sie wird eher noch stärker forciert.

Ähnlich sieht es bei den Sachbearbeitern in der *Verkaufsabwicklung* und *Rechnungsprüfung* in *Industrie*verwaltungen aus. Auch hier werden die Routinefälle zunehmend automatisiert. Als Resttätigkeiten verbleiben für die Sachbearbeiter zwar die Problemfälle; ihre Tätigkeit aber beschränkt sich nach wie vor auf formale Prüftätigkeiten. D.h.: Neue fachbezogene und inhaltlich anspruchsvolle Tätigkeiten haben auch sie auf Grund der strikt voneinander getrennten Funktionsbereiche nicht zu erwarten. Der Sprung in die qualifizierte Sachbearbeitung gelingt daher nur sehr wenigen. Von diesen Entwicklungen sind in der Hauptsache die Frauen betroffen, da sie im Bereich von administrativen (Routine)Tätigkeiten mehrheitlich vertreten sind.

(3) Hilfssachbearbeiter und Zuarbeiter in den Servicebereichen

Zu dieser Beschäftigtengruppe gehört eine Vielzahl verschiedener Assistenz-, Schreib- und Hilfssachbearbeiterfunktionen, die mehr oder weniger in allen größeren und mittleren Unternehmen und Verwaltungen auftreten. Insgesamt ist hier – abgesehen von wenigen Ausnahmen – eine starke *inhaltliche Verengung* des Aufgabenspektrums festzustellen, so daß oftmals extreme Routineaufgaben auszuführen sind, die keine oder nur geringe berufliche Entwicklungsperspektiven bieten. Zum Teil werden in diesen Bereichen Aufgaben wieder zusammengeführt (integriert). Dies führt aber keineswegs zu einem inhaltlich anspruchsvollen Tätigkeitsprofil, sondern es bleibt beim gleichen Aufgabenniveau, d.h. es kommen lediglich einige andere Routinearbeiten dazu. Dem widerspricht nicht, daß solche Arbeitserweiterungen von einem Teil dieser Beschäftigtengruppe (zumeist Frauen) als durchaus positiv empfunden werden.

Organisatorisch zeichnen sich zwei Entwicklungstendenzen ab: Zum einen – das scheint mehrheitlich der Fall zu sein – werden die Zuarbeiter, die zuvor meist bei der qualifizierten Sachbearbeitung innerhalb eines gemeinsamen Sachgebiets angesiedelt waren, herausgelöst und in eigenen (Unter)Abteilungen zusammengefaßt, z.B. der Zentrale Schreibdienst als Teilbereich der Textverarbeitung. Von Vorteil mag dabei sein, daß die Zuarbeiterinnen (denn das sind ausschließlich Frauen) nun weniger den direkten persönlichen Anweisungen der Sachbearbeiter unterstehen. Statt dessen aber unterliegen sie sehr viel stärker als vorher maschinellen Ablaufzwängen, und – was vielleicht noch schwerer wiegt – durch diese organisatorische Trennung von fachbezogenen Abteilungen entfallen auch die Möglichkeiten, Erfahrungen über markt- oder kundenbezogene Tätigkeiten in der unmittelbaren Zusammenarbeit mit qualifizierten Sachbearbeitern zu erwerben. Sie werden damit von jeglichen Lernchancen während ihrer täglichen Arbeit und insbesondere auch von Aufstiegschancen gänzlich abgeschnitten.

Zum anderen bleibt das vorherige Zuarbeitsverhältnis bestehen. Die Tätigkeit der Zuarbeiterinnen besteht in der Hauptsache aus Bildschirmarbeit; auch hier kommen einige Aufgaben hinzu. Ausschlaggebend für ihre berufliche Perspektive wird freilich die künftige Arbeitsteilung zwischen Sachbearbeitern und Zuarbeiterinnen oder Assistenzkräften sein. So ist denkbar, daß die Sachbearbeiter diese Tätigkeiten in Zukunft selbst mit übernehmen, wie es bereits heute z.B. in Versicherungen geschieht. Es sind aber auch völlig andere Gestaltungskonzepte denkbar, die den Zuarbeiterinnen durchaus positive berufliche Entwicklungsperspektiven eröffnen könnten. In jüngster Zeit werden dazu vor allem in den Gewerkschaften Konzepte zur „Mischarbeit" intensiv diskutiert, die als sinnvolle Alternativen zu dem gegenwärtig vorherrschenden Trend des Aufgabenzuschnitts und der Abschottung zwischen den Funktionsbereichen dienen können.

Offensichtlich entsprechen solche Überlegungen dem ausdrücklichen Wunsch nach beruflichem Aufstieg einer großen Mehrheit der Beschäftigten in Büro und Verwaltung. So äußern über vier Fünftel ein ausgeprägtes Interesse an sachlich und inhaltlich sinnvollen Aufgaben, und zwar Männer und Frauen gleichermaßen. Angesichts der realen Entwicklungen im Bereich der inhaltlichen Neugestaltung von Arbeitsprozessen ist aber dieser Wunsch bei vielen Beschäftigten, vor allem bei den unteren und mittleren Assistenz- und Sachbearbeiterfunktionen, nicht mehr zu verwirklichen. Daraus folgt eine deutliche Polarisierung der in Büro und Verwaltung Beschäftigten zwischen – wenn man so will – „Rationalisierungsgewinnern", das sind die qualifizierten Sachbearbeiter mit erweitertem Aufgabenfeld und größeren Kompetenzen, und den „Rationalisierungsverlierern", also denjenigen, die auf Grund der technisch-organisatorischen Veränderungen z.T. deutliche Einbußen in bezug auf die Arbeitsinhalte zu erwarten haben.

c) Arbeitsdurchführung

Im Zusammenhang mit dem Einsatz der neuen I + K-Techniken zeichnet sich ein Trend zu einer betriebsweiten Vereinheitlichung von Arbeitsabläufen und Arbeitsmethoden ab. D.h., die Art und Weise, wie jemand die ihm zugewiesenen Aufgaben im Arbeitsalltag erledigt, wird stärker vorherbestimmt. Tendenziell führt die technische und organisatorische Integration von Aufgaben und Vorgängen zu einem Verlust von persönlichen Arbeitsstilen sowie zu einer Abnahme von abteilungs- und gruppenspezifischen Besonderheiten. Auch bei ganz unterschiedlichen Gestaltungskonzepten scheint dieser Trend kaum noch umkehrbar zu sein. Welche Veränderungen im einzelnen zu beobachten sind, wird im folgenden unter drei Stichworten näher beschrieben.

(1) Kontrolle oder Autonomie?

Neue geschäftspolitische Strategien in Verbindung mit dem Einsatz von I + K-Techniken führen zu einer *radikal veränderten Kontrollstruktur* in den Büro- und Verwaltungsbereichen. Diese neuartigen Kontrollmöglichkeiten beziehen sich zum einen auf die zeitliche Kontrolle: Die Arbeitszeit jedes Mitarbeiters wie auch die tatsächliche Anwesenheit am Arbeitsplatz werden genau registriert; jeder Gang zur Toilette oder in die Kantine wird festgehalten – selbst bei hoch qualifizierten Mitarbeitern. Dies führt zu einer beträchtlichen Verunsicherung unter den Beschäftigten und wird von ihnen als Einschränkung ihrer Bewegungsfreiheit empfunden.

Zum anderen – und das ist sehr viel wichtiger – wird es den Unternehmens- und Verwaltungsleitungen ermöglicht, nicht mehr nur wie bisher das Arbeitsergebnis, sondern nun vor allem auch den Arbeitsablauf bis ins einzelne durchsichtig und kontrollierbar zu machen. In nie gekannter Weise ist hier das fachliche Leistungsvermögen und das alltägliche Arbeitsverhalten der Sachbearbeiter und Büro(hilfs)kräfte ständig überprüfbar: durch Personalkennziffern am Bildschirm, durch das Ausdrucken von Listen und Tagesprotokollen oder auch durch die Möglichkeit des Vorgesetzten, sich jederzeit in den Arbeitsprozeß einschalten oder Informationen abrufen zu können.

Die seitens der Leitungsebenen ausgebauten Kontrollmechanismen zielen darüber hinaus in eine zweite Richtung: der *gegenseitigen Kontrolle* innerhalb von Gruppen oder Abteilungen und zwischen den Abteilungen, wodurch sich der Konkurrenzdruck zwischen den Mitarbeitern sowie zwischen Abteilungen beträchtlich erhöht. Teilweise werden solche Strategien zur Konkurrenzförderung mit speziellen Leistungsanreizen (z. B. Prämien) verbunden. .

Unter diesen Bedingungen überrascht es nicht, wenn sich bei einer Vielzahl der Beschäftigten die Kontrollängste erhöhen. Allein das Vorhandensein von Kontrollmöglichkeiten wirkt offensichtlich weitaus stärker verhaltenssteuernd auf die Mitarbeiter als das allgegenwärtige Auge des unmittelbaren Vorgesetzten. Dieses unmittelbare persönliche „Auge" entfällt an vielen Arbeitsplätzen; an dessen Stelle treten jetzt maschinelle Ablauf- und Kontrollzwänge. Insofern begünstigt der Technikeinsatz die Verschleierung betrieblicher Herrschaftsverhältnisse, denn die Chancen, solche Kontrollstrategien zu entwickeln und die Macht, sie auch durchzusetzen, liegen faktisch bei den Leitungsinstanzen – die Durchschaubarkeit für die Beschäftigten wird dadurch jedoch ungleich schwieriger.

Parallel zu verschärften Kontrollstrukturen ist bei den meisten Beschäftigten eine deutliche *Einschränkung ihrer Handlungsspielräume* festzustellen. Am nachdrücklichsten wird die Zunahme der Außensteuerung von den Angestellten in Versicherungen, Kreditinstituten und Industrieverwaltungen betont. Dies gilt ebenso für Teile der qualifizierten Sachbearbeitung, und zwar betriebsweit. Das Ausmaß der persönlichen Handlungs- und Entscheidungsspielräume an einem Arbeitsplatz ist eindeutig abhängig vom Grad der Einbindung in das technische System: Vor allem regelmäßige Bildschirmarbeit, wie sie überwiegend bei internen Verwaltungsaufgaben gegeben ist, führt zu einem erheblichen Verlust persönlicher Gestaltungs- und Bewegungsspielräume. Die zunehmende Verknüpfung (Integration) der einzelnen Arbeitsplätze und Abteilungen führt notwendigerweise zu einheitlichen und zwanghaften Arbeitsstrukturen. Die einzelnen Arbeitsabläufe müssen bis ins einzelne genau koordiniert und zeitlich präzise festgelegt sein, weil bestimmte Informationspakete, die von einer Gruppe oder Abteilung erarbeitet werden, als Arbeitsunterlagen für die Weiterverarbeitung in anderen Gruppen oder Abteilungen vorliegen müssen.

Demgegenüber ist in einigen Fällen auch der umgekehrte Trend zu beobachten. So heben qualifizierte Sachbearbeiter als Folge technischer und organisatorischer Veränderungen gerade *größere zeitliche Spielräume* als positiv hervor, insbesondere dort, wo z. B. langwierige Routinearbeiten entfallen oder wo durch das automatische Schreiben von Texten die Abhängigkeit von anderen Mitarbeitern aufgehoben wird. Des weiteren kann es auch in Teilbereichen der Hilfssachbearbeitung und der Zuarbeit – so z. B. in der Textverarbeitung – durchaus zu *verbesserten Dispositionschancen* kommen. Hier wird einmal mehr deutlich, wie sehr es auf die künftige Gestaltung des Technikeinsatzes und der Arbeitsorganisation ankommt. Ein wichtiger Ansatzpunkt in diesem Zusammenhang ist die Ausgestaltung der Software: Sie prägt entscheidend bestimmte Arbeitsabläufe und kann persönliche Handlungsspielräume erweitern oder einschränken.

(2) Arbeitsbelastung

Weniger auf Grund der zunehmenden Technisierung der Arbeitsplätze als vielmehr durch z. T. genaue und weitreichende Zielvorgaben für das Arbeitshandeln der Beschäftigten seitens der Entscheidungs- und Steuerungsebenen ist für einen Großteil der Mitarbeiter – insbesondere auch bei den qualifizierten Sachbearbeitern – ein *erhöhter Leistungs- und Erfolgsdruck* festzustellen, was durchweg zu einer erheblichen Arbeitsintensivierung und stärkeren Belastung der Arbeitskräfte führt. Erhöhte Fallzahlen als Folge des Wegfalls von Routinearbeiten; die Weisung, in streng ökonomischen Kategorien zu denken;

Sollvorgaben für Verkäufer von Gütern in Industriebetrieben; Budgetvorgaben für Einkäufer oder das Diktat der Personalkostenminimierung im Einzelhandel sowie neue Leistungsbewertungsprinzipien – all das fordert die Beschäftigten zu ständigen und systematischen Aktivitäten heraus. So klagen viele über eine starke Hektik im Arbeitsalltag; der ausgeprägte Zeitdruck läßt es oftmals kaum noch zu, die Informations- und Papierflut zu bewältigen, geschweige denn, ein kritisches Verhältnis zu den neuen I+K-Techniken zu entwickeln. Am nachhaltigsten wird die erhöhte Beanspruchung als Folge der technischen und organisatorischen Rationalisierung in den Industrieverwaltungen sowie im Handel und in Teilen der Kommunalverwaltungen hervorgehoben.

Im Gegensatz dazu ist die Arbeitsbelastung vor allem in Versicherungen und Kreditinstituten nicht so stark ausgeprägt; das gilt teilweise auch für einige Routine- und Zuarbeitsbereiche. Daran zeigt sich, daß nicht ausschließlich technikbedingte Gründe, sondern auch Einstellungsstopp oder eine Verringerung des Personalbestandes zu einer höheren Arbeitsbelastung führen. Auch marktbedingte Ursachen (Unsicherheit über künftige Marktentwicklungen oder auch Existenzbedrohung) können sich hier negativ auswirken.

Die mehrheitlich in der Tendenz ansteigende Arbeitsbelastung ist nicht nur, wie man annehmen könnte, ein Problem der Älteren. Auch die jüngeren Mitarbeiter, insbesondere Frauen in den verwaltenden Bereichen, klagen über höhere Beanspruchungen. In der Bundesrepublik ist die Erforschung der neuen durch Rationalisierung verursachten körperlichen (physischen) und seelischen (psychischen) Belastungen besonders unzureichend, so daß es dazu erst vereinzelte Erfahrungen gibt. Neue körperliche Beeinträchtigungen wie Schmerzen im Schulter-Nacken-Bereich oder im Rücken durch relativ starre Arbeitshaltungen an Bildschirmarbeitsplätzen, Beeinträchtigungen der Sehkraft, zu trockenes und warmes Betriebsklima durch die Abwärme der Bildschirmgeräte, ungünstige Arbeitsumgebung in Großraumbüros, alarmierende Befunde aus den USA, Kanada und Schweden über stark erhöhte Fehlgeburtenraten und

Mißbildungen bei Neugeborenen u. v. m. verschwinden ja nicht dadurch, daß man sie ignoriert und nicht weiter erforscht. Unterschätzt werden oft auch seelische Belastungen auf Grund des ständigen Leistungs- und Konkurrenzdrucks, die durch die Angst, den Arbeitsplatz zu verlieren noch verstärkt werden sowie Belastungen, die sich aus der wachsenden Abstraktheit und Unanschaulichkeit der Arbeit ergeben.

Als stark belastend werden von nahezu allen Beschäftigten die bei weitem *unzureichenden Einarbeitungshilfen* im Zuge der Einführung neuer I+K-Techniken hervorgehoben. Sie resultieren zumeist aus der mangelhaften Planung, Vorbereitung und Gestaltung der Umstellungen an den Arbeitsplätzen. Diese Mängel müssen dann von den Arbeitskräften vor Ort in der Regel durch großen persönlichen Einsatz und beträchtliche Zusatzleistungen „ausgebügelt" werden. Die während solcher Umstellungsprozesse nicht selten festzustellenden personellen Abgänge werden indes als durchaus wünschenswerte Effekte einer neuen Personalpolitik aufgefaßt, die durch eine gezielte Ausnutzung der gegenwärtigen Bedingungen auf dem externen und internen (betrieblichen) Arbeitsmarkt auf eine kleinere, dafür aber leistungsfähige und qualifizierte Belegschaft setzt. Es bleibt festzuhalten, daß nicht die Technik als solche zwangsläufig zu einer Erhöhung oder Verminderung von Arbeitsbelastungen führt; vielmehr liegen die Ursachen für die unterschiedlichen Wirkungen in erster Linie in ihrer je spezifischen Anwendungsform.

(3) Arbeitsbeziehungen: Kommunikation und Kooperation

Auch hier zeigen sich deutlich die unterschiedlichen Wirkungen der Trennung von markt- oder kundenbezogenen Tätigkeitsbereichen und den intern verwaltenden Aufgaben im Zusammenhang mit dem Technikeinsatz. Während bei den qualifizierten Sachbearbeitern in den Marktabteilungen die Kommunikationsmöglichkeiten sowohl mit externen Geschäftspartnern als auch innerbetrieblich mit Kollegen stark zunehmen, ist für größere Beschäftigtengruppen, vor allem in der Routinesachbearbeitung und bei den Hilfstätigkeiten in den verwaltenden Bereichen, eine deutliche Abnahme oder zumindest eine Gefährdung von Kommunikationschancen zu verzeichnen. Entscheidend ist ferner, ob die Arbeitsaufgaben in Form von Gruppenarbeit organisiert sind, die eher positiv auf die Kommunikations- und Kooperationsbeziehungen wirken, oder ob die Sachbearbeitertätigkeiten von den Zuarbeits- oder Assistenzbereichen organisatorisch getrennt sind. Hier ergeben sich oftmals neue Formen bürokratischer Kommunikation zwischen den Sachbearbeitern und den in separaten (Unter)Abteilungen zusammengefaßten Zuarbeiterinnen oder Servicekräften – so z. B. zwischen Sachbearbeitern und Zentralem Schreibdienst.

Darüber hinaus ist das Ausmaß einer mehr oder weniger engen Zusammenarbeit zwischen den Kollegen (= Kooperation) deutlich abhängig von der technischen Ausstattung der Arbeitsplätze. Überall dort, wo die Beschäftigten an ihrem Arbeitsplatz regelmäßig Bildschirmarbeit leisten, führt dies im Ergebnis zu einer Einbuße von Arbeitskontakten. Bei der gruppenförmigen Nutzung der Bildschirmgeräte dagegen sind die Kommunikations- und Kooperationsmöglichkeiten größer, z. B. weil die Kollegen sich untereinander abstimmen müssen.

Offensichtlich schleichen sich durch das Vorhandensein des Bildschirms selbst Momente der Bequemlichkeit und Gewöhnung an das neue Medium ein. So ist zu beobachten, daß Mitarbeiter eher auf den Computer am Arbeitsplatz zugreifen, weil es manchmal schneller geht und einfacher ist, als den persönlichen Kontakt zu Kollegen zu suchen. Freilich ist auch der Zeitdruck eine Ursache dafür, daß weniger Gespräche mit Kollegen stattfinden (können). Insgesamt gesehen verändern sich die Arbeitsbeziehungen in Richtung auf versachlichte, nahezu ausschließlich zweckorientierte Kommunikations- und Kooperationsformen; das „kleine Schwätzchen am Rande" wird kaum noch möglich sein.

Vorläufig, d.h. während der Einarbeitungszeit in das neue technische System, sind intensive Kommunikation und Kooperation zwischen den Mitarbeitern noch unabdingbar. Auch wenn sich der Umstellungsprozeß über Jahre erstreckt, ist dies dennoch kein dauerhaftes Moment für eine positive Entwicklung der Arbeitsbeziehungen. Langfristig müssen deshalb die meisten Beschäftigten mit einem Verlust der für ihre persönliche und berufliche Entwicklung wichtigen sozialkommunikativen Fähigkeiten rechnen. Problematisch ist, daß sich solche Wirkungen im Arbeitsalltag gleichsam unter der Hand vollziehen und sie von den einzelnen häufig gar nicht mehr bemerkt werden.

Die hier angedeuteten Entwicklungen in Büro und Verwaltung ergeben – um mit Baethge/Oberbeck (1986) zu sprechen – „ein Bild von Büroarbeit, in dem geschäftsmäßige Schnörkellosigkeit und konkurrenzbezogene Arbeitsatmosphäre dominieren." Das Arbeitsklima wird in Zukunft härter, stärker konkurrenzhaft und zunehmend nur zweckgerichtet; persönliche Belange und Wünsche finden weniger Berücksichtigung. „Dieses Klima und der Zwang zu konzentrierter Arbeit stellt neue Ansprüche an das Leistungsvermögen der Angestellten, erfordert mehr und mehr den hoch flexiblen, stark belastbaren, Streß und Konkurrenzdruck ertragen könnenden Verhaltenstyp." (S. 282) Daraus folgt, daß eine Weiterführung der Rationalisierung mit hohen individuellen Kosten verbunden sein kann.

d) Qualifikationen

Die Frage, ob die Qualifikationsanforderungen durch den breiten Einsatz neuer I+K-Techniken höher werden oder ob sie zu einer weitreichenden Entwertung von Fähigkeiten und Fertigkeiten (= Dequalifizierung) führen, ist aus zweierlei Gründen unglücklich gestellt. Erstens sind die Qualifikationsanforderungen nicht in erster Linie durch die Technik bedingt, sondern vielmehr das Ergebnis von neuen geschäfts- und personalpolitischen Strategien, veränderten Arbeitsmarktbedingungen und von neuen technischen Möglichkeiten im Hinblick auf die Gestaltung der Arbeitsplätze, z.B. der Möglichkeit, bisher getrennte Aufgabenbereiche wieder zusammenführen zu können (Integration). Zwischen diesen dreien besteht offenkundig ein enger werdender Zusammenhang.

Zweitens ist es schwierig zu entscheiden, welche Qualifikationen denn inhaltlich als „höher" oder „geringer" bewertet werden sollen. Vielleicht ist es tatsächlich sinnvoller, zunächst einmal den Wandel in den Qualifikationsanforderungen selbst zu beschreiben und nach deren Ursachen zu suchen. In einem zweiten Schritt wäre dann zu fragen, ob Qualifikationen nur unter der Perspektive der Anforderungen – d. h. von den jeweils aktuell nachgefragten Qualifikationen zur Erfüllung vorgegebener Aufgaben an den einzelnen Arbeitsplätzen aus – zu definieren sind oder ob der Qualifikationsbegriff nicht weiter gefaßt werden müßte insofern, als er auch die Interessen der Beschäftigten mit einbezieht.

Nach dem gegenwärtigen Forschungsstand verläuft die Hauptrichtung der Qualifikationsentwicklung nicht in einer massenhaften Dequalifizierung, wie von vielen befürchtet wurde, sondern eher in Richtung einer Aktualisierung fachlicher Qualifikationen. Dies ist z.B. dann gegeben, wenn das Aufgabenspektrum der Beschäftigten infolge integrierter Bearbeitungsformen ausgeweitet wird. Daraus folgt, daß der jeweilige Aufgabenzuschnitt an den Arbeitsplätzen (Arbeitsteilung) eine wesentliche Voraussetzung für die Qualifikationsanforderungen und für den Erwerb zusätzlicher Qualifikationen darstellt. Daneben üben die je nach Unternehmen und Verwaltung z.T. sehr unterschiedliche betriebliche Qualifizierungs- und Personalpolitik in Verbindung mit je spezifischen geschäftspolitischen Zielsetzungen einen wichtigen Einfluß auf den Wandel der Qualifikationsstruktur aus. Insgesamt handelt es sich hier um einen laufenden, noch lange nicht abgeschlossenen Prozeß. Die bisher festgestellten Trends in der Qualifikationsentwicklung können daher nur erste Anhaltspunkte für deren möglichen Verlauf bieten. Wie schon unter den vorangegangenen Stichworten angedeutet, verläuft die Entwicklung im Bereich der Qualifikationsanforderungen durchaus unterschiedlich; sie ist u.a. abhängig vom bisherigen Tätigkeitsschwerpunkt der Beschäftigten und variiert je nach Umfang der Technikeinbindung der Arbeitsplätze.

Die neuen I+K-Techniken greifen auch in den Bereich der *qualifizierten Sachbearbeitung* stark ein; sie haben hier allerdings nur eine mittelbare Wirkung. Bestimmte einfache (Routine-)Tätigkeiten entfallen, entweder durch Automatisierung oder durch die Verlagerung in andere Funktionsbereiche. Die für diesen Bereich typischen Kerntätigkeiten wie z. B. Kunden-, Bürger- oder Klientenberatung, Leistungsansprüche prüfen und beurteilen, Auskünfte geben, Informationen auswerten, Konditionen aushandeln, Entscheidungen über Vertragsabschlüsse vorbereiten oder diese selbst treffen, neue Aktivitäten oder Aufgabenstellungen planen, organisieren oder koordinieren usw. bleiben im wesentlichen bestehen. Der DV-Einsatz hat hier den Effekt, daß die gesamte Datenbasis nicht mehr, wie bisher, in Form von Karteien, Akten oder Fachliteratur, sondern nun über (multifunktionale) Bildschirmgeräte z. B. in Form von Datenbanken zur Verfügung gestellt wird. D. h. die Technik hat hier großenteils eine unterstützende Funktion.

In diesem Bereich ist eher mit höheren Qualifikationsanforderungen im Sinne von intellektuellen und analytischen und insbesondere von sozialkommunikativen Fähigkeiten zu rechnen. Neben einer Aktualisierung spezifischer branchen- und funktionsbezogener Fachkenntnisse sind hier DV-technische Kenntnisse vor allem im Hinblick auf die Beschaffung, Auswahl und Analyse von Informationen über Datenbanken notwendig. Gefordert ist in diesem Bereich vielfach auch ein entschiedenes Denken in organisatorischen und betriebswirtschaftlichen Zusammenhängen.

Wie einige Fallstudien zeigen, hängt das Anforderungsprofil in der qualifizierten Sachbearbeitung im wesentlichen von der Arbeitsteilung ab: Eine fortschreitende Arbeitsteilung und Spezialisierung wie sie auch teilweise vorkommt, kann im Laufe der Zeit zu Qualifikationsverlusten bei den Sachbearbeitern(innen) führen, z. B. Verlust von Fach- und Erfahrungswissen. Negative Auswirkungen kann dies selbst für die Unternehmen und Verwaltungen haben, z. B. Einschränkung der Flexibilität der Betriebe; ebenso für Bürger, Klienten und Kunden, z. B. Verschlechterung der Leistungsqualität, Abwälzung von Aufgaben auf die Leistungsabnehmer.

Seit Beginn der 80er Jahre ist auch der gesamte Bereich der *Routine-Sachbearbeitung* – ein typisches Frauenarbeitsgebiet – ein bevorzugtes Rationalisierungsfeld in den großen Unternehmen und Verwaltungen. Formale Prüf- oder Abgleichtätigkeiten, wie sie für diesen Bereich u. a. typisch sind, wurden vom DV-Einsatz betroffen, z. B.: Rechnungsprüfung, Bestandsverwaltung, Verkaufsabwicklung, Buchungsvorgänge, Zahlungsabwicklung, Mahnwesen usw. Diese Aufgaben wurden teilweise automatisiert und der Personalbestand erheblich gesenkt. Die verbleibenden Arbeitsprozesse sind im Zuge des Technikeinsatzes weitgehend standardisiert worden, wobei der fachspezifische Gehalt der zu bearbeitenden Geschäfts- und Verwaltungsvorgänge gegenüber Aspekten des Abgleichens von Unterlagen deutlich in den Hintergrund tritt. Hier steht das technische Arbeitsmittel zumeist im Vordergrund der Tätigkeiten; die einzelnen Bearbeitungsvorgänge werden durch die Arbeitskraft am Bildschirm ausgelöst.

Entscheidendes Kriterium für die Entwicklung der Qualifikationsanforderungen im Bereich der Routinesachbearbeitung ist die Form der *Arbeitsteilung;* hier zeichnen sich zwei Entwicklungslinien ab: Zum einen bleiben die traditionell ausgeprägten Arbeitsteilungsstrukturen mehr oder weniger bestehen, so vor allem in großen Industrieverwaltungen und im öffentlichen Dienst. Fachbezogene Qualifikationen werden auch hier nach wie vor erforderlich sein; sie werden allerdings nur bei den viel seltener vorkommenden Problem- oder Sonderfällen abgefragt. Neu zu erwerben sind gerätespezifische Bedienungskenntnisse, die aber von den Unternehmen und Verwaltungen nur völlig unzureichend vermittelt werden. Insgesamt ist die Arbeitssituation gekennzeichnet durch: inhaltliche Entleerung, keine oder nur sehr geringe Lernanregungen, erhebliche Leistungsintensivierung, so gut wie keine Aufstiegsmöglichkeiten.

Zum anderen – und dies gilt in erster Linie für den Versicherungsbereich – ist eine verstärkte *Zusammenführung* der bisher arbeitsteilig organisierten Tätigkeiten festzustellen, z. B. die „ganzheitliche", „integrierte" oder „bildschirmgebundene Allround-Sachbearbeitung". Hier sind die nach der Automatisierung der vormals zahlreichen Prüf-, Rechen-, Schreib- und Sortiertätigkeiten verbliebenen Arbeitsprozesse in der Routinesachbearbeitung mit neuen Aufgaben angereichert worden, die außer den technischen auch neue und stärker fachbezogene Qualifikationen erfordern. Gleichzeitig steigen die Anforderungen an Lernfähigkeit, Leistungsbereitschaft, Belastbarkeit usw. Die „integrierte" Rationalisierungsform ist zudem durch Personalselektion und gezielten Personalaustausch gekennzeichnet: Hier arbeiten vorwiegend Jüngere und fachlich gut Qualifizierte; herausgefallen sind vor allem jene Frauen, die nur über eine bürospezifische Ausbildung verfügen oder deren Ausbildung weit zurückliegt, die älter oder familiär stark belastet sind. Die sich hier abzeichnenden Entwicklungen machen deutlich, daß bestimmte Frauengruppen durch Rationalisierungen von Arbeitsmöglichkeiten dauerhaft ausgegrenzt werden; insofern stützen sie die These, daß Frauen in besonderer Weise von den neuen Rationalisierungsschüben durch den Einsatz der I+K-Techniken betroffen sind.

Wie aus praktischen Erfahrungsberichten und Fallstudien bekannt ist, setzen sich „integrierte" Arbeitsformen zumindest ansatzweise auch in anderen Branchen und selbst in den öffentlichen Verwaltungen durch. Dabei ist allerdings zu beachten, daß eine Zusammenführung von bisher arbeitsteilig organisierten Aufgaben nicht gleichzeitig einen qualitativen Sprung im Sinne von höheren Qualifikationsanforderungen bedeuten muß. So werden in der Hauptsache lediglich Aufgaben auf dem gleichen qualitativen Niveau integriert, also nur auf der horizontalen Ebene; die vertikale Arbeitsteilungsstruktur bleibt jedoch in der Regel unangetastet, so daß die Routinesachbearbeiter(innen) dauerhaft auf dieser Stufe verbleiben.

In den nahezu ausschließlich mit Frauen besetzten *Zuarbeits- und Servicebereichen,* vor allem im Schreibbereich („Textverarbeitung"), zeichnen sich zwei unterschiedliche Entwicklungslinien ab:

a) Die eine Richtung ist durch die Beibehaltung der bisherigen organisatorischen Trennung zwischen Sachbearbeitung und „Textverarbeitung" (z.B. zentraler Schreibdienst oder Gruppenschreibdienste) gekennzeichnet. Beim Einsatz automatisierter Textverarbeitungsverfahren (Textautomaten; Serienbriefe, Bausteinkorrespondenz) geht der inhaltliche Bezug zum Text fast völlig verloren. Vorhandene Fertigkeiten im schnellen und fehlerfreien Maschinenschreiben werden weitgehend entwertet; das gilt ebenso für Rechtschreib-, Zeichensetzungs- und Grammatikkenntnisse, z. B. durch vorgefertigte Textkonserven, automatische Korrektur- oder Trennprogramme. Im Vordergrund steht die Bedienung des Textautomaten nach vorgegebenen Befehlsmustern. Solche reinen Automatenplätze sind in der Praxis allerdings nicht sehr verbreitet. Es lassen sich zwar weite Teile der Textverarbeitung standardisieren und automatisieren, wie es vor allem im Versicherungsbereich geschehen ist; insgesamt verbleibt aber immer noch ein erheblicher Teil individueller Schreibarbeit, so daß selbst an Arbeitsplätzen mit Textautomaten ganze Texte geschrieben werden.

Wie in den vorgenannten Funktionsbereichen, zeigt sich auch im Schreibbereich sehr deutlich, wie entscheidend die *Arbeitsorganisation* für die Arbeitsbedingungen im allgemeinen und die Qualifikationsentwicklung im besonderen der hier beschäftigten Zuarbeiterinnen ist: Einmal lassen sich Textverarbeitungsaufgaben weiter zerlegen, z. B. in standardisierte Texte (Bausteinkorrespondenz) und in individuelle Texterstellung. Verschiedene Fallstudien weisen allerdings nach, daß diese Linie von den Betrieben nicht überwiegend verfolgt wird, sondern Schreibtätigkeiten werden eher mit neuen, stärker fachspezifisch geprägten Aufgaben erweitert. Solche Aufgaben speziell im Textverarbeitungsbereich können beispielsweise sein: Dateipflege, Pflege des Texthandbuches (Änderungen, Verbesserungen, Erweiterungen u. ä.), Dokumentationsaufgaben, Termindienst u. a. Hierdurch ergeben sich neue, technisch und fachlich orientierte Qualifikationsanforderungen.

b) Bei der zweiten Entwicklungslinie bleibt das ehemalige Zuarbeitsverhältnis bestehen, z. B. zwischen Sachbearbeiter und Zuarbeiterin, zwischen „Chef" und „Sekretärin", oder die Schreibarbeit fällt bis auf kleine Reste ganz weg und wird von den Sachbearbeitern selbst mit erledigt, wie z. B. in Versicherungen. Im letzten Fall bieten sich für die ehemaligen Schreibkräfte jedoch nur wenig aussichtsreiche Perspektiven: Sie wurden von den Betrieben zumeist nicht für Sachbearbeitungstätigkeiten fortgebildet, sondern die Betriebe haben sich oft von ihnen getrennt.

In den Fällen, in denen die Unternehmen und Verwaltungen nach Einführung neuer Techniken das Zuarbeitsverhältnis aufrechterhalten, führt dies für die Zuarbeiterinnen zumindest teilweise zu höheren fachlichen und sozialkommunikativen Qualifikationsanforderungen. So sind in der Praxis Ansätze für eine Arbeitsplatzgestaltung zu finden, die Textverarbeitungsaufgaben mit Assistenztätigkeiten im Bereich der Sachbearbeitung kombinieren und gruppenförmig organisiert sind („qualifizierte Assistenz", „Mischarbeit" o.ä.). Ob sich solche Ansätze allerdings in den Betrieben auf breiter Ebene durchsetzen werden, ist gegenwärtig noch sehr fraglich, weil derartige Gestaltungsformen auch eine Lockerung der vertikalen Arbeitsteilung (Hierarchie!) voraussetzen, diese aber in den meisten Fällen gerade nicht stattfindet. Zudem besteht die Gefahr, daß die Tätigkeiten in den Zuarbeits- und Servicebereichen weiterer Technisierungsschüben ausgesetzt sind. Dadurch können sich die Beschäftigungsperspektiven der hier arbeitenden Frauen, insbesondere im Hinblick auf ihre Qualifikationsentwicklung, erheblich verengen, denn bisher haben diese Frauen den Sprung in die (qualifizierte) Sachbearbeitung kaum oder gar nicht geschafft. Ursache dafür sind jedoch nicht vorrangig ihre fehlenden Qualifikationen und Kompetenzen – Frauen arbeiten häufig in Tätigkeitsbereichen weit unterhalb ihres Qualifikationsniveaus –, sondern es sind in der Hauptsache geschlechtsspezifische Entscheidungsmuster, die über die Beschäftigungschancen von Frauen bestimmen.

Unter den vorgenannten Bedingungen erscheint die gegenwärtige Qualifizierungsdebatte in der Bundesrepublik in einem anderen Licht. In diesem Zusammenhang häufig benutzte Schlagwörter wie „neue Qualifikationsanforderungen auf Grund des technischen Wandels", „Qualifizierungsboom" oder als ‚beliebtestes' „Qualifizierungsoffensive" grenzen angesichts der realen Entwicklungen manchmal geradezu an eine Irreführung der Beschäftigten und der Öffentlichkeit. Denn:

Aus dem vermehrten Einsatz neuer I+K-Techniken ergeben sich *keineswegs automatisch* höhere Qualifikationsanforderungen. Wie gezeigt werden konnte, ist als entscheidende Ursache für die an den einzelnen Arbeitsplätzen auch je nach Betrieb und Verwaltung unterschiedlichen Qualifikationsanforderungen die *Arbeitsorganisation* anzusehen, vor allem im Hinblick auf den Aufgabenzuschnitt (Arbeitsteilung). Die konkrete Gestaltung der Arbeitsplätze beruht wiederum auf den von den jeweiligen Leitungs- und Planungsinstanzen getroffenen Entscheidungen; insofern führt nicht in erster Linie die Technik als solche zu veränderten Qualifikationsanforderungen – auch wenn das für viele Arbeitnehmer so erscheinen mag. Unternehmens- und Verwaltungsspitzen sowie eine Reihe von Politikern haben freilich ein großes Interesse daran (vgl. III. 4), die Ursachen für veränderte Arbeits- und Qualifizierungsbedingungen eher als technikbedingt denn als interessen- und entscheidungsbedingt zu interpretieren. Damit aber erhält der Rationalisierungsprozeß mit dem Einsatz neuer I+K-Techniken eine sehr wichtige *politische* Dimension. Die von Unternehmen und Verwaltungen nachdrücklich geforderten (formalen) überfachlichen Qualifikationen, wie Flexibilität, Kreativität, Innovationsfähigkeit und Lernbereitschaft in Verbindung mit breiten berufsfachlichen Qualifikationen, verweisen auf den enger werdenden Zusammenhang zwischen neuen geschäfts- und personalpolitischen Strategien.

Wenn die neuen I+K-Techniken – wie vielfach behauptet – wirklich einen neuen Qualifikationsschub auslösen, dann verwundert allerdings das tatsächliche Weiterbildungsverhalten der Unternehmen und Verwaltungen ungemein. In der Regel werden den in den Zuarbeitungs- und administrativen Bereichen Beschäftigten lediglich sehr kurze Einarbeitungskurse über die Bedienung der Geräte angeboten und genehmigt; systematische Kenntnisse oder Gesamtzusammenhänge über die Funktionsweise der technischen Systeme werden nicht vermittelt. Längere und kostspieligere Fortbildungsveranstaltungen

werden in erster Linie (außer den Führungskräften) ausgewählten Mitarbeitern in der qualifizierten Sachbearbeitung angeboten – hier tatsächlich heute verstärkt. Die von Unternehmen
oder Verwaltungen faktisch durchgeführten Qualifizierungsmaßnahmen gelten somit längst nicht für alle Beschäftigten,
sondern allenfalls für eine kleine Minderheit. Die sog. „Qualifizierungsoffensive" in Büro und Verwaltung kann demzufolge
nur als Mythos bezeichnet werden.

Schließlich ist die Behauptung von durchweg höheren Anforderungen aufgrund des technischen Wandels in der beruflichen
Erstausbildung angesichts des realen Ausbildungsverhaltens der
Unternehmen und Verwaltungen zumindest in einigen Bereichen nicht zutreffend. Ihr widerspricht beispielsweise die Tatsache, daß zahlreiche Betriebe und Verwaltungen die seit vielen
Jahren nicht mehr durchgeführte Ausbildung zur „Bürogehil-
fin" seit kurzem wieder aufnehmen. Diese Tendenz kann nur
dadurch erklärt werden, daß die Unternehmen und Verwaltungen offensichtlich auch weibliche Arbeitskräfte benötigen, die
geringere Ansprüche an Arbeitsinhalte und berufliches Fort-
kommen haben, als es etwa bei der qualifizierten Ausbildung
zur „Industriekauffrau" zu erwarten ist. Zudem bietet ein solches geringer qualifiziertes Büropersonal die Möglichkeit, ra-
tionalisierungsbedingte „Freisetzungen" oder auch erhöhte Belastungen an wenig qualifizierten Arbeitsplätzen über die Schie-
ne der sog. „natürlichen Fluktuation" zu realisieren – diese
Frauen werden sozusagen als „Manövriermasse" im Rationalisierungsprozeß benutzt.

Aus all dem wird deutlich, daß große Gruppen, insbesondere
jene, die in administrativen und Zuarbeitsbereichen tätig sind,
von betrieblichen Qualifizierungsmaßnahmen von vornherein
und damit auch von weiteren Karrieremöglichkeiten ausgeschlossen werden. Diese Entwicklung trifft in erster Linie die
Frauen; sie bleiben auf Dauer in den unteren Büro- und Ver-
waltungspositionen festgehalten – auch dann, wenn der Tätig-
keitszuschnitt in Richtung integrierter Arbeitsformen verläuft.
Darüber hinaus sind die beträchtlich enger gewordenen Aufstiegsmöglichkeiten zunehmend vom Erwerb zusätzlicher Qua-

lifikationen (in speziellen Weiterbildungskursen) abhängig. Dies hat zur Folge, daß sich selbst innerhalb der qualifizierten Sachbearbeitung – hier sind überwiegend Männer tätig – der Qualifizierungsdruck und die Qualifizierungskonkurrenz beträchtlich erhöhen. Eine Gewähr für den Aufstieg bieten die zusätzlich erworbenen Qualifikationen allerdings nicht; sie sind jedoch unabdingbare Voraussetzung für einen Positionswechsel. Betriebliche Weiterbildungs- oder Qualifizierungsmaßnahmen werden folglich nicht allein aus fachlichen Gründen, d.h. für die Aufgabenerfüllung, durchgeführt, sondern sie werden heute noch verstärkt als betriebliche Selektions- und Legitimationsinstrumente genutzt.

Zur Personalpolitik: In den Unternehmen hat die Personalpolitik inzwischen einen hohen strategischen Stellenwert; sie wird zunehmend langfristig angelegt. Die Ausweitung betrieblicher Weiterbildungsmaßnahmen für qualifizierte Mitarbeiter ist ein Merkmal neuer personalpolitischer Strategien. Andere Kennzeichen sind beispielsweise erhöhte Sorgfalt und verstärkte Selektion bei der beruflichen Erstausbildung. So werden höhere formale Bildungsabschlüsse als eine Folge veränderter Arbeitsmarktbedingungen beim Ausbildungsantritt wie auch beim Antritt eines Arbeitsplatzes immer wichtiger. Offensichtlich spielt dabei auch das Geschlecht eine wesentliche Rolle: Personalpolitische Entscheidungen zielen verstärkt in Richtung auf einen höheren Anteil männlicher Mitarbeiter. Zudem werden höhere Positionen, wie z.B. in der qualifizierten Sachbearbeitung, weitgehend mit Mitarbeitern aus dem eigenen Betrieb besetzt, so daß die Einstiegsposition bereits der Ausbildungsplatz ist. Dies ist vor allem bei Banken und Versicherungen zu beobachten. Ausgenommen sind dabei die öffentlichen Verwaltungen, die traditionellerweise extrem starre Einstiegsvoraussetzungen verlangen (verschiedene Dienstklassen, festgelegte Laufbahnen). Schließlich zielt die Personalpolitik tendenziell auf eine Stabilisierung des vorhandenen Personals, was zu einer engen Betriebsbindung der Mitarbeiter führt.

Im Ergebnis haben solche veränderten personalpolitischen Strategien zur Folge, daß der externe Arbeitsmarkt beträchtlich an Bedeutung verliert. Mit anderen Worten: Diejenigen, die einen Arbeitsplatz in Büro und Verwaltung „besitzen", sind unter den gegenwärtigen Bedingungen gezwungen, auch in dem jeweiligen Unternehmen zu verbleiben, selbst bei gering qualifizierten Tätigkeiten. Eine Verbesserung der beruflichen Position über einen Arbeitsplatzwechsel zu erreichen, erscheint angesichts heutiger Arbeitsmarktbedingungen nahezu aussichtslos. Für diejenigen indes, die arbeitslos geworden sind, sowie für Frauen und Jugendliche, die einen Arbeitsplatz suchen, wird es immer schwieriger, überhaupt in Unternehmen und Verwaltungen hineinzukommen. Es bleibt schließlich anzumerken, daß infolge von Rationalisierungsmaßnahmen entlassene Arbeitskräfte Dequalifizierung in der härtesten Form erfahren.

3. Elektronische Fernarbeit

In der Diskussion über die neuen I+K-Techniken erregt eine Form neuartiger Arbeitsgestaltungen ein besonderes Interesse: *die elektronische Fernarbeit.*[13] Darunter wird die Auslagerung (Dezentralisierung) von Büro- und Verwaltungstätigkeiten aus dem bisherigen betrieblichen Zusammenhang teils in die Wohnungen der Fernarbeiter/innen oder teils in deren Nachbarschaft (Wohnortnähe) verstanden. Über die Anzahl elektronischer Fernarbeitsplätze in der Bundesrepublik gibt es bisher nur grobe Schätzungen – sie liegt vermutlich bei kaum mehr als 1000. Die außerordentlich widersprüchlichen Schätzungen und Prognosen über Bestand und Entwicklung der elektronischen Fernarbeit beruhen zum Teil auf der heute zumeist noch im Versuchsstadium befindlichen Arbeitsform; teilweise auch auf wenig gesicherten wissenschaftlichen Untersuchungsergebnissen. Die großen Unsicherheiten indes sind in erster Linie auf die gegenwärtig erheblichen Probleme hinsichtlich der sozial- und arbeitsrechtlichen Absicherung der elektronischen Fernarbeiter/innen zurückzuführen. Dies belegen etwa bei Arbeitsgerichten derzeit anhängige Verfahren. So haben Unternehmen, die diese neue Arbeitsform in der einen oder anderen Weise nutzen, kein Interesse daran, die tatsächlichen Zahlen und Re-

gelungsformen zu veröffentlichen. D.h. solche Arbeitsverhältnisse bewegen sich heute zumeist in einer Art sozialen und
rechtlichen Grauzone, wenn nicht gar am Rande der Legalität.
Insofern ist es außerordentlich schwer, ihnen auf die Spur zu
kommen.

Wie vereinzelte Erfahrungen und Modellversuche zeigen,
gibt es eine Reihe sehr verschiedenartiger *Organisationsformen*
der elektronischen Fernarbeit:

(1) Heimarbeit

Hier werden einzelne Arbeitsaufgaben, beispielsweise aus dem
Bereich der Textverarbeitung (heute wohl überwiegend) wie
z.B. bestimmte Texterfassungstätigkeiten oder andere Schreibarbeiten, aus den Unternehmenszentralen in die Wohnungen
der elektronischen Fernarbeiterinnen ausgelagert. Sie erledigen
die Schreibarbeiten entweder im on-line-Verfahren, also über
ein Terminal mit direktem Anschluß an das zentrale Computer-
system im Unternehmen/in der Verwaltung. Oder sie arbeiten
im off-line-Verfahren, d.h. hier besteht keine unmittelbare
Technikverknüpfung mit dem Zentralcomputer; die erstellten
Texte werden z.B. auf Disketten gespeichert und der Zentrale
per Post oder Boten übermittelt oder auch selbst überbracht.
Das *Arbeitsverhältnis* kann rechtlich sehr unterschiedlich gestaltet sein:
– als „normales" Arbeitnehmerverhältnis, d.h. mit allen Rech-
ten wie bisher auch;
– als Beschäftigte(r) nach dem Heimarbeitergesetz – hier sind
die Arbeitnehmerschutzrechte erheblich eingeschränkt, z.B.
geringer Kündigungsschutz, keine übliche Lohnfortzahlung bei
Krankheit, geringere Urlaubsansprüche, zumeist nicht tariflich
abgesicherte Entgelt- und Arbeitsbedingungen u.a.;
– als freie(r) Mitarbeiter(in) auf Honorarbasis – ohne arbeits-
und sozialrechtlichen Schutz;
– als selbständige(r) Subunternehmer(in)[14] auf Werkvertragsba-
sis: hier vollständige Aufhebung des Arbeitnehmerstatus',

sämtliche Sozialversicherungskosten müssen von den Fernarbeitern selbst getragen werden; kein arbeitsrechtlicher Schutz; völlige wirtschaftliche Abhängigkeit von Auftraggebern.

(2) Zweigstellen/Satellitenbüros

Hierbei handelt es sich um die Auslagerung ganzer Abteilungen oder Funktionsbereiche eines Unternehmens in ein räumlich entfernt liegendes Büro – z.B. in Form einer Zweigstelle oder auch als Satellitenbüro, das in unmittelbarer Wohnortnähe der Arbeitnehmer/Fernarbeiter liegt. Bekannt geworden sind Beispiele einiger US-Firmen, die den gesamten Dateneingabebereich in ihren Zentralen aufgelöst haben und diese Arbeiten zu geringen Lohnkosten in Ländern der Dritten Welt erledigen lassen. Vorstellbar sind solche Arbeitsformen auch im Bereich der einfachen Sachbearbeitung (z.B. einfache Prüftätigkeiten, Korrekturarbeiten o.ä.) oder auf höher qualifizierten Ebenen, z.B. Programmierung.

(3) Nachbarschaftsbüros

Diese Form elektronischer Fernarbeit sollte z.B. in dem von der baden-württembergischen Landesregierung getragenen Modellversuch „Schaffung dezentraler Arbeitsplätze unter Einsatz von Teletex" getestet werden. Hier sind die Beschäftigten verschiedener Unternehmen/Verwaltungen in gemeinsamen, nahe an ihrem Wohnort befindlichen Räumlichkeiten tätig. Über entsprechende Kommunikationssysteme sind sie mit den Zentralen verbunden und erledigen darüber ihre Arbeiten. Offensichtlich ist dieser Fernarbeitstypus für Unternehmen und Verwaltungen im Vergleich zur Heimarbeit kostengünstiger, da er eine höhere Geräteauslastung auch bei Urlaub oder Krankheit gewährleistet. Unter sozialen Aspekten scheinen die mit elektronischer Fernarbeit generell verbundenen Arbeitnehmerrisiken hier noch am geringsten zu sein.

(4) Büro-Leasing

Hier werden die von privaten Unternehmen technisch und personell voll ausgestatteten Büros tageweise oder auch für länger an interessierte Firmen oder Organisationen vermietet. In der Bundesrepublik scheint es diese Art kommerzialisierter Nachbarschaftsbüros nur in sehr vereinzelten Ballungszentren (Bedarf!) zu geben; in den USA dagegen scheint dieses Modell verbreiteter zu sein.

(5) Dienstleistungsunternehmen

Diese Art elektronischer Fernarbeit ist nicht neu: Im Bereich der Buchhaltung oder Steuerberatung sind solche Unternehmen seit langem bekannt. Sie bieten die externe Erledigung von verschiedenen Büro- und Verwaltungsarbeiten an, die bisher in den Unternehmens- oder Verwaltungszentralen selbst durchgeführt wurden. Derartige Dienstleistungen wurden in der Vergangenheit zumeist von kleinen und mittleren Betrieben in Anspruch genommen, um nicht selbst solche Geräte und Programme anschaffen und entsprechend geschultes Personal einstellen zu müssen. In jüngster Zeit sind Beispiele etwa aus größeren Druck- und Verlagsunternehmen bekannt geworden, die Texterfassungstätigkeiten im Bereich der Satzherstellung auslagern und damit spezialisierte Dienstleistungsbetriebe beauftragen (oder auch in Form von Heimarbeit erstellen lassen). Vermutungen, daß solche Auslagerungen von Tätigkeiten auch in anderen betrieblichen Funktionsbereichen in Zukunft stärker genutzt werden, sind angesichts der oben aufgezeigten Entwicklungen in Büro und Verwaltung sicher nicht unbegründet.

Die Tabelle 6 (S. 126/127) zeigt einige Beispiele für Telearbeitsformen in verschiedenen Ländern.

Welche *Vorzüge* und welche *Probleme* kann elektronische Fernarbeit mit sich bringen?

Hier zunächst einige mögliche *Vorzüge:*
– Wegfall täglicher Wegstrecken zum Arbeitsplatz sowie Entlastung des Berufsverkehrs; damit Einsparung von Zeit und Energiekosten sowie Reduzierung der Umweltbelastung;

124

– Erhöhung des Arbeitsplatzangebots in strukturschwachen Regionen;
– Erhöhung der Beschäftigungschancen von Frauen mit Kindern oder von Behinderten;
– größere Selbstbestimmung hinsichtlich der Zeiteinteilung der Arbeit;
– stärkere persönliche Freiräume und mehr Freizeit.

Für Unternehmen:
– Einsparung von Personalkosten;
– Einsparungen bei Arbeitsräumen (Gebäudekosten oder Büromiete) sowie bei der Arbeitsplatzausstattung und bei den Betriebskosten;
– Lohnkosteneinsparungen durch Arbeit auf Abruf („Kapovaz" = kapazitätsorientierte variable Arbeitszeit);
– bei Selbständigenstatus des/der elektronischen Fernarbeiters (in) zusätzlich: erhebliche Kosteneinsparungen durch den Fortfall von Lohnnebenkosten wie Arbeitgeberanteile zur Sozialversicherung, Kosten für Krankheit, Urlaub, Mutterschaft oder Aufwendungen für Pensionsrückstellungen, vermögenswirksame Leistungen, 13. Monatsgehalt oder sonstige Gratifikationen.

Probleme:
– Rechtliche Stellung des elektronischen Fernarbeiters: So befürchten vor allem die Gewerkschaften, daß die Schutzrechte der Arbeitnehmer umgangen werden wie: Tarifverträge, Mitbestimmung, Arbeits- und Gesundheitsschutz, Mutter- und Jugendschutz, Kündigungsschutz u. a. Sie lehnen deshalb die Form elektronischer Fernarbeit weitgehend ab; allenfalls sei sie akzeptabel unter Aufrechterhaltung des bisherigen Arbeitnehmerstatus', bei Mitbestimmung des Betriebsrats und bei Wahlmöglichkeit des Arbeitnehmers, jederzeit wieder in die Zentrale zurückkehren zu können.
– Beim Statuswechsel vom Arbeitnehmer zum Selbständigen wird eine erhebliche Verschärfung der Finanzierungsprobleme der Sozialversicherung befürchtet.
– Der mögliche Reiz elektronischer Fernarbeit für Frauen mit Kindern, Haus- und Erziehungsarbeit mit Berufsarbeit zu verbinden, führt zu einer gesellschaftspolitisch höchst bedenkli-

Tab. 6: Beispiele für realisierte Arbeitsformen im Umfeld der Telearbeit

Land	Unternehmen/Aufgabe	Typ*	Personen	Beruf	Bemerkungen
D	Integrata Tübingen Softwarehaus	TS	20	DV-Fachkräfte	
D	ICR Neustadt	TH	2	Datenerfassung	1984 und 1985
D	Modellversuch Baden-Württemberg	TM	ca. 15	Verschiedene Tätigkeiten	
D	Modellversuch Siemens	TH	?	Schreibarbeiten	abgeschlossen
D	Pfennigparade	TN	70	Programmierer	Behinderte
F	Telefondienste	TH	37	Telefonvermittlung	
F	Teleboutique/Verkaufsagentur	TS	?	Verkäufer, Sachbearbeiter	
F	Forschungsinstitut	TH	1	Wissenschaftler	Modellprojekt für einen Behinderten
F	Versicherung	TS	700	Versicherungsvertreter	
F	Versicherung	TH	1	Schreibkraft	
F	Bank	TH	2	Sachbearbeiter	
F	Telefon-Marketing	TM	84	Verkäufer	
F	Sportartikel-Unternehmen	TM	15	Vertreter	Einführung von tragbaren Computern
F	DV-Berater	TM	3	Programmierer	
F	Telearbeitszentrum (Marné la vallée)	TN	15	Verschiedene Berufe	
GB	F. (Freelance) International	M	630	Programmierer	Freie Mitarbeit, 95% Frauen
GB	Rank Xerox	TH	22	Verschiedene Berufe	„Networking – Programm"
GB	ICL	TH	200	Programmierer	
GB	Department of Industry	TH	6	Sachbearbeiter	Modellversuch

GB	ICL	H	100	Techn. Autoren	Freie Mitarbeiter
I	Olivetti Software	TM	1000(?)	Programmierer	Anteil Heimarbeit unklar
I	ENI (Großchemie)	TM	50	Manager und Spezialisten	Modellcharakter
I	Universität Mailand	TM	5	Verschiedene Berufe	Modell aus arbeitsmarktpolit. Gründen
S	Service-Zentralen (Nordschweden)	TN	40	Schreibkräfte	
USA	Heights Informations Inc. (Software-haus)	TH	180	DV-Fachkräfte	
USA	Lift Inc. (Softwarehaus)	TH	?	DV-Fachkräfte	nur Behinderte
USA	IBM (Computerhersteller)	TM	800	Manager, DV-Fachkräfte	zusätzlich Terminals zu Hause
USA	Tymshare Cupertino	TM	40	Manager, DV-Fachkräfte	
USA	Interactive Systems	TM	100	DV-Fachkräfte	
USA	AWS-Programm (CDC)	TM	50	Verschiedene Berufe	„Homework – Programm"
USA	Continental Illinois Bank	TH	4	Textverarbeitung	
USA	Blue Cross/Blue Shield (Versicherung)	TH(H)	200	Programmierer	
USA	American Airlines Inc.	TS	200	Datenerfassung	Nutzung geringer Lohnkosten auf Barbados
USA	Satellite Date Corp.	TS	?	Datenerfassung	

* T Tele-
S Satellitenbüro
M Mischform (teils zu Hause, teils im Unternehmen)
H Heimarbeit
N Nachbarschaftsbüro

Quelle: Dostal, W.: Telearbeit. Beispiele, Definitionen, Bewertungen. In: Materialien aus der Arbeitsmarkt- und Berufsforschung (MatAB) 4/1986, S. 7.

chen Zementierung der herkömmlichen Rolle als Hausfrau und Mutter. Sie bedeutet ferner eine regelmäßige Mehrfachbelastung durch Beruf, Familie und Haushalt und kann zu erheblichen familiären Konflikten führen (keine Neuaufteilung der familiären Aufgabenbereiche!).

– Konzentrierte Bildschirmarbeit und gleichzeitige Kinderbetreuung oder Haushaltsführung schließen sich nahezu aus; ungestörtes Arbeiten ist daher meist nur am frühen Morgen, in den Vormittagsstunden (wenn die Kinder in der Schule sind), in den Abend- und Nachtstunden oder an Wochenenden möglich. Die größere zeitliche Selbstbestimmung bei der Arbeit erscheint somit als Scheinflexibilität insofern, als sich der Tagesablauf der Frauen stark verdichtet. Studien zu diesem Thema stellen überwiegend eine Verschlechterung der Situation von Frauen durch die elektronische Fernarbeit fest. Die zunächst verlockende These, Berufs- und Familienarbeit zu verbinden, kann sich daher sehr schnell als ein Bumerang-Effekt erweisen.

– Befürchtungen, daß elektronische Heimarbeit zu sozialer Isolation führt, werden von einigen Forschungsergebnissen bestätigt. So beschränken sich die wenigen Kontakte zwischen Fernarbeiter(in) und Zentrale zumeist auf betriebliche Abläufe – in der Regel über Telefon. Die Beschäftigung von Behinderten auf den isolierten Fernarbeitsplätzen verstärkt eher noch den gesellschaftlichen Ausschluß.

– Als weitere Nachteile für elektronische Fernarbeiter/innen werden vermutet (z. T. auch durch Forschungen bestätigt): steigende Arbeitsbelastungen durch Mehrarbeit, Leistungsverdichtung und Monotonie, Verlust von Qualifikationen und Ausschluß von Lernchancen, Benachteiligung beim beruflichen Aufstieg, keine oder nur geringe öffentliche Kontrolle des Arbeitnehmerschutzes u. a.

   Probleme für die Unternehmen:

– Erhebliche Unsicherheit über die ökonomischen Vorteile: Kosten für Geräte und Telekommunikationseinrichtungen könnten die anderen Kostenvorteile aufheben.

– Die Organisation der Fernarbeit innerhalb des gesamten Betriebsgeschehens oder auch das Problem der Zustellung von

Arbeitsunterlagen (Akten) für die Arbeit am heimischen Bildschirm.

– Gewährleistung des Datenschutzes, der Vertraulichkeit von Daten gegenüber Dritten (z. B. anderen Familienmitgliedern).

– Geräte- und Programmsicherung sowie deren Pflege (Hakker!).

– Wegfall direkter Sichtkontrolle durch Leitung/Management u. a.

Zudem gibt es noch eine ganze Reihe rechtlicher Probleme: So herrscht gegenwärtig noch große Rechtsunsicherheit bei der rechtlichen Einordnung der elektronischen Fernarbeit etwa in der Frage des „Arbeitnehmerbegriffs". Völlig ungeklärt sind auch Haftungsprobleme, z. B. bei Einbruch oder Diebstahl oder bei Zerstörung durch die im Haushalt lebenden Kinder, oder etwa die Frage, wer das Lohnrisiko beim Ausfall des Rechnersystems oder der informationstechnischen Verbindungen trägt usw. Eines der wichtigsten Probleme bei der elektronischen Fernarbeit ist freilich die Sicherung des kollektiven Arbeitsrechtsschutzes (Interessenvertretung) oder die Gefahr der Abkoppelung vom gesamten Betriebsgeschehen. Die isolierte Arbeitssituation im heimischen Wohn-, Schlaf- oder Arbeitszimmer wird zumindest den Austausch von Meinungen oder Diskussionen über politische Ereignisse u. ä. stark erschweren.

Auf Grund der wenigen praktischen Erfahrungen mit den einzelnen Nutzungsformen elektronischer Fernarbeit läßt sich heute kein abschließendes Urteil über deren künftige Entwicklung geben. Es ist jedoch zu vermuten, daß sie sich mit der Schaffung der technischen Voraussetzungen, wie z. B. der Errichtung des ISDN (Integriertes Schmalbandiges Digitalnetz) oder dem Ausbau entsprechender Dienste, zumindest langfristig verbreiten wird und daß es auch mehr (attraktive) Fernarbeitsplätze für Männer geben könnte – wie schon heute vereinzelt etwa bei Wissenschaftlern, Publizisten, Programmierern u. ä.

Nach Auffassung einiger Wissenschaftler(innen) sei es fragwürdig, ob sich diese neue Arbeitsform für Büro- und Schreibtätigkeiten überhaupt durchsetzt: Entweder würden diese Tätigkeiten in Zukunft ganz automatisiert oder anderen Bereichen zugeordnet. Telearbeit werde sich daher in nur wenigen Branchen durchsetzen, z. B. in der Druckindustrie (Texterfassung) oder bei Übersetzungstätigkeiten, die sich nicht automatisieren ließen – zumeist mit dem Status der „Selbständigkeit".

Im Hinblick auf die organisatorische Entwicklung der elektronischen Fernarbeit werden sich voraussichtlich schwerpunktmäßig Mischformen entwickeln, d. h. Arbeitsphasen im heimischen Wohnzimmer werden mit Phasen in der Unternehmens-/Verwaltungszentrale kombiniert. Entscheidend wird zudem die Arbeitsmarktsituation sein. So kann ein Überangebot an Arbeitskräften (bei hoher Arbeitslosigkeit) dazu führen, daß die Arbeitsuchenden wegen fehlender Alternativen eher schlecht bezahlte und ungeschützte (ohne Sozialversicherungsschutz, keine Lohnfortzahlung u. a.) Heimarbeit akzeptieren, die sie bei Vollbeschäftigung nicht angenommen hätten. Sie kann damit auch zu einer verdeckten Arbeitslosigkeit führen.

Ein Fallbeispiel zur elektronischen Fernarbeit:

„Frau A war bis zur Geburt ihres zweiten Kindes halbtags als Sachbearbeiterin tätig. Dann hat sie aufgehört zu arbeiten, um ihre Kinder selbst erziehen zu können. Als sie in finanzielle Schwierigkeiten gerät, fragt sie bei ihrem ehemaligen Arbeitgeber an, ob sie Schreibarbeiten zu Hause erledigen könne. Der Arbeitgeber ist dazu bereit. Er installiert in einer ruhigen Ecke der Wohnung ein Teletext-Terminal und verspricht Frau A, ihr ein tägliches Arbeitspensum von etwa fünf Stunden zu geben. Über einen Boten erhält sie handgeschriebene Konzepte, die sie dann abschreibt. Es sind größere, fachlich anspruchsvolle Texte, die den zentralen Schreibdienst oft blockiert hatten. Für jede geschriebene Seite erhält Frau A einen festgelegten Stücklohn. Sie fängt mit ihrer Arbeit voller Freude an, stellt dann aber fest, daß sich Kinderbetreuung und konzentrierte Arbeit nicht vereinbaren lassen, weicht dann auf Abend- und Nachtstunden aus. Ihre Arbeit stört Kinder und Ehemann, der Leistungsdruck wird stärker, sie kann das erwartete Einkommen nur mit eigener Überlastung erreichen. Auch wenn sie krank ist, setzt sie sich an das Gerät. Die Arbeit muß getan werden, sonst erhält sie kein Geld. Nach längerem Hin und Her wird dieser Teleheimarbeitsplatz wieder aufgelöst: Für den Arbeit- (hier besser Auftrag-)geber war der Organisationsaufwand zu hoch, für Frau A war die Belastung zu groß. Inzwischen schickt sie die Kinder in den Kindergarten und ist wieder halbtags an einem traditionellen Arbeitsplatz tätig." (Quelle: Dostal (MatAB 4/ 1986), S. 2)

4. Einige wirtschaftliche Aspekte der neuen I+K-Techniken

Im Vergleich zu bisherigen technischen Entwicklungen zeichnet sich im Zusammenhang mit der Erforschung, Entwicklung, Vermarktung und dem Einsatz der neuen I+K-Techniken oder neuen Medien ein ungewöhnlich breites gemeinsames Interessenspektrum unterschiedlichster Wirtschaftszweige ab, systematisch unterstützt durch politische Entscheidungen. Unter dem Motto des „Fortschritts" sollen Verbraucher, Arbeitnehmer und Gewerkschaften in dieses Ensemble mit einstimmen.

Ein Verzicht auf die neuen Techniken wäre „gleichbedeutend [...] mit einem Verzicht auf Wohlstand, Beschäftigungschancen, Arbeitserleichterungen, Belastungsabbau und persönliche Bedürfnisbefriedigung sowie soziale Sicherheit.

Eine Behinderung des technischen Fortschritts würde eine Abkoppelung der Bundesrepublik von der internationalen Entwicklung bedeuten und hätte [...] Negativfolgen kaum vorstellbaren Ausmaßes." (BDI-Anhörung 1985, S. 37)

Seit Jahren sind solche oder ähnliche Worte von Unternehmen und deren Interessenverbänden sowie von zahlreichen Politikern zu hören. Bemerkenswert dabei ist, daß die hier verwendeten Begriffe wie „Verzicht" oder „Ausstieg" bestimmte Sachzwänge unterstellen, die eine kritische Diskussion um die gesellschaftlichen Chancen und Risiken der neuen Informationstechniken von vornherein ausschließen sollen. Daß sich hinter solchen Formeln ganz bestimmte *Interessenlagen* verbergen, wollen wir im folgenden an einigen Beispielen aufzeigen.

a) Zu den ökonomischen Interessen der Privatwirtschaft

Selbstverständlich hat die Informationstechnik herstellende Industrie ein ureigenes Interesse an der Vermarktung ihrer Produkte, an hohen Wachstums- und Gewinnraten sowie an der Erschließung neuer Märkte im Ausland. Und zweifellos sind sie an den Milliardenbeträgen der staatlichen Technologieförderung und am milliardenschweren Investitionskuchen der Deutschen Bundespost interessiert. Im wesentlichen geht es hier um folgende Industriezweige:

Die Hersteller von *Unterhaltungselektronik* – z.B. Fernseh-, Radio- und Videogeräte, Hifi-Systeme, Videokameras, Telespiele usw. – haben ein großes Interesse an der Herstellung und Vermarktung neuer Produkte, da sich hier in den letzten Jahren gewisse Sättigungstendenzen zeigten und die Preise infolge des japanischen Importdrucks sanken. Von einer zügigen Breitbandverkabelung der privaten Haushalte mit Kupferkoaxialkabel erhofft sich die Branche neue Nachfrageimpulse, z.B. nach kabeltauglichen Fernsehgeräten.

Die Hersteller *nachrichtentechnischer Geräte, Anlagen und Übertragungswege* (Kabel) sind im Inland geradezu existentiell abhängig vom Nachfrageverhalten der Deutschen Bundespost (neben anderen öffentlichen Betrieben). Mit dem annähernd erreichten Vollausbau des Fernsprechnetzes stagniert oder sinkt sogar der Absatz der Kabelindustrie, da hier im wesentlichen nur noch der Ersatzbedarf (im Ortsbereich) gedeckt wird. Jenen drohenden Auftragsrückgang versuchen die deutschen Kabelhersteller durch entsprechenden Druck auf die Bundespost hinsichtlich einer raschen Verkabelung – zunächst mit Kupferkoaxialkabel, dann auch mit Glasfaser – zu vermeiden. Auf dem Gebiet der Nachrichtentechnik arbeiten Unternehmen wie Siemens, DeTeWe, Philips, SEL, AEG u.a. schon seit Jahren eng mit der Deutschen Bundespost zusammen, um in zahlreichen Versuchsprojekten neue Dienste und Geräte zu entwickeln und zu erproben. Allerdings unterliegen die deutschen Hersteller im nachrichtentechnischen Bereich inzwischen einem empfindlichen Konkurrenzdruck vor allem aus europäischen Ländern und den USA.

Die Hersteller von *Büro- und Informationstechnik* konnten in den letzten Jahren z.T. weit überdurchschnittliche Wachstumsraten verzeichnen – nicht zuletzt auf Grund des Home- und Personalcomputerbooms in privaten Haushalten. Entscheidend ist für diese Branche in den nächsten Jahren, inwieweit die Voraussetzungen für einen breiteren Absatz ihrer Produkte geschaffen werden, wie: Ausbau der Kommunikationsnetze, z.B.

Einführung des ISDN, sowie nationale und internationale Standardisierungen. Verständlicherweise übt diese von vielen Landes- und Bundespolitikern favorisierte und von der Bundesregierung mit Milliarden öffentlicher Gelder unterstützte Branche erheblichen Druck auf Bundespost und politische Instanzen aus, die technischen Vorleistungen schnellstens zu erbringen. Sind diese technischen Kommunikationswege (= Netzinfrastruktur) zumindest erst einmal in den umsatzträchtigsten Ballungsgebieten der Bundesrepublik praktisch verwendbar, erhofft sich diese Branche neue Märkte und verstärkte Nachfrageimpulse inbesondere von großen Anwenderbetrieben und öffentlichen Verwaltungen.

Die Hersteller von *Medieninhalten* – in erster Linie die Zeitungsverleger – drängen schon seit Jahren darauf, ins private Rundfunkgeschäft einzusteigen. Auf Grund deutlicher Wachstumsgrenzen im Pressegeschäft und den befürchteten Einbußen bei den Anzeigeneinnahmen durch die neuen elektronischen Medien (z. B. Btx oder neue lokale und regionale Fernsehprogramme) suchen die Zeitungsverleger nach neuen Anlagemöglichkeiten für ihre überdurchschnittlichen Gewinne. Entscheidende Voraussetzung für den Einstieg dieser Interessengruppe ins private Fernsehgeschäft ist freilich die rasche Verkabelung der bundesdeutschen Haushalte. Die politischen Entscheidungen der Bundesregierung, wie schnelle Breitbandverkabelung mit Kupferkoaxialkabel und Förderung der Satellitentechnik, kommt den Zeitungsverlegern und auch der Filmwirtschaft (allerdings kaum der deutschen) daher sehr gelegen.

b) Zur Rolle der Deutschen Bundespost

Entscheidende Voraussetzung für die künftige Entwicklung und Verbreitung der neuen Informationstechniken ist der *Ausbau der Übertragungsnetze*. Damit kommt der Deutschen Bundespost eine Schlüsselrolle zu, denn sie ist nach den (noch) geltenden Fernmeldegesetzen für die Einrichtung und den Betrieb der Netze zuständig. Angesichts des nahezu erreichten Vollausbaus des Fernmeldenetzes ist die Bundespost selbst an

133

neuen Investitions- und Betätigungsfeldern interessiert. Mit
rund 540 000 Postbeschäftigten, einem jährlichen Investitionsvolumen von gut 16 Milliarden Mark und einem Gesamtüber-
schuß von etwa 1,6 Milliarden DM im Jahre 1985 ist sie das
größte (Dienstleistungs-)Unternehmen Europas.

Die Entscheidung, das *Fernsprechnetz* zu digitalisieren und
damit alle schmalbandigen Übertragungsdienste im ISDN zu
integrieren, hat zwei Gründe. Zum einen werden auf Grund des
flächendeckenden Netzes hohe Anschlußzahlen erwartet, also
auch im Bereich der privaten Haushalte. Zum anderen können
die hohen Investitionskosten auf weit über 20 Millionen Fernsprechteilnehmer (über 25 Mio Hauptanschlüsse) umgelegt
werden. Das heißt, die privaten Haushalte finanzieren zu einem
großen Teil das außerordentlich umfangreiche und langfristige
Investitionsprogramm der Bundespost. Hauptnutznießer werden indes vor allem die großen Unternehmen und Verwaltungen sein.

Seit einigen Jahren ist die Deutsche Bundespost im Zusammenhang mit den neuen Informationstechniken von verschiedenen Seiten unter erheblichen Druck geraten: Gefordert wird die
Aufhebung des Fernmeldemonopols und eine Teilprivatisierung
der Bundespost. Als beispielhaft werden die USA (hier wurde
die hauptsächlich mit staatlicher Beteiligung für das Fernmeldewesen zuständige AT & T vor etwa drei Jahren aufgelöst),
Großbritannien (hier ist die „British Telecom" seit etwa drei
Jahren in Privatbesitz) und Japan (dessen Telefonnetz ebenfalls
seit einigen Jahren privatisiert ist) angeführt. Privatisierungsin-
teressen in der Bundesrepublik haben die großen Nachrichten-
und Informationstechnik herstellenden Konzerne freilich nur
am gewinnträchtigen Fernmeldesektor (Überschuß in 1985 im
Telefondienst gut 4 Milliarden DM). Der defizitäre „gelbe"
Postbereich hingegen – er umfaßt die personalintensiven klassischen Aufgaben der Post wie Paket-, Päckchen-, Brief- und
Zeitungszustellung – soll auch weiterhin in staatlicher Verantwortung bleiben. Die Postgewerkschaft befürchtet daher, daß
der bisherige Verbund von Fernmelde- und klassischen Post-
diensten und der dadurch mögliche interne Kostenausgleich so-

wie die sozialstaatliche Bindung der Bundespost (d.h. die flächendeckende Versorgung zu gleichen Preisen, Sozialtelefon) in wesentlichen Zügen aufgehoben wird. Zudem sind Vermutungen über Personaleinsparungen sowie drastische Gebührenerhöhungen für Orts- und Nahgespräche und „gelbe" Postdienste durchaus begründet, wie die Erfahrungen aus anderen Ländern zeigen. Es mag zutreffen, daß die Bundespost bisher die Einrichtung mancher privater Dienstleistungen im Telekommunikationsbereich oder die Einführung einzelner Endgeräte nicht genehmigt hat; gleichwohl sind die mannigfaltigen Vorwürfe der Innovationsfeindlichkeit der Bundespost völlig überzogen. So nimmt das bundesdeutsche Fernmeldewesen international eine Spitzenstellung ein; und es gibt bereits heute zahlreiche private Dienste, die über das Fernmeldenetz der Post abgewikkelt werden.

In Zukunft ist allerdings damit zu rechnen, daß die Bundesregierung den Vorschlägen der Expertenkommission zur „Neuordnung des Fernmeldewesens" – sie legte im Herbst 1987 ihren Bericht vor – in Richtung einer zunehmenden Marktöffnung vor allem auch im Dienstangebot folgen wird. Im Klartext heißt dies vermutlich, daß das Fernmelde*netz* für alle Telekommunikationsformen, wie Übertragung von Sprache (Telefon), Daten, Texten und Bildern, in der Verantwortung der Bundespost verbleibt. Auch beim Telefondienst, d.h. bei der Übertragung von Sprache, soll das Postmonopol (vorerst) erhalten bleiben. Alle anderen Fernmelde*dienste,* insbesondere die Bereiche Datenverarbeitung und Bürokommunikation, sowie der gesamte Endgerätebereich sollen privaten Anbietern offenstehen. Ob die Bundespost Mitanbieter wird, hängt dann vom Wettbewerb ab. Dies hat u.a. zur Folge, daß die künftigen Formen der Telekommunikation noch weniger als bisher politischer Steuerung zugänglich sein werden. Eine ganz andere Frage ist, ob sich die Qualität der Telekommunikationsdienste durch solche Privatisierungsmaßnahmen positiv verändern wird – und zwar für alle, d.h. auch für die privaten Haushalte. Die britischen und amerikanischen Erfahrungen lassen jedenfalls erhebliche Zweifel aufkommen, denn hier führte die Privatisierung oder

„Marktöffnung" bisher zu einer Verschlechterung der Leistungen und häufig zu höheren Gebühren.

c) Zur Konzeption der Bundesregierung

In der am 14. März 1984 verabschiedeten „Konzeption der Bundesregierung zur Förderung der Entwicklung der Mikroelektronik, der Informations- und Kommunikationstechniken" und dem darin enthaltenen Maßnahmenkatalog „dokumentiert die Bundesregierung ihre Entschlossenheit, die Herausforderung der Informationstechnik aufzunehmen und die Wettbewerbsfähigkeit der Bundesrepublik auf diesem Gebiet zu verbessern" (S. 3). Getragen wird dieses Konzept von den fünf Bundesministerien für Wirtschaft, Post- und Fernmeldewesen, Forschung und Technologie, Bildung und Verteidigung. Wir wollen im folgenden nicht das gesamte Konzept darstellen, sondern uns mit zwei zentralen Argumenten auseinandersetzen, die im übrigen auch in den unzähligen Stellungnahmen der Privatwirtschaft und deren Verbände zu diesem Thema angeführt werden.

(1) Zum Argument „internationale Wettbewerbsfähigkeit"

Anfang der 80er Jahre war es in der Bundesrepublik geradezu Mode, die deutsche Wirtschaft im Wettbewerb mit der Konkurrenz – in erster Linie mit den USA und Japan – zunehmend im Hintertreffen zu sehen. Die reale Entwicklung hat diese Behauptung indes eindeutig widerlegt. So verzeichnet die Bundesrepublik in den letzten Jahren immer neue Rekordüberschüsse: 1986 schnellte der Handelsbilanzüberschuß[15] auf 112,2 Milliarden DM empor; auch der Leistungsbilanzüberschuß[16] von 77,9 Milliarden DM ist ein neues Rekordergebnis. In der Weltrangliste der größten Exporteure hat die „kleine" Bundesrepublik 1986 erstmals in ihrer Geschichte sogar die USA überflügelt: sie steht nun auf Platz 1! (USA 2., Japan 3.). Auch im Bereich der Ausfuhr elektronischer Produkte (Computer, Büro-, Nachrichten- und Unterhaltungselektronik,

Chips) gehört die Bundesrepublik zu den größten Exporteuren; nach Japan (1.) und USA (2.) liegt sie an dritter Stelle, weit vor England und Frankreich.

Diese Zahlen widerlegen auch die häufig zu hörende Behauptung, das Lohnkostenniveau in der Bundesrepublik sei zu hoch. Abgesehen davon, daß Lohneinbußen zwangsläufig die Kaufkraft der privaten Haushalte vermindern und es für die Beschäftigten erst seit kurzem wieder geringfügige Reallohnerhöhungen gibt, ist vor allem wichtig, daß der Anteil der Arbeitskosten an den Produktionskosten in zahlreichen Branchen sinkt – als Folge umfangreicher Rationalisierungsmaßnahmen und des Einsatzes modernster Produktionstechniken. Die Lohnkosten sind daher keineswegs die ausschlaggebenden Kostenfaktoren für Investitionsentscheidungen der Unternehmen – auch nicht für die „internationale Wettbewerbsfähigkeit".

Zudem gilt das Argument der internationalen Wettbewerbsfähigkeit nicht für sämtliche Wirtschaftsbereiche. Die Automobilbranche beispielsweise konkurriert selbstverständlich mit ausländischen Unternehmen, da hier weltweit modernste Fertigungsverfahren eingesetzt werden. In weiten Teilen des Dienstleistungsbereichs hingegen gibt es keinen oder nur geringen Wettbewerb mit Unternehmen im Ausland, z.B. bei Kreditinstituten, Versicherungen, Organisationen ohne Erwerbscharakter (Verbände, Vereine, Parteien) oder freien Berufen. Wer käme etwa auf die Idee, sein Girokonto in Los Angeles oder in Tokio zu führen, wer würde sein Auto in New York versichern lassen, wer würde seine Lohn- oder Einkommenssteuererklärung von einem Steuerberater in London anfertigen lassen oder wer würde in einem Arbeitsgerichtsprozeß einen Rechtsbeistand aus Osaka mit der Wahrnehmung seiner Interessen beauftragen, nur weil es dort vielleicht jeweils etwas preiswerter wäre? Gänzlich absurd wird das Wettbewerbsargument bei den öffentlichen Dienstleistungen (öffentlichen Verwaltungen, Sozialversicherungen, öffentliche Sicherheit und Ordnung, Bildung usw.).

Darüber hinaus entscheiden sich die Hersteller von I+K-Techniken tendenziell dafür, für Exportmärkte möglichst vor

Ort, also im jeweiligen Abnehmerland zu produzieren, wodurch Arbeitsmarktwirkungen zumindest teilweise wieder ausgeglichen werden.

Insgesamt ist bei der Verwendung des Wettbewerbsarguments darauf hinzuweisen, daß nicht in erster Linie einzelne Staaten auf der Weltmarktbühne miteinander konkurrieren, sondern jeweils einzelne Unternehmen mit ihren je spezifischen Produkten. Ob sich ein bestimmtes Produkt auch am Weltmarkt absetzen läßt, ist unter Marktbedingungen im wesentlichen abhängig von der Qualität und dem Preis des Produktes sowie von den jeweiligen betriebsinternen Produktions-, Management- und Marketingstrategien. Die verschiedenen wirtschaftspolitischen Instrumente der nationalen Regierungen können hier allenfalls flankierende Funktionen haben. Freilich kann die jeweilige nationale Subventionspolitik auch zu beträchtlichen Wettbewerbsverzerrungen führen (Stichwort: Subventionswettlauf).

Schließlich meint der Begriff der internationalen Wettbewerbsfähigkeit keineswegs nur die weltmarktbedingten Anpassungsstrategien der nationalen Unternehmen und Regierungen, sondern er hat darüber hinaus nicht zu unterschätzende *innenpolitische Wirkungen*. So wird z. B. die japanische Konkurrenz, die größtenteils im Konsumgüterbereich (wie Kraftfahrzeuge und Unterhaltungselektronik) liegt, für die meisten Bundesbürger im Alltagsleben direkt erfahrbar. Gegen solche „Bedrohungen" von außen, so heißt es, müsse man im Inneren zusammenstehen und sich gemeinsam – d. h. Unternehmen, Beschäftigte und deren Gewerkschaften sowie die Regierung – den Herausforderungen durch Wettbewerb stellen. Dadurch aber werden die zentralen Konfliktlinien zwischen unternehmerischer Entscheidungsmacht und betrieblichen Herrschaftsstrukturen einerseits und den davon weitgehend abhängigen Arbeitnehmern andererseits im wesentlichen verdrängt. Zugespitzt formuliert: Mit dem Argument der internationalen Wettbewerbsfähigkeit wird auch eine innenpolitische Disziplinierungsstrategie zur Begrenzung von Arbeitnehmeransprüchen – wie z. B. Forderungen nach Lohnerhöhungen, Erweiterung der Mitbestimmung oder nach sozialverträglicher Rationalisierungsgestaltung – verfolgt.

(2) Zum Argument „Wirtschaftswachstum"

In der Konzeption der Bundesregierung heißt es dazu: „Die informationstechnische Industrie ist eine Wachstumsindustrie. Betrachtet man das reale Wachstum der wichtigsten Wirtschaftszweige der Bundesrepublik im letzten Jahrzehnt (...), so hebt sich der Bereich der Informationstechnik deutlich heraus." (S. 10) Diese Aussage ist zweifellos zutreffend. Wie wir jedoch in Abschnitt III.1 näher ausgeführt haben, ist die gesamtwirtschaftliche Bedeutung dieser Branche sowohl im Hinblick auf das Produktionsvolumen (Anteil am Bruttosozialprodukt) als auch bezogen auf die Beschäftigungseffekte relativ gering. Zudem wird die informationstechnische Industrie in Zukunft nicht mehr mit den hohen Wachstumsraten rechnen können wie noch in der jüngsten Vergangenheit (vgl. dazu III.4.d.).

Entscheidend ist freilich, daß die neuen I+K-Techniken als Hauptbereich dieser Branche im Kern *Rationalisierungstechniken* sind, die in erster Linie darauf abzielen, die Produktivität in der Fertigung und in der Verwaltung zu erhöhen und damit auch Arbeitskräfte einzusparen bzw. den Personalbestand nicht mehr oder nur in einem sehr geringen Ausmaß auszuweiten. Darüber hinaus muß berücksichtigt werden, daß ein Teil der neuen Technikprodukte die Herstellung vorheriger Modelle lediglich ersetzt (z.B. elektrische Schreib- und Rechenmaschinen, Fernschreiber, Fernseher usw.). Solche „Substitutionseffekte" müssen daher von den reinen Wachstumseffekten unterschieden werden. Schließlich werden durch den Technikeinsatz neue Formen der elektronischen Selbstbedienung (z.B. über Btx) ermöglicht, wodurch bestimmte Arbeiten, die bisher noch vom bezahlten Personal der Dienstleistungsbetriebe erledigt wurden, nun auf den Kunden selbst verlagert werden können (z.B. bei Banken, im Handel oder im Touristikbereich). All das mag zwar in den Wachstumsstatistiken bei den Herstellern neuer Informationstechniken positiv erscheinen; sie führen aber mit

Sicherheit nicht zu entsprechenden Wachstumseffekten bei den Beschäftigten.

Das in der Konzeption der Bundesregierung vertretene Wachstumsargument muß aus einem weiteren Grund problematisiert werden. Wie es dort heißt, müsse „die Bundesrepublik in der Informationstechnik eine Führungsposition anstreben". (S. 3) Abgesehen von der Frage, ob die extrem hohe Exportabhängigkeit der Bundesrepublik[17] volkswirtschaftlich überhaupt vernünftig und wünschenswert ist, kann nicht übersehen werden, daß alle führenden westlichen Industrieländer die gleiche Politikstrategie zur Beseitigung ihrer Wachstums- und Arbeitsmarktprobleme verfolgen: den forcierten Export informationstechnischer Produkte. Alle nationalen Regierungen unterstützen die Erforschung und Entwicklung mit Milliardenbeträgen. Mit Marktwirtschaft haben solche Strategien nur noch wenig gemein; die Forcierung des Netzausbaus beispielsweise ist ein Investitionslenkungsprogramm par excellence.

Zusammenfassend läßt sich festhalten, daß die mit der massiven Förderung der neuen Informationstechniken und der Mikroelektronik als deren Basistechnologie verbundenen Wachstumshoffnungen seitens der Bundesregierung zumindest auf einem sehr labilen Fundament stehen. Viel sinnvoller wäre es beispielsweise, die Milliarden öffentlicher Gelder in die Entwicklung neuer umweltschonender Techniken und Produkte zu leiten – hier liegen wesentlich aussichtsreichere und sinnvollere Wachstums- und Exportchancen als im Bereich der neuen Informationstechniken. Denn die Mikroelektronik z. B. ist bei weitem nicht so umweltfreundlich, wie immer wieder behauptet wird. So werden bei der Chip-Produktion hochgiftige Substanzen verwendet, die etwa in den USA zu Grundwasserverseuchungen ganzer Regionen und zu alarmierenden gesundheitlichen Schäden bei den Beschäftigten führ(t)en.

d) Zur wirtschaftlichen Situation der Computerbranche

Die derzeitige Situation der noch recht jungen informationstechnischen Industrie ist geprägt von einem „tiefgreifenden

Strukturwandel", wie es in den einschlägigen Presseberichten heißt. Die Entwicklungen in der Computerbranche der USA galten im allgemeinen als Vorzeichen für den möglichen weltweiten Entwicklungsverlauf dieser Branche. Seit Ende 84/Anfang 85 steckt dieser amerikanische Industriezweig in einer Krise: Der starke Konjunktureinbruch (Rezession) in der Elektronik-, Computer- und Halbleiterindustrie der USA führte u. a. zu Firmenzusammenbrüchen, Massenentlassungen und empfindlichen Umsatz- und Gewinneinbußen. In anderen Betrieben signalisierten Feierschichten, unbezahlter Zwangsurlaub, Lohnkürzungen oder unbezahlte Mehrarbeit sowie ein geringer Auslastungsgrad der Produktionskapazitäten die Krisensituation im amerikanischen „high-tech"-Bereich. Weit überzogene Wachstumserwartungen und der Aufbau von erheblichen Überkapazitäten sind einige der Gründe für diese Entwicklung.

Eine wichtige Folge war zudem eine Welle von Unternehmenszusammenschlüssen (= Fusionen). Diese hochgradige *Konzentrationstendenz* prägt derzeit das weltweite Geschehen in der informationstechnischen Industrie. Spektakuläre Firmenfusionen großer Computerhersteller, Aufkäufe von Zulieferbetrieben (z. B. von Mikrochipherstellern, um deren know-how zu erwerben) oder enge Kooperationen zwischen großen Elektronikunternehmen auf der einen Seite, das Verschwinden zahlreicher kleiner und mittlerer Unternehmensneugründungen auf der anderen Seite sind typische Merkmale einer Branche, die sich angesichts verschärfter internationaler Wettbewerbsbedingungen auf dem Konsolidierungspfad befindet.

Die Zeiten der hohen zweistelligen Wachstumsraten in der jüngsten Vergangenheit sind für alle Computerhersteller vorerst vorbei. Selbst der weltmarktbeherrschende Elektronikgigant IBM mußte erhebliche Umsatz- und Gewinneinbrüche hinnehmen und Tausende von Stellen streichen. Das hat verschiedene Gründe. Im Bereich der Großrechner sind inzwischen deutliche Sättigungstendenzen zu erkennen, die aggressiven Preisstrategien der Hardwarehersteller lassen die Preise kräftig sinken und den extrem hektischen, sich geradezu überschlagenden Neuentwicklungen im Hardwarebereich stehen deutliche Schwierigkeiten bei der entsprechenden Softwareherstellung gegenüber. Vor allem aber führt die zunehmende Verschmelzung von Datenverarbeitungs- und Nachrichtentechnik in dieser Branche zu großen Problemen, da der Telekommunikationsmarkt sowohl büro- und informationstechnisches als auch nachrichtentechnisches know-how erfordert. Über diese Kompetenzen sowie über branchenspezifische Einsatzlösungen neuer Techniksysteme verfügen derzeit nur wenige Unternehmen.

Auch die hohen Entwicklungsaufwendungen für neue Kommunikationssysteme, die oftmals im Milliardenbereich liegen, können von einzelnen Unternehmen kaum allein getragen werden; ein Alleingang erscheint zu risikoreich. Insofern sind die gegenwärtigen Großfusionen in dieser Branche ein wichtiges Merkmal der weltweiten Entwicklung auf dem Telekommunikationsmarkt. Eine andere Strategie verfolgt beispielsweise der deutsche Elektronikkonzern Siemens, dessen Weltmarktanteil derzeit rund 10% beträgt. Für die künftige Wettbewerbsfähigkeit sei das zu wenig, meint das Vorstandsmitglied Hans Baur. Deshalb „brauchen wir mittelfristig einen Weltmarktanteil von 15 Prozent (...) die auf uns zukommenden Entwicklungsaufgaben sind so riesig, daß wir für eine finanzielle Sicherung unbedingt neue Märkte erschließen müssen." (Interview mit H. Baur in Wirtschaftswoche 6, 30. 1. 87) So verfolgt Siemens die Strategie, über Beteiligungen an ausländischen nachrichtentechnischen Unternehmen oder durch enge Kooperationen mit diesen den Weltmarktanteil zu erhöhen.

Selbstverständlich nehmen die deutschen Unternehmen in diesem „Technologiewettrennen" und dem „erbitterten Kampf um Marktanteile" gern die milliardenschweren staatlichen Hilfen vor allem aus dem Forschungsministerium entgegen. So haben kürzlich Siemens und Philips mit 320 Millionen Mark öffentlicher Gelder einen Super-Chip (4 MB) entwickelt, dessen praktischer Einsatz indes noch aussteht. Schon haben die Japaner einen noch besseren Super-Chip angekündigt: den 16-MB-Chip. Hier stellt sich die Frage, inwieweit staatliche Subventionen überhaupt sinnvoll sind angesichts der Tatsache, daß sie in der Regel einen Subventionswettlauf zwischen den Ländern in

Gang setzen, der im Ergebnis zu hohen gesamtwirtschaftlichen Verlusten, zu Protektionismus oder gar Handelskriegen führen kann. Denn auch das als elektronisches Musterland angesehene Japan hat mittlerweile mit großen strukturellen Problemen zu kämpfen.

Ausblick

Eine sachlich-kritische Auseinandersetzung mit den neuen Informationstechniken und deren Wirkungen auf Arbeitsplätze und Volkswirtschaft muß in erster Linie unter dem Gesichtspunkt der mittel- und langfristigen *sozialen Folgekosten* stattfinden. Dabei ist zu fragen, inwieweit technischer Fortschritt generell zu sozialem Fortschritt beitragen kann, welche neuen Techniken im einzelnen wünschenswert sind und weiterverfolgt werden sollten und welche nicht, welche alternativen Gestaltungskonzepte im Gegenzug zu den derzeit verfolgten möglich und durchsetzbar sind. Entscheidend dabei ist, daß alle gesellschaftlichen Gruppen wie Verbraucher, Arbeitnehmer, Gewerkschaften, Unternehmen und Parlamente an diesem Diskussionsprozeß beteiligt werden. Zu überlegen wäre auch, welche neuen politischen Maßnahmen ergriffen werden müßten, damit auch tatsächlich alle die Chance haben, ihre Interessen und kritischen Beiträge in eine breite öffentliche Diskussion einzubringen.

IV. Soziale und politische Folgen

1. Computerkinder und Computersucht

„Kinder lernen spielend, mit dem Computer umzugehen." Dieser einfach klingende Satz erhält unterschiedliche Bedeutungen, je nachdem in welchem Zusammenhang er gebraucht wird. So können wir einerseits feststellen, daß viele Kinder und Jugendliche mit Computerprogrammen umgehen, ohne sich dessen bewußt zu sein, z.B. in der Beschäftigung mit Video- oder Telespielen. Die Faszination dieser Geräte und Spiele scheint für Kinder und Jugendliche groß zu sein und füllt entsprechend die Kassen der sich ausbreitenden Spielhallen. Diese Verführung führt aber kaum dazu, daß sich Kinder für die Technik im Hintergrund der Videospiele interessieren und so den Zugang zur Computertechnik finden. Wenn Kinder oder Jugendliche aber die Gelegenheit finden und auch den entsprechenden Antrieb entwickeln, sich mit einem Computer aktiv zu beschäftigen oder gar selber zu programmieren, zeigt sich oft, daß es ihnen leichter fällt als Erwachsenen, mit der neuen Technik umzugehen und die damit verbundene Sprache zu erlernen. Was Erwachsenen schwerfällt, scheint für sie spielend leicht zu sein, vielleicht auch deshalb, weil es sich dabei um ein geschlossenes, formales Regelsystem handelt und die Erfahrung aus anderen Lebensbereichen auf diesem Gebiet kaum zu verwenden ist. In einem berühmt gewordenen Experiment haben Seymour Papert und seine Kollegen vom Massachusetts Institute of Technology versucht, Kindern den Zugang zur Mathematik und anderen formalen Lerngegenständen durch einen spielerischen Umgang mit Computerprogrammen zu erleichtern. Sie entwickelten dafür eine besondere Programmiersprache, LOGO, in der sich u.a. graphische Darstellungen realisieren lassen, indem eine symbolische Schildkröte (in der deutschen Version ein Igel) über den Bildschirm bewegt wird.[1]

Die Leichtigkeit, mit der Kinder und Jugendliche lernen, mit

Telespielen oder aktiv programmierend mit Computern umzugehen, verschafft ihnen eine doppelte Genugtuung. Einerseits verschafft es ihnen die Möglichkeit, den Computer scheinbar zu beherrschen, und damit das Erlebnis von Macht. Andererseits können sie wenigstens auf diesem Feld ihren Eltern und den meisten Erwachsenen überlegen sein.

Das alles ist nicht neu und braucht niemanden zu beunruhigen, außer vielleicht die jeweiligen Eltern. Spielen mit dem Computer oder das viel weiter verbreitete Umgehen mit vorfabrizierten Telespielen kann aber auch Fluchtbewegungen verstärken, Vorwand werden für das Sich-Zurückziehen von der Familie, von Freunden, von unangenehmen Erfahrungen, vor allem der, von den anderen nicht so wichtig genommen zu werden, wie das Kind oder der Jugendliche es gern möchte. Wie soll aber ein Kind, das sich in die Welt des Computers geflüchtet hat, von dort wieder herausfinden?

Die Gefahren für die kindliche Entwicklung werden sehr unterschiedlich eingeschätzt. So berichtet z.B. Heinz Hengst[2] über eine systematische Beobachtung von Jugendlichen in Bremer Kaufhäusern. In den Computerabteilungen dieser Kaufhäuser wurde, wie überall in der Bundesrepublik in den Jahren 1983 und 1984, den jugendlichen Besuchern großzügig eingeräumt, die Geräte so lange und so viel zu benutzen, wie sie wollten. Die Jugendlichen nahmen diese Freiheit ausgiebig in Anspruch. Eines der Ergebnisse der Untersuchung war, daß dies von den Jugendlichen als eine faszinierende, aber doch begrenzte Mode erlebt und mitgemacht wurde. Die Wertschätzung in der eigenen Altersgruppe und die Erfolgserlebnisse in der eigenen Clique waren für die Jugendlichen von mindestens ebenso großer Bedeutung wie die Faszination durch ein völlig neues technisches Medium. Die Tatsache, daß das erforderliche technische Wissen schnell zu erwerben war, und das Bewußtsein, etwas beherrschen zu können, das die Erwachsenen noch erschreckte, waren wichtige Momente der Akzeptanz durch die Jugendlichen. Beobachtungen zu einem späteren Zeitpunkt stellten fest, daß bei den Jugendlichen diese Modewelle bereits wieder verebbte.

Andere Untersuchungen sehen dagegen erhebliche Gefahren für die seelische Entwicklung von Kindern und Jugendlichen, wenn sich diese allzu häufig mit Videospielen und Computern beschäftigen. Zum einen besteht die Gefahr darin, daß die Kinder der Faszination einer künstlichen Welt erliegen, die ihnen in Form vorfabrizierter Spiele angeboten wird oder sie sich in Nachahmung selbst erbauen. Die zweite Gefahr besteht darin, daß diese künstliche Welt trotz aller Anforderungen an logisches Mitdenken und manuelle Geschicklichkeit eine endliche und eindeutige Welt ist, eben nicht die wirkliche, sondern eine nach formalen Regeln erzeugte. Sich überwiegend mit einer solchen künstlichen, beherrschbaren Wirklichkeit zu beschäftigen, läßt weniger Zeit und bewirkt möglicherweise auch zunehmend weniger Lust, sich mit den schmerzlichen, widerspruchsvollen und Angst erzeugenden Erfahrungen des wirklichen Lebens zu befassen.

Eine ernsthafte Beschäftigung mit Videospielen und Programmierproblemen erfordert aber auch viel Zeit, die für andere, nicht durch formale Regelwerke und rationales Denken definierte Erfahrungen nicht mehr zur Verfügung steht. Insbesondere bei Kindern und jüngeren Jugendlichen (etwa unter 14 Jahren) könnten sich seelische und körperliche Schäden ergeben, weil die natürlichen Stadien der Entwicklung verzerrt werden, weil vorzeitig eine Festlegung auf mathematisches, mechanisches Denken erfolgt, weil – ähnlich wie beim Fernsehen – die körperliche Motorik unterdrückt oder auf wenige sich wiederholende Bewegungen nur eines Körperteiles reduziert wird.

Nach den vorliegenden Informationen entscheiden sich nur wenige Kinder und Jugendliche von sich aus zu einer intensiven und dauernden Beschäftigung mit dem Computer. Es könnte sein, daß sie eher von ehrgeizigen oder besorgten Eltern dazu angehalten werden. Noch häufiger dürfte aber bereits heute die Schule der Ort sein, wo das Angebot zum „Computern" gemacht wird. Das Problem Computer hat die ziemlich eingeschlafene bildungspolitische Diskussion neu belebt. Dabei geht es um unterschiedliche Fragen, die oft miteinander vermengt werden:

– Soll in der Schule etwas *über* Computer gelernt werden? Wenn ja, soll

(1) nur technisches Wissen (Wie bediene ich den Computer? Wie programmiere ich? usw.) oder auch und vor allem Wissen zur Einschätzung der wirtschaftlichen und sozialen Folgen vermittelt werden?

(2) der Unterricht in einem besonderen Fach „Informatik" oder als Querschnittsaufgabe in den verschiedensten bestehenden Fächern durchgeführt werden?

(3) es ein Wahl- oder ein Pflichtprogramm sein?

– Soll der Computer in breitem Umfang als Unterrichts*mittel* (computergestützter Unterricht) eingesetzt werden?

– In welcher Altersgruppe soll mit der Arbeit am Computer begonnen werden?

– Ist die Computertechnik als „neue Kulturtechnik" anzusehen und deshalb gleichberechtigt mit den „alten Kulturtechniken" (Lesen, Schreiben und Rechnen) zu behandeln?

Da der Computer in unser aller Leben bald eine wichtige, wenn nicht sogar überragende Rolle spielen wird, ist die erste Frage wohl eindeutig mit Ja zu beantworten. Allerdings gehen die Meinungen darüber, was unter einem der Schule angemessenen „informationstechnischen Grundwissen" zu verstehen und wie es zu vermitteln sei, weit auseinander. Anhänger des technischen Fortschritts propagieren den umfassenden, aber schwergewichtig technisch orientierten Informatik-Unterricht. Konservative neigen dazu, das Einüben technischer Fähigkeiten aus „wirtschaftlichen Gründen" zu bejahen, wollen aber daneben die Schule als Anstalt des Einübens von gesellschaftserhaltenden und menschenbildenden Werten und Normen bewahren. Kritische Bildungspolitiker wollen dagegen in der Schule die Fähigkeit zur intellektuellen und aktiven Auseinandersetzung mit allen Aspekten, vor allem mit den sozialen Risiken dieser neuen Technikentwicklung fördern.

In bezug auf den Einsatz des Computers als Lernmittel überwiegen bei den meisten Autoren die skeptischen Einschätzungen, denn die überstürzte Einführung von computergestützten Lernprogrammen könnte zu einem ziemlichen Durcheinander von brauchbaren und von fachlich unzureichenden Programmen führen. Eine solche Situation würde sowohl die Lehrer überfordern wie auch die Schüler möglicherweise in die Irre führen. Noch ist der Fehlschlag des „programmierten Unterrichts" in vielen Bildungseinrichtungen nicht vergessen.

Anknüpfend an die oben dargestellten Gefährdungen der seelischen, körperlichen und geistigen Entwicklung der Kinder durch Computermißbrauch gibt es auch in bezug auf die Frage nach der richtigen Altersstufe eine heftige Kontroverse. Hierbei stehen oft die Versuche und Erfahrungen des amerikanischen Pädagogen Seymour Papert im Mittelpunkt, der sowohl mit Kindern im Vorschulalter und in den ersten Schulklassen, wie mit solchen in höheren Klassen gearbeitet hat. Es wird kaum bezweifelt, daß Kinder eine einfache Programmiersprache (LOGO) lernen können, daß sie mit Computern früher als mit anderen Unterrichtsweisen mit Spaß in mathematisches Denken und schrittweises logisches Folgern eingeführt werden können, und schließlich, daß der Computer auch als Mittel zur künstlerischen Darstellung verwendet werden kann. Die Skeptiker fragen aber, ob dies alles sinnvoll und vernünftig ist, ob es nicht – diesmal durch eine staatliche Institution verordnet – zum Abdrängen von kindlichen Erfahrungen und zum Überspringen von Stufen der geistigen und gefühlsmäßigen Entwicklung führt, zum „Verschwinden der Kindheit" (Neil Postman) und damit vielleicht auch zum Aufbau einer nur partiellen, halbierten Erwachsenenpersönlichkeit, der die Individualität fehlt, die nur Ergebnis eines langen und schwierigen Prozesses des Übergangs vom Kind zum Erwachsenen sein kann.

Aber nicht nur die Persönlichkeitsentwicklung von Kindern und Jugendlichen gilt als gefährdet, sondern auch die von Erwachsenen, die sich beruflich oder als Amateure intensiv mit Computern und deren Programmierung beschäftigen. So berichtet der Journalist Peter Brügge:

„Der Siemens-Ingenieur Volker Jung stimmt mit Verwandten und Bekannten überein, wenn sie ihn zunehmend merkwürdig finden. Es ist wahr, ihre Interessen und Vergnügungen berühren ihn befremdlich wenig. Alles um ihn her pflegt im alltäglichsten Gesprächsstoff zu baden. Rezepte, Fahrzeuge, ein Krimi aus dem Fernsehen, das ist es, was zählt. Dem nächsten Urlaub gilt die Anteilnahme oder einem aufblühenden Klatsch in der Nachbarschaft. Ratlos fühlt er das Wachsen des Abstands. Namen und Begriffe, den anderen vertraut, sagen ihm nichts mehr, dringen an sein Ohr wie die Lebenszeichen einer fremden Gattung. In seinem Kopf behauptet ein endloser Aufmarsch von Daten den Vorrang. Die begleiten ihn von seinem Arbeitsplatz in der Computerforschung der Firma unerledigt überall hin. Um Rechenprogramme handelt es sich von hochgetürmter Folgerichtigkeit. Das ist es, was ihn antreibt und erhebt. Es bestärkt ihn, versorgt ihn mit Unruhe. Die Alltäglichkeiten nach Dienstschluß ermüden ihn mit ihrer Unschärfe, der ihnen eigenen Ziellosigkeit, während er im Umgang mit Mikroprozessoren und ihrem grenzenlos verläßlichen Angebot, die Klarheit eindeutiger Antworten wie eine Gnade genießt. Da gibt es nur ein Richtig oder Falsch, und Milchstraßen von Möglichkeiten ergeben sich aus der Reihung von Nullen und Einsen, diesen einzigen Signalen, die ein Mikroprozessor entgegennimmt und mit Dienstleistungen erwidert."[3]

Der Computer kann also offenbar auch faszinieren, ja süchtig machen. Er muß deshalb wohl bestimmten Wünschen oder Erwartungen der Menschen entgegenkommen, z. B. dem Wunsch, auf Fragen nur eindeutige Antworten zu erhalten oder dem Wunsch, Fehler zu vermeiden, die in herkömmlichen Arbeitssituationen immer wieder auftreten würden.

2. Maschinisierung des Denkens

Die Industriegesellschaft hat in ihrer Entwicklung zuerst die Körperkraft durch Kraftmaschinen und Mechanik ersetzt und damit die körperliche Arbeit maschinisiert. Sie hat aber auch eine andere soziale Organisation der Arbeit (Fabrik, Fließband, Zerlegung und Standardisierung der Arbeitsschritte) und eine damit übereinstimmende soziale Organisation aller anderen Lebensbereiche mit sich gebracht (z. B. Massenverkehr, Großmärkte, Verstädterung, Wohnmaschinen, Kleinfamilie). Diese Entwicklungen waren aber nicht zwangsläufig durch die Technik bedingt, sondern Ergebnisse politischer Eingriffe, politisch gesetzter Rahmenbedingungen, privatwirtschaftlicher Investitionsentscheidungen und massenhafter Verbraucherentscheidungen. Seit Einführung des Telefons und des Fernsehens, mit dem umfassenden Eindringen des Computers in die Arbeitswelt und dem Aufbau einer informations- und kommunikationstechnischen „Megamaschine" werden geistige Arbeit und menschliche Verständigung (Kommunikation) von technischen Einrichtungen unterstützt (Computer = Denkzeug) oder ersetzt. Was wird dabei aus dem menschlichen Denken und aus der sozialen Kommunikation?

Von verschiedenen Seiten werden dazu Antworten gegeben und fallen entsprechend unterschiedlich aus. Paradoxerweise sind „konservative" Autoren optimistischer, „fortschrittliche" Autoren dagegen pessimistischer.

Übereinstimmend wird erwartet, daß der Computer bestimmte Eigenschaften und Leistungsfähigkeiten des menschlichen Gehirns ersetzen und in gewisser Weise überflüssig machen wird. Dazu gehört die Fähigkeit zum immer wieder neuen logischen Zergliedern, zum Bearbeiten von in Teilschritte zerlegten Aufgaben und zum Durchrechnen von bereits genau definierten Problemsituationen und Problemlösungen. Eine zivilisatorische Grundfertigkeit, das Rechnen, könnte durch den Computer als Rechenmaschine zu einer überflüssigen oder nebensächlichen Qualifikation werden. Nicht überflüssig würde aber das abstraktere mathematische Grundverständnis, sofern noch Einsicht in und Übersicht in bezug auf die Qualität von Computerprogrammen in den verschiedensten Lebensbereichen angestrebt oder erwartet werden.

Übereinstimmung herrscht auch darüber, daß der Gebrauch von informationstechnischen Systemen und der Kommunikationstechnik zu einer Entsinnlichung und Mediatisierung (das Dazwischentreten von Technik zwischen Person und jeweils bearbeiteter oder wahrgenommener Wirklichkeit) der Erfahrung und der zwischenmenschlichen Kommunikation führt. Informatisierung und Mediatisierung können zwar faszinieren, da sie Machtphantasien erlauben, aber sie bewirken auch seelische Belastungen (Streß), da die natürliche Ausstattung des menschlichen Gehirns auf ein Zusammenwirken von logisch-rationaler Analyse, ganzheitlichem Erfassen, sinnlichen Eindrücken und wechselseitiger sprachlicher Einordnung und Sinngebung des Erlebens und Tuns ausgerichtet ist.

Die technikzentrierte Position vermutet aber, daß sich der Mensch auf diese technisch veränderte Umgebung einstellen und an Technikstrukturen anpassen kann, soweit diese nur „ergonomisch" (arbeitsmedizinisch) angepaßt und sozialverträglich organisiert sind, das heißt, Ausgleichsangebote für die direkt nicht zu befriedigenden körperlichen und seelischen Bedürfnisse mitgeliefert werden. So plädiert Klaus Haefner für eine verstärkte Pflege der durch den Computer vernachlässigten, weil nicht genutzten, menschlichen Eigenschaften. Die Pflege emotionaler und kreativer Fähigkeiten soll dann auch als Ausgleich für die meist überflüssig werdenden rational-logischen Fähigkeiten dienen.

Kritische Beobachter sehen dagegen die Gefahr, daß sich sowohl die Persönlichkeits- als auch die gesellschaftlichen Strukturen an die neue Technikstruktur anpassen bzw. dafür zugerichtet werden. Dadurch könnten zentrale Errungenschaften der kulturellen, sozialen und politischen Entwicklung wieder verloren gehen. Sie sehen die Computerkultur, die computerisierte Arbeitswelt und computergesteuerte Haushalte und Freizeitaktivitäten als Zwangsverhältnisse, die verkümmerte Menschen erzeugen, denen sowohl die Fähigkeit zur Erfahrung von Wirklichkeit, zur rationalen Analyse ihrer selbst und ihrer Umwelt wie zur Kreativität und zur „sozialen Kompetenz" verloren geht.

Gegenüber den Behauptungen über die Ähnlichkeit und Vereinbarkeit von Computer- und menschlichen Denkstrukturen betont der Arbeitspsychologe Walter Volpert[4] deren Unvereinbarkeit, denn

– der Mensch sei weder eine isolierte Einheit, noch habe er eindeutige Zielsetzungen, denn er sei gleichzeitig von Einflüssen aus der Umwelt und von einer Vielfalt von Wünschen bestimmt;

– der Mensch erfasse eine Situation immer zuerst ganzheitlich und in einer Mischung von geistigen und gefühlsmäßigen Bewertungen, erst im zweiten Schritt werde die Situation einer „kühlen Analyse unterzogen";

– Menschen reagierten zwar in gleicher Lage oft gleichförmig nach „Schema F". Dennoch sei dies keine vorprogrammierte Reaktion, sondern immer wieder Ergebnis eines verschlungenen Einordnungs- und Entscheidungsprozesses;

– Menschen reagierten immer auch sozial, sie richteten ihr Urteil und Verhalten nach den Meinungen und dem Verhalten anderer, für sie wichtiger Menschen aus, und reagierten meist erst, nachdem sie die Einstellung der anderen zuvor erkundet haben.

Immer stärkere Verbreitung der Arbeit mit dem Computer sowohl am Arbeitsplatz als auch zu Hause und der zunehmende Konsum von Bildschirminformation und -unterhaltung können nach der kritischen Auffassung den Verlust von Realitätssinn und von sozialen Beziehungen bewirken, denn beiden Medien ist gemeinsam, daß es sich um vorgedachte, vorfabrizierte und einseitig ausgerichtete (eindeutige) Abbilder von Wirklichkeit handelt. Nach der optimistischen Auffassung dagegen macht der „Dialog" mit Computern und mit individuell verfügbaren Informations- und Unterhaltungsmedien die Menschen „frei" für mehr selbstbestimmte Freizeit und für den verstärkten Gebrauch ihrer spielerischen und sinnlichen Fähigkeiten in den sich erweiternden Freiräumen außerhalb von Arbeit und Haushalt.

3. Informatisierung von Erwerbsarbeit und Hausarbeit: Konsequenzen für Familie, Wohnen und Freizeit

Die Computerisierung und Vernetzung ergreift nicht nur die Arbeitswelt, sondern auch die Haushalte. In doppelter Weise wird davon auch die Familie betroffen, wenn sich die – technisch mögliche – Telearbeit (elektronische Fernarbeit) massenhaft durchsetzt. Was sich aber dann als Konsequenz ergibt, ist zumeist noch Gegenstand von Spekulationen und oft entgegengesetzten Prognosen. Alvin Toffler z. B. sieht eine Zukunft von vielen kleinen Firmen, die im Besitz von Familien, Wohngemeinschaften oder Genossenschaften sind, die Rückkehr aufs Land, elektronische Dörfer, die Wiedergeburt der Nachbarschaft und der lokalen Demokratie, das Verschwinden der

Kernfamilie und an ihrer Stelle eine Vielfalt von Wohn- und Familienformen, vielfältige Freizeitformen und neue Chancen für Kreativität.[5]

Andere, wie z. B. Herbert Kubicek, befürchten dagegen die Auflösung der Grenzen zwischen der Erwerbsarbeit und der Privatsphäre der Familie, und zwar durch die Verbreitung einer neuen Form von „elektronischer Heimarbeit", durch die Ausbreitung „künstlicher Nachbarschaften", wie sie bereits durch Telefon und Rundfunk hervorgebracht wurden, und die verstärkte soziale Isolierung derjenigen, die bereits sozial isoliert und ausgegrenzt sind. Sie befürchten aber auch Kommunikationsunfähigkeit innerhalb der Familie und der Familie gegenüber ihrer Umwelt, weitere Kommerzialisierung und Standardisierung des Konsums und der Freizeit.

Was kann also realistischerweise erwartet werden? Fortgesetzte Rationalisierung der Arbeit ohne verstärktes (aber unwahrscheinliches) Wirtschaftswachstum führt entweder zu mehr Arbeitslosigkeit oder muß zu regelmäßiger Arbeitszeitverkürzung führen. Beide bewirken eine Zunahme der „freien" Zeit außerhalb der Erwerbsarbeit. Ob diese freie Zeit wirklich mehr Zeit bedeutet, hängt davon ab, wie sie benutzt wird. Wird die gewonnene Zeit wiederum für technisch vermittelten Konsum von Waren und Programmen verwendet, so wird sich schließlich der Zeitdruck eher erhöhen als vermindern (vgl. Michael Ende: Momo: Wer sich darauf einläßt, Zeit zu sparen, verliert die Zeit).

Sollte sich die Dezentralisierung der Arbeitsplätze durch elektronische Fernarbeit durchsetzen, dann wird der Berufsverkehr zurückgehen, also vielleicht eine Entlastung von Verkehrssystemen und Umwelt eintreten. Dies wäre eine erfreuliche Entwicklung, und zugleich wäre die Voraussetzung gegeben, daß viele wirklich anders, nämlich in kleinen ländlichen Gemeinden wohnen könnten. Dies bedeutete eine Umkehrung der Landflucht, eine Wanderungsbewegung von der Stadt aufs Land. Doch dies kann nicht ohne Folgen bleiben, da auch hier das Gesetz der sozialen Grenzen des Wachstums wirksam wird: Was alle wünschen (viel Platz, unzersiedelte Landschaft, Natur), können nicht alle gleichzeitig bekommen, denn durch ihre große Zahl werden die Menschen die Landschaft verändern und kleine Ballungsgebiete produzieren. Eine weitere Zersiedelung ländlicher Räume ist deshalb zu befürchten.

Ob die Familienstrukturen in ihrer gegenwärtigen Form (Vorherrschen der Kern- oder Kleinfamilie) das Eindringen von Telearbeit, Tele-Einkauf, individualisierter Tele-Information und -Unterhaltung, Tele-Fortbildung u. a. verkraften können, oder ob sich neue Formen des Wohnens, der Hauswirtschaft und der Partnerschaft ausbreiten werden und vielleicht eine insgesamt größere Vielfalt von Lebensstilen, ist zur Zeit eine offene Frage.

Ist es aber wirklich so, daß die Haushalte in eine vorgezeichnete technische Entwicklungsbewegung einsteigen müssen? Schon die bereits verfügbaren Möglichkeiten der Telekommunikation (Briefpost, Telefon, Rundfunk, Individualverkehr und Massenverkehr) werden sehr unterschiedlich genutzt, und nicht alle ihre Möglichkeiten werden auch in Anspruch genommen. So bestehen Versandhandel und Einkaufszentren seit Jahrzehnten nebeneinander, so wird der Fernunterricht kaum genutzt, dagegen Fernsehen und Hörfunk in breitem Maße. Die Landflucht in der Epoche der Industrialisierung wurde durch die Zentralisierung der Arbeitsplätze und Ausbildungsmöglichkeiten in den großen Städten erzwungen und verstärkte die Urbanisierung ihrerseits. Es wirkten also vielfältige technische Möglichkeiten, wirtschaftliche Organisation und politische Rahmenentscheidungen zusammen, und vermutlich wird dieses Gefüge von Einflüssen auch bei der „Dritten industriellen Revolution" wirksam werden. Möglicherweise werden den Haushalten die Telearbeit durch die betrieblichen Interessen, der Telekauf und das Home-banking und damit auch die Benutzung entsprechender Dienste und Netze auf Grund des Rationalisierungsdrucks in Handel und Verwaltung eher aufgedrängt als von ihnen frei gewählt.

Auch die oft propagierte Tendenz zur Differenzierung auf Grund der verfügbaren Vielfalt von Informationsdiensten und Rundfunkprogrammen erscheint eher fraglich. Wenn alle Programme aus Konkurrenzgründen eine weitgehend gleiche Mischung von wenig Information und Bildungsangeboten, viel populärer Musik, Sport und „Traumfabrik" sowie Werbung bieten, dann wird die Spannweite für individuelle Wahlmöglichkeiten nicht viel größer sein als bei der Auswahl unterschiedlicher Zigarettenmarken.

Soweit sich Mikroelektronik in Haushaltsgeräten, Heizungsanlagen und zur Steuerung des Wasser- und Elektrizitätsverbrauchs für die Haushalte als kostengünstig erweist, werden diese sich auch damit ausstatten, soweit es ihre Kaufkraft erlaubt. Es ist dabei jedoch kaum eine so neue Qualität zu erwarten, daß deshalb die Rollenverteilung in der Familie erschüttert wird. Eine neue Rollenverteilung, neue Formen der Kindererziehung und neue Formen des Zusammenlebens sind eher zu erwarten, wenn Arbeitsmarkt, Arbeitsrecht und soziale Absicherung es Frauen und Männern ermöglichen, zugleich berufstätig zu sein und Kinder zu haben.

In diesem Zusammenhang ist es vielleicht fruchtbar, einmal andersherum zu denken und nach den sozialen Voraussetzungen der Computerisierung und der Mediatisierung, die auch Ersatz sinnlicher Medien wie Sprache, Beobachtung und körperliche Erfahrung durch technische Medien ist, zu fragen. Historische Entwicklungen wie Industrialisierung und Bürokratisierung haben erst die Voraussetzungen geschaffen, zuerst die körperliche Arbeit und jetzt auch die geistige Arbeit zu maschinisieren. Im Arbeitsprozeß läßt sich am deutlichsten beobachten, daß es bestimmter vorbereitender Schritte bedarf, um die Voraussetzungen für den Computereinsatz zu schaffen. Dazu gehören nach Kubicek[6] die Stufen der „Formalisierung", „Standardisierung", „Quantifizierung" und „Programmierung". Dies bedeutet, daß das menschliche Handeln und die soziale Organisation sich erst bis zu einem gewissen Grade verändern, computerähnlich werden müssen, um computerisierbar zu sein. Es ist zu vermuten, daß dies nicht nur für Arbeitssituationen gilt, sondern auch für den privaten Bereich, für Haushalt und Freizeit.

4. Gefahren für gesellschaftliche Solidarität und demokratische Kontrolle von Macht

Fortschreitende Computerisierung von Produktion, Verwaltung und Dienstleistungen hebt die konjunkturellen Zyklen, wirtschaftliche und soziale Ungleichheiten und Abhängigkeiten nicht auf, sondern kann sie sogar verschärfen oder neu begründen. Der Rationalisierungseffekt der neuen I+K-Techniken führt ohne ausgleichende Arbeitszeitverkürzung zwangsläufig zu einem weiter sinkenden Bedarf an Arbeitskräften und verstärkt damit den Effekt der Ausgrenzung von Dauerarbeitslosen und Randbelegschaften. Demgegenüber werden die zahlenmäßig schrumpfenden Stammbelegschaften ihre Einkommenssituation wahrscheinlich relativ verbessern. Das Auseinanderdriften der verfügbaren Einkommen und der Arbeitssituationen (Beschäftigung und Arbeitslosigkeit) wird möglicherweise auch im Bewußtsein der Betroffenen zur Spaltung der Lohnabhängigen in zwei Gruppen beitragen. Aber auch innerhalb der Beschäftigten wird die Differenzierung eher zu- als abnehmen, wenn sich die Polarisierungsthese (vgl. Kapitel III) als richtig erweist. Auf längere Sicht könnte sich auch die Lage der „Bildschirmarbeiter" in ihrer großen Mehrheit, egal, ob sie in der Produktion, in der Verwaltung oder in Dienstleistungsbetrieben tätig sind, vereinheitlichen. Damit würden sich die – häufig künstlichen – Unterschiede zwischen Arbeitern, Angestellten und Beamten verwischen, und es könnte eine neue Grundlage für gemeinsame Interessen und entsprechende Interessenvertretungen entstehen.

Zunächst aber wird die Lage für die Interessenvertreter der Beschäftigten schwieriger. Nicht nur, weil es kompliziert ist, die Interessen der Arbeitslosen, der von Rationalisierung Bedrohten und der „Rationalisierungsgewinner" miteinander zu vereinbaren, sondern auch, weil es für Betriebs- und Personalräte sehr schwer ist, das schleichende Eindringen der Informationstechniken richtig zu erkennen und ihre Mitbestimmungsrechte rechtzeitig geltend zu machen (vgl. Kapitel VI.). Entscheidungen darüber, wann der schrittweise Ausbau informationstechnischer Systeme den Punkt einer wesentlichen Veränderung erreicht hat, setzen Fachkenntnisse bei Betriebs- und Personalräten voraus, die von ihnen nicht von vornherein verlangt werden können. In diesem Zusammenhang kann von einem doppelten Informationsvorsprung der Unternehmensleitungen gegenüber den Vertretern der Belegschaft gesprochen werden. Zum einen verfügt das Unternehmen über Fachleute, die für die Entwicklung und den Einsatz der informationstechnischen Systeme verantwortlich sind und ihr Wissen auch zur Verfügung stellen müssen, zum zweiten verfügt es über exklusive Zugriffsrechte auf bereits eingeführte Informationssysteme. Deren Existenz ist den Interessenvertretern der Belegschaft oft nicht einmal bekannt, oder ihre Anwendungen und Auswirkungen sind undurchsichtig. Betriebsräte können darüber hinaus manchmal auch befürchten, daß bereits ihre Schritte zur Information und Mobilisierung der Belegschaft wie auch die Kontaktaufnahme mit Gewerkschaft oder außerbetrieblichen Experten von informationstechnischen Systemen erfaßt und ausgewertet werden.

Nicht nur die Solidarität im Betrieb und zwischen den Lohnabhängigen ist bedroht, sondern auch die gesellschaftliche Solidarität zwischen den immer weniger werdenden Erwerbstätigen, die einen immer größeren Teil ihres Einkommens für Sozialausgaben abführen müssen, und den Empfängern dieser staatlichen Unterstützungszahlungen. Vermutlich wird sich dabei zumindest die Einkommensschere zwischen den Erwerbstätigen und den Versorgungsempfängern weiter öffnen. Die Frage ist, ob und wann dies zu politischen Reaktionen führen wird.

Wie steht es aber mit den Auswirkungen der Expansion von Datennetzen und Datenbanken auf die Politik? Können die Bürger darauf hoffen, mehr Information über die politisch relevanten Fragen und Entscheidungen zu erhalten? Für den Durchschnittsbürger, der nicht besonders informationsaktiv oder auf Dokumentationen versessen ist, wird sich durch die Vervielfachung der Menge verfügbarer Daten wohl kaum etwas ändern, denn er verfügt weder über die Wissensvoraussetzungen noch über die speziellen Geräte und Programme, noch über die notwendigen finanziellen Mittel, um die reichhaltigen Angebote der Informationsdienste und Datenbanken in Anspruch nehmen zu können. Die zukünftige Informationsgesellschaft wird möglicherweise eine „Informations-Vermarktungsgesellschaft" sein, in der jeder Abruf von Information, Beratung und Unterhaltung Geld kostet. Nur die Bezieher hoher Einkommen, die gut Ausgebildeten und die besonders Informationsaktiven werden die zusätzlichen Möglichkeiten nutzen können.

Eine Alternative könnte allerdings die Fortentwicklung des Prinzips öffentlicher Bibliotheken bieten. Diese könnten und müßten es jedem Bürger ermöglichen, kostenlos oder gegen geringe Gebühr die Informationen zu erhalten, die er benötigt.[7] Selbst wenn nur ein kleiner Teil der Berechtigten dieses Recht in Anspruch nähme, würde dadurch die Tendenz zu neuer Ungleichheit im Informationszugang abgeschwächt.

Seitdem es eine öffentliche Diskussion um den Datenschutz gibt, ist vielen Bürgern erst bewußt geworden, daß eine große Anzahl von staatlichen Einrichtungen und Behörden eine zahllose Menge von Angaben über sie speichern, diese in Computer eingeben, Programme damit ablaufen lassen und die Daten untereinander austauschen. Diese scheinbare (oder wirkliche) Datensammelwut, dieser Datenaufbewahrzwang und die Datenverarbeitungssucht machen den einen – vielleicht den meisten – Angst, schüchtern sie ein und veranlassen sie möglicherweise dazu, sich ganz aus politischen Gesprächen und Engagements zurückzuziehen. Andere versetzt das übertriebene Sammeln von Daten eher in Zorn, und zwar vor allem diejenigen, die wirklich eine politisch entwickelte Persönlichkeit haben. Sie wollen sich ihr politisches Grundrecht auf Entfaltung der Persönlichkeit, freie Meinungsäußerung und auf politische Teilhabe nicht einschränken lassen und fragen deshalb umgekehrt nach der Berechtigung der Bürokratie, Daten zu sammeln, im geheimen zu verknüpfen und für die Betroffenen unzugänglich aufzubewahren. Daher pochen sie auf ihr „Recht auf informationelle Selbstbestimmung" (vgl. Kapitel V) und verlangen für alle Bürger mehr Einblick in die Datensammlungen der Verwaltungen. Unter der Bezeichnung „Informationszugangsgesetz" wurden entsprechende Gesetzesentwürfe bereits vorgelegt, wenn auch die politische Mehrheit des Bundestages bis jetzt solchem Ansinnen noch ablehnend gegenübersteht.

Welche Gefahren für das politische Gemeinwesen und die demokratische Grundordnung, ja für unser Überleben drohen, wenn Politiker auf der Jagd nach der Fata Morgana der Allwissenheit und rein objektiver Entscheidungen immer größere Datenfluten auslösen, haben verschiedene Autoren aufgezeigt. Dabei sind es häufig die Versprechungen der Herstellerfirmen und der eigenen Berater, die die Politiker verleiten, immer mehr Rechnerkapazität anzuhäufen und den immer neu angestückelten, geflickten und weitergestrickten Programmen die Auswahl von Entscheidungsalternativen und von Präferenzen zu überlassen.

Theodor Roszak erwähnt dazu drei typische Fälle: Seit Ronald Reagans Wahlsieg im Jahre 1980 haben die Meinungsforscher in den USA ihre Macht über die Politiker noch vergrößert, vor allem auf Grund ihrer immer aktuelleren, weil computergestützten, Aussagen über das jeweilige Ansehen der Kandidaten bei den Wählern. So gibt es fast keine Bewegung und keine Bemerkung eines amerikanischen Politikers, die nicht geplant ist, da sie auf Grund von Computeranalysen den optimalen Meinungseffekt verspricht. Roszak nennt dies die „Wahlmaschine".

Eine zweite Gefahr sieht er in der „Überwachungsmaschine", die von den Bundesbehörden in den USA aufgebaut wurde. Die fünf größten amerikanischen Behörden führen insgesamt zwischen 2 und 4 Milliarden Akten oder Dateien über amerikanische Bürger (bei einer Bevölkerung von rund 250 Millionen) und tauschen zugleich ihre Daten über 300 interne Netzwerke aus. Aber diese Daten werden nicht nur untereinander, sondern auch mit Tausenden von privaten Kreditauskunfteien und anderen Auskunftsbüros ausgetauscht. Sie stehen auch der „National Security Agency" (Behörde für nationale Sicherheit, eine Art Geheimdienst) zur Verfügung, die ihrerseits immer gewaltigere Datenberge anhäuft, um etwaigen inneren Feinden rechtzeitig auf die Spur zu kommen. In der Verfolgung dieses Zieles verlangt sie aber nach Daten aus immer mehr Bereichen, die bisher den zivilen oder militärischen Geheimdiensten nicht zugänglich waren.

Der dritte und gefährlichste Bereich ist die Tendenz zur Entwicklung einer „Kriegsmaschine". Auch dies läßt sich am besten am amerikanischen Beispiel belegen, obwohl es in ähnlicher Form auch auf die europäischen Staaten und auf die Sowjetunion zutreffen dürfte, die ebenfalls riesige Beträge in die Entwicklung militärischer Informationssysteme gesteckt haben. In diesem Bereich läuft seit Jahren neben dem Wettlauf um atomare Sprengköpfe und Trägersysteme ein Wettlauf um die Automatisierung der Kriegsführung ab. Dieser Wettlauf ist vermutlich die wichtigste Triebkraft für die Entwicklung der Computertechnik auf ihren heutigen Stand gewesen. Die Gefahr, die hier heranwächst, besteht darin, daß es wahrscheinlich nicht ein „verrückter" Präsident oder ein „verrückter" Generalsekretär sein wird, der den atomaren Vernichtungskrieg auslösen wird, sondern ein „verrücktes" Programm.

Diese Gefahr hat Joseph Weizenbaum bereits vor zehn Jahren beschrieben. Sie besteht darin, daß die Gesamtheit der vernetzten Rechner und der Programme im Laufe der Zeit unübersichtlich bzw. undurchschaubar geworden ist. Tausende von Programmierern waren an der Entstehung dieser Programme beteiligt, von denen jeder unterschiedliche strategische, politische und gesellschaftliche Annahmen und Werte in seine Programme hat einfließen lassen. Im Falle eines konkreten Ablaufs und der resultierenden Entscheidung oder Empfehlung weiß niemand mehr zu sagen, auf Grund welcher Prämissen, Prioritäten, Schlüsselindikatoren oder Zielsetzungen das jeweilige Ergebnis zustande gekommen ist. Deshalb können technische Pannen den Ablauf von Programmen stören und zu Fehlalarmen führen, die niemand eindeutig als solche erkennen kann. Solche Fehlalarme hat es im amerikanischen Frühwarnsystem schon häufig gegeben, und meist sind sie nicht durch Computerprogramme als Fehlalarme erkannt worden, sondern durch Menschen, die die Glaubwürdigkeit der Computer bezweifelten. Aber dieser Rettungsanker wird beim weiteren Ausbau der Systeme immer weniger greifen.

5. „Informationsgesellschaft" oder „Computergesellschaft"?

Die *Befürworter* der neuen I+K-Techniken kennzeichnen die nun anbrechende Epoche als Informationsgesellschaft und meinen damit:

– Die Bearbeitung von Informationen löst die bisher vorherrschenden Formen körperlicher und geistiger Arbeit ab.
– Die Übermittlungsinfrastruktur und die elektronische Bearbeitung von Information macht das Herstellen von massenhafter Kommunikation zwischen unterschiedlichsten Personen und Institutionen (Betriebe, Verwaltungen, Verbände usw.) extrem leicht und billig.
– Jeder kann jederzeit Information aller Art (inklusive Unterhaltung) abrufen.
– Wissenschaftliche Forschung und die Anwendung ihrer Ergebnisse, z.B. für Entwicklungsaufgaben, wird durch den jederzeitigen Zugriff auf alle relevanten Daten optimiert.
– Die enorme Steigerung der Produktivität in der Herstellung von Gütern und Dienstleistungen führt zu einem massiven Sinken der durchschnittlich notwendigen Arbeitszeit.
– Die völlige Durchschaubarkeit der Gesellschaft macht jedem eine optimale Information und damit rationale Entscheidung in Beruf, Freizeit und auch Politik möglich. Sie ermöglicht auch ein Höchstmaß an individueller Lebensführung.

Demgegenüber zeichnen die *Skeptiker* ein ganz anderes Bild der zukünftigen Gesellschaft:

– Es geht nicht um mehr Information und deren rationale Bearbeitung, sondern um Informatisierung, d.h. Computerisierung. Der arbeitende Mensch wird mehr und mehr zum Anhängsel oder „Endgerät" von Systemen der Datenverarbeitung.
– Die Schaffung einer sehr leistungsfähigen und integrierten Infrastruktur für die Übermittlung von Daten, Text, Sprache und

Bild führt zur Megamaschine, zu „Vernetzungen", die von niemandem mehr zu durchschauen bzw. zu kontrollieren sind.
– Informationen werden nicht frei verfügbar sein, sondern als Ware gehandelt.
– Geistige und wissenschaftliche Arbeit werden nicht freier, sondern maschinisiert.
– Die Steigerung der Produktivität führt zunächst zu Arbeitslosigkeit. Umverteilung von Arbeit wird es nur nach politischen Konflikten und bei entsprechendem Druck geben.
– Bisherige Formen des Familienlebens, der Erziehung, der gesellschaftlichen Organisationen und der politischen Kultur werden massiv verändert, wobei immer die Gefahr größerer Abhängigkeit, Manipulation und Überwachung besteht.
– Individuelle, selbstbestimmte Lebensführung wird es nur noch für diejenigen geben, die sich der Maschinisierung der Kommunikation, der Geselligkeit, des geistigen Lebens und der Arbeit entziehen können.

Dies sind nur Stichworte aus der Diskussion. Ein jeder muß sich wohl seine eigene Vision der Zukunft erarbeiten, um die Vor- oder Nachteile der neuen Technik bewerten zu können.

V. Datenschatten – Ist die totale Kontrolle möglich?

Kernstück der Kritik an der umfassenden Anwendung der Informationstechnik ist deren „Kontrollcharakter". Computer können speichern, und sie können gespeicherte Daten blitzschnell wiederfinden. Sie können aber auch – vorausgesetzt sie werden von entsprechenden Programmen gesteuert – unterschiedliche Daten in bezug auf ein Objekt, z.B. eine Person, verknüpfen und die Kombination von Daten im Hinblick auf unterschiedlichste Fragestellungen auswerten. So entstehen Datenschatten jedes einzelnen von uns; in den Datenbänken der Personalabteilungen ebenso wie bei Kranken-, Renten- und Arbeitslosenversicherungen, bei Banken und Kreditauskunfteien, vor allem aber bei Polizei und Geheimdiensten. Viele von uns fühlen sich von diesen Programmen als „gläserne Arbeitnehmer" oder „gläserne Bürger" durchleuchtet. Wie im Falle der Qualität von Arbeitsplätzen gilt aber auch hier, daß es *Menschen* sind, die entscheiden, wie die Technik genutzt und ob sie mißbraucht wird.

1. Personalinformationssysteme

Personalinformationssysteme im weiteren Sinne sind „alle Systeme, die mit Hilfe elektronischer Programme Personaldaten zu bestimmten Zwecken verarbeiten."[1] Wäre in diesem Sinne auch ein elektronisches Lohn- und Gehaltsabrechnungssystem ein Personalinformationssystem? Wahrscheinlich ja, denn es gibt kaum ein Programm, das sich nur auf einfache Lohn- und Gehaltsabrechnung beschränkt. Fast alle Programme bieten die Möglichkeit von sog. Auswertungen, d.h. der Verknüpfung von Daten durch entsprechende im Programm vorgesehene Prozeduren, oder durch zusätzliche Auswertungsabfragen, die programmiert werden oder durch spezielle Abfragesprachen veranlaßt werden können. Ein Personalinformationssystem leistet mehr oder weniger, je nachdem wieviel Datenquellen dafür benutzt werden und wievielen Verwendungszwecken es dienen soll, oder es leistet nur so viel, wie ihm in einer entsprechenden Betriebsvereinbarung zugestanden wird.

Ein Personalinformationssystem ist kein Gerät und keine Maschine, sondern ein Programm, also eine Reihe von Begriffen und Befehlen. Sein wichtigster Bestandteil ist die „Methoden- und Modellbank". Hier sind alle die Verfahren/Prozeduren gespeichert, zu denen das Gesamtprogramm fähig ist, z. B. Statistiken über die Beschäftigten erstellen, Lohn- und Gehaltsabrechnungen anfertigen, Hilfestellung bei Personalentscheidungen geben usw. In der Datenbank als zweitem wichtigen Bestandteil eines Personalinformationssystems sind die Personal- und evtl. weitere Daten zusammengefaßt, die vom Programm bearbeitet werden können. Die Personaldaten werden dabei in Stammdaten und Bewegungsdaten unterteilt, d. h. in weitgehend unveränderliche und in veränderliche Merkmale. Welche Quellen zur „Beschickung" der Datenbank benutzt werden, hängt von der Art des Systems und von betrieblichen Entscheidungen ab. Je mehr Datenquellen herangezogen werden, um so größer werden die verfügbaren personenbezogenen Datenmengen und um so raffiniertere Verknüpfungen und Auswertungen können erfolgen.

Wenn Arbeitsplatzdaten mit den Personaldaten verknüpft werden können, dann entsteht die oft beschworene Möglichkeit des „Profilabgleichs", der Zuordnung von Qualifikationsanforderungen und Belastungen eines Arbeitsplatzes mit dem Qualifikationsbündel und den Belastbarkeiten eines/einer Beschäftigten. Möglichkeiten zur Leistungserfassung bzw. Leistungskontrolle werden dort massiv erhöht, wo Personaldaten mit den Informationen eines Betriebsdatenerfassungssystems (BDE) verknüpft werden können.

In den 70er Jahren waren die Kenntnisse über die Möglichkeiten von computergestützten Personaldaten-Verarbeitungssystemen bei Gewerkschaften und Betriebsräten noch gering, deshalb gab es nur wenig Widerstände gegen ihre Einführung. So konnte es kommen, daß schon 1978 fast die Hälfte aller

Großunternehmen Personalinformationssysteme eingeführt hatten oder ihre Einführung vorbereiteten. Obwohl in den 80er Jahren einige Betriebskonflikte um Personalinformationssysteme viel Aufsehen erregt haben, wie z.B. der Streit um das System PAISY bei Opel, wissen doch sehr viele Arbeitnehmer bis heute nicht, daß es in ihrem Betrieb ein Personalinformationssystem gibt. Manche wollen es auch gar nicht wissen, einige vertrauen darauf, daß damit kein Mißbrauch getrieben wird, andere fühlen sich davon nicht betroffen, und nur wenige sind zunehmend beunruhigt.

Demgegenüber begründen Personalverwaltungen und Betriebsleitungen die Notwendigkeit elektronischer Personaldatenverwaltung mit Sachzwangargumenten. Sie betonen, daß es nur um Abrechnungsaufgaben und um die Weitergabe von Daten gehe, die gesetzlich vorgeschrieben sind.[2] Sie verweisen weiterhin darauf, daß die Behandlung der Daten im Betrieb den Bestimmungen des Bundesdatenschutzgesetzes unterliege und daß zur Aufsicht entsprechend den Bestimmungen des Gesetzes von der Betriebsleitung sogar ein Betriebs-Datenschutzbeauftragter bestellt worden sei.

Solche Erklärungen vermögen aber die Befürchtungen der Vertrauensleute und Betriebsräte nicht zu zerstreuen, denen die Personalinformationssysteme als Hilfsmittel zur Verschärfung von Leistungskontrolle, Rationalisierung und Disziplinierung erscheinen. Es besteht das zusätzliche Problem, daß es für die Betroffenen und ihre Vertreter sehr schwer ist, das technisch Mögliche in seinem vollen Umfang zu erfassen. Dies gilt wohl zum Teil auch für die Anwender, d.h. den Vorstand und die leitenden Angestellten. Beides zusammen macht allerdings eine rationale und in einem gewissen Maße vertrauensvolle Auseinandersetzung nicht leicht.

2. Sozialverwaltung und Informationstechnik

Krankenkassen und Sozialversicherungsanstalten sind Großorganisationen, die mit riesigen Mengen von relativ einförmigen

Daten umgehen müssen, denn es fallen zum größten Teil immer dieselben Tatbestände und Leistungen an. Deshalb hat bei diesen beiden Arten von „Sozialverwaltungen" auch am frühesten die elektronische Datenverarbeitung Einzug gehalten. Was jedoch zu Beginn noch als Rationalisierung und damit Verbilligung der Verwaltung erscheinen konnte, wird von manchen im Lichte der neueren technischen Entwicklung der Informationsverarbeitung mit anderen Augen gesehen.

Worum es dabei u. a. gehen kann, verdeutlicht der Fall der AOK Dortmund, die seit 1981 im Rahmen eines Forschungsprojektes ein Informationssystem aufgebaut hat, mit dem die Wirtschaftlichkeit der kassenärztlichen Praxis untersucht oder, wie es so schön heißt, „transparent", d. h. durchsichtig gemacht werden soll. Noch bevor irgendwelche Ergebnisse der Untersuchung vorlagen, sanken die Auslagen der AOK für Arzthonorare und Medikamente im Vergleich zu anderen AOK-Gebieten erheblich. Natürlich protestierten gleichzeitig die Ärzte und ihre Interessenvertretungen gegen diese unzulässige Überwachung. Doch die Schadenfreude über die Ärzte, die wohl aus gutem Grund ein schlechtes Gewissen hatten, verfliegt schnell, wenn man sich die weiteren Möglichkeiten ausmalt, die sich durch den Aufbau eines solchen Informationssystems ergeben, das sich genau so gut zur Kontrolle der Leistungsempfänger, also aller, die Beiträge zahlen und Leistungen in Anspruch nehmen, eignet, vielleicht auch zur Einschüchterung von Ärzten und Patienten. Es muß also genau geprüft und öffentlich diskutiert werden, was mit einem solchen System gemacht werden kann, was gemacht werden soll und wie die unzulässige Bearbeitung der Information und ihre evtl. Weitergabe an Dritte verhindert werden soll.

Wer sich bei diesem Beispiel damit beruhigt, daß es sich ja nur um einen Versuch handelt, der allenfalls auf künftige Gefährdungen hinweist, der muß sich durch den früheren Bundesbeauftragten für den Datenschutz, Hans-Peter Bull, eines Besseren belehren lassen: „Die größten Sammlungen personenbezogener Daten, die in der öffentlichen Verwaltung zu finden sind, stehen nicht bei den Sicherheitsbehörden, sondern bei den Sozialleistungsträgern. Gäbe es keinen Datenschutz, so wäre die Gefahr nicht gering, daß gerade hier der Prototyp des ‚gläsernen Menschen' hergestellt wird."[3] Bull zeigt auf, wie die Daten an die Sozialversicherungsträger, Krankenkassen, Rentenversicherung, Arbeitsämter u.a. kommen, von dort weitergegeben und ausgetauscht werden. Seit es ein neues Sozialgesetzbuch gibt – es wurde zwischen 1975 und 1980 verabschiedet –, ist der Umgang mit personenbezogenen Daten weitgehend geregelt, wobei insbesondere die Weitergabe nach außen stark eingeschränkt worden ist. Als „Amtshilfe" ist sie aber dennoch möglich, wobei eine Tendenz zur mißbräuchlichen Benutzung dieses Instruments durch die Sicherheitsbehörden (Polizei) festzustellen ist. Durch das Sozialgesetzbuch nicht eingeschränkt, sondern geradezu legalisiert wurde der Datenaustausch zwischen den einzelnen Zweigen der Sozialverwaltung, was die Gefahr einer immer stärkeren Integration der jeweils auf eine Person bezogenen Datenbestände und damit wiederum die Gefahr der Erstellung von Profilen oder Bewegungsbildern einzelner Bürger eröffnet.

3. Bildschirm-Kontrolle

Für viele mag es eine Überraschung sein, daß sie plötzlich über den Bildschirm des Fernsehgerätes, das sie doch schon seit vielen Jahren benutzen, überwacht werden könnten. Viele halten eine solche Behauptung für eine große Übertreibung. Dennoch ist an der Aussage etwas wahr: Unter bestimmten Umständen können von Fernsehteilnehmern an Kabelanlagen und von Bildschirmtext-Benutzern Aufzeichnungen über ihr Verhalten, über ihre Konsumgewohnheiten und auch ihre politischen Neigungen gemacht werden. Das sieht etwa so aus: In Pilotprojekten wird z.Zt. Pay-TV, d.h. Fernsehen auf Abruf gegen einmalige Bezahlung oder über Abonnementsgebühren, erprobt. Die Post bietet unter ihren zahlreichen Diensten auch Fernmeß- und Fernwirksysteme an (TEMEX, vgl. Kapitel I). In solchen Fällen ist der Einbau eines Gerätes notwendig, das feststellt, ob und wie oft die gebührenpflichtigen Programme oder Dienste in Anspruch genommen werden, z.B. eines „fernadressierbaren

Teilnehmerkonverters" (FAT). Damit entstehen in den die Systeme steuernden Rechnern „Benutzerspuren", die gespeichert und nach einiger Zeit ausgewertet werden. Wie weit die Auswertung geht, hängt von gesetzlichen und anderen Regelungen ab.

Von der technischen Seite her ist die Möglichkeit, individuelles Verhalten aufzuzeichnen, bei den bisherigen Kabelnetzen jedoch sehr gering, geringer jedenfalls als beim Bildschirmtext, wo jeder Schritt des Benutzers aufgezeichnet wird. „Bildschirmtext, das bedeutet ja nicht nur die Möglichkeit, einen Versandhauskatalog durchzublättern und per Knopfdruck zu bestellen, sondern auch, mit Behörden zu kommunizieren, den Lohnsteuerjahresausgleich durchzugeben oder andere Formulare auszufüllen, so daß im Zentralcomputer schließlich umfassende Informationen über den Nutzer vorhanden sind. Selbst wenn sie geschützt sind, besteht dann doch prinzipiell die Möglichkeit, Persönlichkeitsprofile zu entwickeln, und zwar in bezug auf Konsumverhalten, politische Präferenzen (Wahl von bestimmten Sendungen), Hobbies, Denkvorgänge (beispielsweise bei Fernunterricht oder Computerspielen) und auch in bezug auf den Geschäftsverkehr. Für solche Persönlichkeitsprofile gibt es Marketing-Interessen, aber auch Interessenten bei Polizei, Nachrichtendiensten, Finanzämtern etc."[4]

Nun enthält der Staatsvertrag der Bundesländer zum Bildschirmtext Paragraphen, die speziell den Umgang mit den anfallenden Daten im Zentralrechner des Btx-Systems regeln. Ob dies eine ausreichende Sicherung ist, ist umstritten. Der Leiter des Fernmeldeamtes Ulm, wo die bundesdeutsche Btx-Datenzentrale steht, ist in dieser Beziehung sehr zuversichtlich, wie sein folgendes Gespräch mit dem Medienwissenschaftler und Publizisten Dieter Prokop zeigt:

„Prokop: Herr Bork, sind Sie jetzt der Mann, an den man sich wenden muß, wenn man einen Menschen durchleuchten will und dafür Daten braucht?

Bork: Die Frage müßte ich mit Nein und mit Ja beantworten. Ich hoffe, daß mich keiner danach fragt, aber wenn mich einer danach fragen würde, wäre ich der richtige.

Prokop:	Wieso der richtige?
Bork:	Ja, ich *könnte* die Daten liefern, aber ich *werde* sie nicht liefern.
Prokop:	Aha, Sie könnten die liefern!
Bork:	Ich könnte sie liefern, jawohl, ich könnte sie liefern, ja.
Prokop:	Warum tun Sie's nicht?
Bork:	Weil ich es nicht darf, und weil ich es nicht tun werde, weil das ganz eindeutig unter Datenschutz steht, und weil ich mich einem Disziplinarvergehen aussetzen würde, wenn ich es auch nur versuchen würde.
Prokop:	Und welche Daten *liefern* Sie?
Bork:	Ich liefere nur die Daten, die sich mit Gebühren befassen. Wenn also ein Btx-Kunde, ein Btx-Teilnehmer eine gebührenpflichtige Seite abruft, dann liefere ich die Daten, die zu dieser Gebührenpflicht zählen, an das Unternehmen, was im Btx-System gebührenpflichtige Daten einspeichert, gebührenpflichtige Seiten einspeichert. Die Gebühren führe ich ab an denjenigen, der die Gebührenpflicht begründet.
Prokop:	Und die anderen Daten, die Sie nicht liefern wollen, haben Sie die dann hier auch gespeichert? Also Daten z.B., mit denen man Persönlichkeitsprofile machen kann?
Bork:	Die fallen automatisch hier im System an, aber die werden abgelegt, und die werden mit Sicherheit an keinen Benutzer außerhalb der Bundespost abgegeben, und selbst wir werten sie nicht aus, sondern das System hat diese Daten, aber sie dürfen nicht ausgewertet werden."[5]

Trotz solcher Zusicherungen befürchten viele, daß die Datenschutzregelungen nicht ausreichen. So stellte z.B. Herbert Kubicek fest, daß sich die Bundespost an Beschlüsse oder Staatsverträge der Bundesländer nicht gebunden fühlt und den Landesdatenschutzbeauftragten das Prüfungsrecht für ihren Zuständigkeitsbereich bestreitet.[6] Ein weiterer Gefahrenbereich liegt in der Aufzeichnung von Benutzerdaten durch den Rechner eines privaten Anbieters. Zwar untersagt der Staatsvertrag, daß Daten über den eigentlichen Zweck hinaus verwendet werden, doch erlaubt er, daß arglose Benutzer ihre Einwilligung zur Datenspeicherung geben.

Um also zusammenzufassen: Bei drahtloser *Verteilung* von Rundfunkprogrammen über Funkwellen kann nicht festgestellt werden, wer welche Rundfunkprogramme empfangen hat. Daran ändert sich zunächst auch nichts, wenn die Programme über

Kabelanlagen verteilt werden. Erst wenn *Vermittlungs*strukturen eingeführt werden und wenn die Vermittlung computergestützt läuft (z. B. bei Pay-TV und TEMEX), muß einerseits wegen der Abrechnung gespeichert, kann andererseits aber auch ausgewertet werden. Der Dienst Bildschirmtext ist von Beginn an ein Vermittlungssystem mit einer ganzen Reihe von Rechnern, aber auch ein System, an das die privaten Rechenanlagen zahlreicher Anbieter angeschlossen sind. Wenn private Benutzer dies nicht ausdrücklich untersagen, kann der Anbieter die gespeicherten Daten und daraus gewonnene Erkenntnisse für seine eigenen Zwecke nutzen, aber auch Daten an Dritte weitergeben, ohne daß damit der gesetzliche Datenschutz verletzt wird. Private Nutzer von Btx und anderen rechnergeschützten Diensten sollten sich dessen bewußt sein.

4. Die Volkszählung und das Recht auf informationelle Selbstbestimmung

Volkszählungen hat es schon seit mindestens zweitausend Jahren gegeben. Sie werden heute in fast allen Ländern regelmäßig durchgeführt, und die Vereinten Nationen (UNO) empfehlen, alle zehn Jahre eine Volkszählung vorzunehmen. Von den meisten Politikern, Verwaltungen und Statistikern werden Volkszählungen für unverzichtbar gehalten, um zuverlässige Zahlen über die Bevölkerung, die wirtschaftliche und gesellschaftliche Struktur als Grundlage für Gesetze und Planungen zur Verfügung zu haben. Auch das Bundesverfassungsgericht hat in dem Volkszählungsurteil von 1983 das Prinzip der Volkszählung als Totalerhebung für zulässig erklärt. Allerdings sind Volkszählungen nicht immer nur für statistische Zwecke durchgeführt worden. Gerade in Deutschland haben wir Grund, in dieser Hinsicht mißtrauisch zu sein. Die Volkszählung des Jahres 1939 z. B. diente eindeutig der Totalerfassung der Bevölkerung, um die Kriegswirtschaft zu organisieren, und sie diente der Bildung von Karteien für die vollständige Erfassung der jüdischen Bürger, um ihre Vernichtung vorzubereiten. Bemerkenswerterweise gibt es auch hochindustrialisierte Länder (Holland), die auf

Volkszählungen verzichten und sich auf andere statistische Verfahren verlassen.

Die öffentliche Diskussion um die Volkszählung 1983 ist wohl aus dem sich verbreitenden gesellschaftlichen Bewußtsein der immer zahlreicheren Gefährdungen personenbezogener Daten zu erklären. Das Mißtrauen vieler Bürger wurde schließlich durch die Tatsache bestätigt, daß die in der Volkszählung erhobenen Daten nicht nur für statistische Zwecke, sondern auch für die Korrektur der Melderegister in den kommunalen Einwohnermeldeämtern verwendet werden sollten. Gegen diese Absicht hatten bereits amtliche Datenschützer und informierte Kritiker bei der Vorbereitung des Gesetzes Einspruch erhoben. Das Bundesverfassungsgericht gab ihnen in seinem richtungsweisenden Urteil vom 15. Dezember 1983 recht. Es erklärte die für 1983 geplante Volkszählung für verfassungswidrig und erließ strenge Auflagen für die Neufassung des entsprechenden Volkszählungsgesetzes.

Wichtiger als die Entscheidung im Volkszählungsurteil ist möglicherweise die *Begründung*, denn das Bundesverfassungsgericht entwickelte dabei den Begriff des „Rechts auf informationelle Selbstbestimmung" fort, der in Zukunft eine Schlüsselstellung in der gesamten Datenschutzdiskussion einnehmen könnte. Dieses Recht geht von dem grundgesetzlichen Schutz der Persönlichkeit und der Freiheit der Selbstdarstellung aus und verlangt, daß jeder – auch unter den Bedingungen der neuen Techniken der Erhebung, Speicherung und Verarbeitung von persönlichen Daten – darüber mitzubestimmen hat, „wer was wann und bei welcher Gelegenheit über ihn weiß", und es unterstreicht die Befugnis des einzelnen, „grundsätzlich selbst über die Preisgabe und Verwendung seiner persönlichen Daten zu bestimmen."[7]

Das Bundesverfassungsgericht wollte mit diesem Recht auf informationelle Selbstbestimmung aber nicht nur die persönliche Freiheit des einzelnen im Zeitalter der Informations- und Kommunikationstechnologien sichern, sondern sieht das Recht auf informationelle Selbstbestimmung auch als „eine elementare Funktionsbedingung eines auf Handlungs- und Mitwirkungsfähigkeit seiner Bürger begründeten freiheitlichen demokratischen Gemeinwesens."[8]

Damit wird dem Datenschutz und allen politischen Bestrebungen zur Abwehr von hemmungslosen Datenerhebungen, Datenaustausch und Datenverarbeitung bescheinigt, daß sie zum Schutz der Demokratie notwendig und wünschenswert sind.

Bundes- und Landesbeauftragte für den Datenschutz haben erklärt, daß das 1985 vom Bundestag beschlossene Gesetz für die Volkszählung am 25. Mai 1987 den Auflagen des Bundesverfassungsgerichtes Rechnung getragen hat. Es bestimmt, daß die Durchführung der Zählung von den Verwaltungsstellen, die Interesse an den Daten haben könnten, abgeschottet werden müsse, daß bestimmte Personengruppen nicht als Zähler eingesetzt werden dürfen, daß die Bürger den Weg wählen können, wie sie ihre Erhebungsbogen an die Zählstellen gelangen lassen, daß Identifizierungsmerkmale (Name, Adresse) von den Bögen getrennt aufzubewahren und frühestmöglich zu löschen sind, daß keine Einzelangaben und welche Zahlen überhaupt weitergegeben werden dürfen.

Dennoch gab es im Vorfeld auch dieser Volkszählung erneut Kritik und Boykottaufrufe. Die Argumente lassen sich in den folgenden Punkten zusammenfassen:
– Datenschützer beanstandeten, daß in den Durchführungsverordnungen der Bundesländer die Trennung von Volkszählung und Verwaltung nicht ausreichend sichergestellt würde;
– Informatiker und andere Kritiker der zunehmenden gesellschaftlichen Informatisierung behaupteten, daß die maschinelle Erfassung und Verarbeitung von Einzelangaben und ihre Aufbewahrung in zusammengefaßter (aggregierter) Form es interessierten Behörden und Diensten oder Privatpersonen möglich machen würden, jede gewünschte Person zu „reidentifizieren";
– schließlich bezweifeln viele Statistiker und Sozialwissenschaftler, daß Volkszählungen als Totalerhebungen prinzipiell und erst recht in dieser Form notwendig und sinnvoll seien.[9]

Die beiden ersten Einwände lassen sich vielleicht durch entsprechende Regelungen entkräften. Der dritte Einwand stellt die Volkszählung generell als wirksames Instrument für politische Planung in Frage. Er kann allerdings nicht ausschließen, daß bei anderen Formen staatlicher oder privater Datenerhebungen der Schutz der Privatsphäre der Bürger und das „Recht auf informationelle Selbstbestimmung" nicht ebenfalls verletzt werden. In vielen anderen Bereichen dürften die Gefahren sogar erheblich größer sein als im Bereich statistischer Datenerhebung.

5. Polizei-Informationssysteme und Sicherheitsgesetze

„Die Terroristen, die die Staatsorgane der Bundesrepublik seit Anfang der siebziger Jahre herausgefordert haben, werden in der Geschichte unseres Landes nicht nur als erfolglose Revolutionäre, Mörder und Entführer verzeichnet werden; sie sind auch mitverantwortlich für höchst problematische Entwicklungen bei den Sicherheitsbehörden, die als Reaktion auf diese Herausforderung begonnen haben und vielleicht viel länger wirken werden als der Terrorismus aktiv ist – Entwicklungen hin zu verstärkter Nutzung der Technik bei geringer Rücksicht auf die Freiheitsrechte der Bürger [...]
Würden die Maßnahmen, die speziell zur Terrorismusabwehr ersonnen worden sind, wieder abgeschafft, so entfielen wesentliche Gründe für die Sorge, daß die Bundesrepublik auf dem Weg in den Überwachungsstaat sei. Aber es ist nicht erkennbar, daß diese Instrumente abgebaut oder wesentlich reduziert werden sollen; manche werden vielmehr auf andere Gebiete der Kriminalitätsbekämpfung übertragen und ein Verzicht auch nur auf Teile des inzwischen erreichten technischen Komforts wird von denen, die damit arbeiten, ebensowenig erwogen wie von den jetzt politisch Verantwortlichen [...]"[10]

Ähnlich wie Militär und Sozialversicherung gehört auch die Polizei zu den Vorreitern bzw. den Hauptinteressenten an der Verwendung der Informationstechnik, insbesondere des Computerverbundes. In der Bundesrepublik wurde ein polizeieigenes Informationssystem mit Rechnerunterstützung seit 1972 aufgebaut. Dies begann mit der Aufstellung eines Rechners im Bundeskriminalamt und der Errichtung von 35 Datenstationen bei Grenzdienststellen und auf dem Flughafen Frankfurt. 1984 waren bereits über 2500 Datenendgeräte bei Zoll, Grenzdienststellen, Polizeidienststellen, Landeskriminalämtern und dem Bundeskriminalamt installiert.

Seit 1981 liegt ein zukunftsorientiertes Gesamtkonzept für die dezentrale und zentrale Informationserfassung, -verarbeitung und -speicherung aller polizeirelevanten Daten vor, das *INPOL-System*. Technisch wird dementsprechend ein besonderes Datennetz für die Polizei auf digitaler Grundlage aufgebaut, das DISPOL (Digitales Sondernetz der Polizei), das bis 1990 voll funktionieren soll. INPOL umfaßt eine Reihe von Dateien, von denen einige frühere Sammlungen von Daten handschriftlicher oder maschinenschriftlicher Art ersetzen, wie z.B. die Fahndungskartei. INPOL umfaßt aber auch umstrittene oder rechtlich bedenkliche Dateien, wie z.B. die Sammlung von Daten, die sich aus der „polizeilichen Beobachtung" von Personen ergeben, die nicht zur Fahndung ausgeschrieben sind. Dabei werden zum Teil über Jahre hinweg umfangreiche Sammlungen von Informationen angelegt, ohne daß es eine ausreichende rechtliche Begründung dafür gäbe.

Als problematisch gilt auch der *Kriminalaktennachweis (KAN)*, der herauszufinden erlaubt, ob gegen einen Verdächtigen oder eine von der Polizei irgendwie beobachtete Person Kriminalakten bei Polizeidienststellen gespeichert sind. Daneben gibt es noch Dateien zur Sachfahndung, Haftdateien, Dateien von erkennungsdienstlichen Daten, zentrale Aktenerschließungssysteme, Spurendokumentationssysteme, Falldateien für Straftaten von bundesweiter Bedeutung, zentrale Tatmittelnachweise für bestimmte Kriminalitätsbereiche usw. Nach den Aktennachweissystemen werden auch zunehmend Aktenauswertungssysteme, wie z.B. das System PIOS (Daten über Personen, Institutionen, Objekte und Sachen), entwickelt. Sie erlauben, nicht nur festzustellen, ob es irgendwo Aufzeichnungen oder Akten über eine bestimmte Person gibt, sondern auch, welche Inhalte in diesen Akten enthalten sind, welche weiteren Personen dort erwähnt werden usw. Datenschutzbeauftragte und Kritiker beklagen vor allem, daß Informationen zu Personen und Tatbestände gesammelt und über Jahre gespeichert werden, die unberechtigterweise zum Gegenstand von Beobachtungen werden bzw. aus zufälligen Zusammenhängen in die Akten hinein geraten sind. Zweiter Kritikpunkt ist, daß solche

Daten nach Abschluß des jeweils speziellen Falles oder der speziellen Ermittlung nicht gelöscht werden. Gegenstand der Kritik sind auch die Datenquellen der Polizei, d. h. wie Informationen beschafft werden, die dann in die verschiedenen Informationsverarbeitungssysteme gelangen und dort schließlich mit möglichen Nachteilen für zufällig Betroffene verarbeitet werden.

Zu den bereits vorhandenen Systemen werden ständig neue hinzu entwickelt, z. B. Spurendokumentationssysteme (SPUDOK) und schließlich Informationssysteme, in denen besondere Vorgehensweisen und andere Eigenschaften von Strafdelikten gespeichert werden sollen, um so möglicherweise Täter aufgrund ihrer typischen Vorgehensweise zu identifizieren.

Seit Ende 1985 haben die Bedenken gegen die sich ausbreitenden Polizeiinformationssysteme neue Nahrung erhalten, und zwar wegen der Vorbereitung einer Reihe von Gesetzesänderungen, den sog. Sicherheitsgesetzen. Begründet wurden sie mit der notwendigen Anpassung bestehender Gesetze an neue Probleme des Datenschutzes und an die Maßstäbe, die sich aus dem Volkszählungsurteil vom Dezember 1983 ergeben. Das dem Bundestag im Februar 1986 vorgelegte „Paket" bestand aus folgenden Gesetzentwürfen:

– Gesetz über den militärischen Abschirmdienst (MAD)
– Änderung des Bundesdatenschutzgesetzes
– Änderung des Verwaltungsverfahrensgesetzes
– Änderung des Bundesverfassungsschutzgesetzes
– Änderung des Straßenverkehrsgesetzes (Regelungen zur Nutzung der Dateien über das Informationsprogramm ZEVIS)
– Paßgesetz
– Änderung des Personalausweisgesetzes
– Gesetz über die informationelle Zusammenarbeit der Sicherheits- und Strafverfolgungsbehörden des Bundes und der Länder in Angelegenheiten des Staats- und Verfassungsschutzes und nachrichtendienstlicher Tätigkeit (Zusammenarbeitsgesetz)
– Gesetz zur Änderung der Strafprozeßordnung durch Einfügung des § 163 d (Schleppnetzfahndung)

Datenschützer, Verfassungsjuristen, Vertreter der Polizeigewerkschaft und mehrere Innenminister der Länder haben an diesem „Paket" gerügt, daß seine Zielsetzung weniger darin besteht, daß „Recht auf informationelle Selbstbestimmung" zu konkretisieren und den Datenschutz an neue Tatbestände der Datenverarbeitung im Sicherheitsbereich anzupassen, als vielmehr im Ausbau der Vernetzung von Informationssystemen, der Erleichterung der datenmäßigen Erfassung von immer mehr Bürgern und der Verwischung der vom Grundgesetz gewollten effektiven Trennung von polizeilichem und geheimdienstlichem Bereich.

Hauptpunkte der Kritik sind dabei die Einführung maschinenlesbarer Ausweise (Personalausweis und Paß), durch die der sekundenschnelle Abruf von Informationen aus allen möglichen Dateien machbar wird, die Legalisierung der „Schleppnetzfahndung" durch den neuen § 163 d der Strafprozeßordnung und die durch das Zusammenarbeitsgesetz verankerte Verpflichtung der Polizei, den Geheimdiensten Erkenntnisse mitzuteilen, die für deren Aufgabenerfüllung von Bedeutung sein könnten.

Inzwischen hat der Bundestag die Gesetze über den maschinenlesbaren Personalausweis und den maschinenlesbaren Paß verabschiedet. Zugleich wurde der neue § 163 d in die Strafprozeßordnung eingefügt. Außerdem wurde das Straßenverkehrsgesetz insofern geändert, daß über Datenfernübertragung eine automatische Abfrage des Zentralen Verkehrsinformationssystems (ZEVIS) zulässig ist.

Angesichts der damit erheblich erweiterten Befugnisse der Polizei, durch automatische Ausweiskontrolle schneller und damit vermutlich auch häufiger die verschiedenen Informationssysteme abzufragen und dort zugleich zusätzliche Daten zu speichern, erscheint die zu Beginn des Jahres 1987 neu entflammte politische Diskussion um die Problematik der Volkszählung als ein Gefecht auf dem falschen Schlachtfeld. Die wirklichen Gefahren liegen eher beim Ausbau der Datenerfassungs- und Verarbeitungskapazität der Polizei und ihrer Verknüpfung mit den Informationssystemen der unterschiedlichen Nachrichtendienste.

VI. Gegenstrategien

In den ersten *fünf* Kapiteln dieser Darstellung sind eine ganze
Reihe von Gefahren aufgezeigt worden, die mit der Einführung
der Neuen I+K-Techniken verbunden sind. Es ist dort jeweils
auch schon angesprochen worden, welche Möglichkeiten zur
Eindämmung dieser Gefahren bestehen. Im nun folgenden, ab-
schließenden Kapitel soll zusammengefaßt werden, wer sich aus
welchen Motiven mit welchen Vorschlägen für eine Begrenzung
oder Veränderung der Anwendung dieser neuen Technologien
einsetzt. Am Ende soll die Frage stehen, ob es ein überzeugen-
des politisches Konzept gibt, das die Probleme übergreifend
erfaßt und vernünftige, machbare Lösungen vorschlägt.

1. Gegenstrategien im Betrieb

Die unterste Ebene und zugleich die einfachste Form des Wi-
derstandes gegen die Einführung von informationstechnischen
Systemen der Kontrolle der Arbeitsleistung und damit der Intensivierung der Arbeit ist der spontane und unorganisierte Widerstand am Arbeitsplatz durch den einzelnen oder durch
Gruppen von Beschäftigten. Daß es gar nicht so einfach ist,
bruchlos und ohne Schwierigkeit die elektronische Datenverarbeitung in Betrieben und insbesondere in der Produktion ein-
zuführen, zeigen Fred Manske und Werner Wobbe-Ohlenburg,
die über die Ergebnisse des Forschungsprojektes des Soziologi-
schen Forschungsinstitutes in Göttingen berichten.[1] Sie zeigen
an Beispielen, wie es über die Einführung von EDV zu Konflikten innerhalb des oberen und mittleren Managements kommt
und sich in der Folge Teile der Führungskräfte mit der Belegschaft verbünden, um die Einführung der neuen Systeme aufzu-
halten oder zu verlangsamen. Ein zweites Beispiel zeigt auf, daß
die Meister in der Produktion in einer zwiespältigen Position

zwischen Betrieb und Arbeiter stehen. Sie müssen die Interessen der Arbeiter vertreten, um ihre Stellung zu behaupten, aber sie müssen auch aus eigenem Interesse gegen die Einführung der neuen Systeme sein, da sie bisher selbst deren Funktionen der Leistungs- und Verhaltenskontrolle ausgeübt haben.

Im dritten Beispiel wird gezeigt, wie die Arbeiter offen gegen ein Anziehen der Leistungsschraube auf Grund der verbesserten Kontrollmöglichkeiten durch EDV-Einsatz rebellierten und damit Zeitnehmer und Kalkulatoren in Begründungsprobleme und in allgemeine Schwierigkeiten brachten. Die ständigen Störungen des Betriebsablaufs verursachten dabei so viele Nachteile für das Unternehmen, daß es sich schließlich auf einen Kompromiß mit der Belegschaft einließ und übersteigerte Leistungsvorgaben zurücknahm.

Ein viertes Beispiel zeigt schließlich, daß auch im Bereich der EDV eine doppelte Realität in den Betrieben entsteht. Offiziell wird angenommen, daß die EDV genau meldet, wann welcher Arbeitsprozeß abgeschlossen ist, und daß daraus durchschnittliche Arbeitszeiten errechnet und Arbeitsvorgaben abgeleitet werden können. Inoffiziell sieht der Betriebsablauf faktisch ganz anders aus, aber diese Abweichung von der gemessenen Realität wird offiziell nicht zur Kenntnis genommen. Es besteht also ein stillschweigendes Einverständnis zwischen Beschäftigten, Meistern und Management, daß die Arbeiter sich die Arbeit auch weiterhin nach eigenen Entscheidungen einteilen können, so daß ihre Arbeitszufriedenheit so weit erhalten bleibt, daß die Arbeitsprozesse einigermaßen reibungslos ablaufen.

Als Schlußfolgerung aus ihrer Untersuchung empfehlen die beiden Autoren den betrieblichen Interessenvertretungen, auf den erwähnten Widersprüchlichkeiten des Prozesses der Einführung von EDV eine Gegenstrategie zu begründen.

Dies führt uns zur zweiten Ebene betrieblicher Gegenstrategien, nämlich zu den rechtlichen Mitteln, die den Betriebsräten und Personalvertretungen zur Verfügung stehen, wenn die Einführung von informationstechnischen Systemen ansteht.

Zunächst bietet das Betriebsverfassungsgesetz von 1972 eine Reihe von rechtlichen Handhaben für die Betriebsräte und dort

vor allem die §§ 75 (2) („Freie Entfaltung der Persönlichkeit"),
80 (2) („Allgemeine Unterrichtung"), 87 (1) („Einführung und
Anwendung von technischen Einrichtungen, die dazu bestimmt
sind, das Verhalten oder die Leistung der Arbeitnehmer zu
überwachen"), 90 („Unterrichtung und Beratung bei Gestaltung von Arbeitsplatz, Arbeitsablauf und Arbeitsumgebung"),
91, 92 („Personalplanung"), 106 („Wirtschaftsausschuß"), 111
(„Betriebsänderungen"). Systematisch werden die Beteiligungsrechte des Betriebsrats bei Einführung von EDV-Systemen im
folgenden, gegliedert nach Interessenbereichen, dargestellt:

Tab. 7: Beteiligungsrechte des Betriebsrats beim EDV-Einsatz, gegliedert
nach Interessenbereichen

Interessen-bereich	Handlungsproblem	Art der Beteili-gung	§§
Arbeitsver-hältnis	Auswirkungen des EDV-Systems auf Arbeitsvolumen und Beschäftigungsverhältnisse		
	○ Personalmehr-/minderbedarf/-umstrukturierungen	0	92, 106 i.V.m. 108(4), 111
	○ Einstellungen/Entlassungen/Versetzungen	+	99, 102
	○ Arbeitszeitregelungen (u.a. Teilzeitarbeit, Schicht)	++	87(1) 2, 3
	○ Mehrarbeit	++	87(1) 2
	○ Fremdfirmen/Berater	−	
	○ Heimarbeit	−	
Belastung/Beanspru-chung/Ge-sundheit	Äußere, durch den EDV-Einsatz verursachte oder mitbedingte Einwirkungen auf die Arbeitenden und ihre Auswirkungen im Menschen		
	○ psychisch-informatorische Belastung/Beanspruchung/Streß	0	90
	○ physische Belastung und Beanspruchung	0/+	90, 91
	○ Mehrfachbelastungen	0	90
	○ Monotonie	0	90

Interessen-bereich	Handlungsproblem	Art der Beteili-gung	§§
	o Verantwortung	0	90
	o Gesundheitsgefährdung	+ +	87(1) 7
	o Arbeitsmedizin, Vorsorge/Über-wachungsuntersuchungen	+ +	87(1) 7, 95*
Arbeitsin-halt/Arbeits-organisation	Auswirkung des EDV-Einsatzes auf Art und Umfang der Arbeits-aufgaben sowie die Arbeitsteilung		
	o Handlungs-/Entscheidungs-/Ge-staltungsspielräume	0	90
	o Mindestarbeitsinhalte/Mischa-rbeit	0	90
	o job-enrichment/-enlargement/-rotation/Gruppenarbeit	0	90
	o Dauer von Teilarbeiten/Arbeits-zyklen	0/+	90, 91
	o Qualifikationsanforderungen (motorisch, geistig, sozial)	0	90
Qualifika-tion/Qualifi-zierung	Persönliche Eignungs- und Lei-stungsvoraussetzungen zur Bewäl-tigung von EDV-spezifischen An-forderungen, einschl. darauf bezo-gener Maßnahmen		
	o Qualifizierungsmaßnahmen (intern/extern)	0/+/+ +	90, 96–98
	o Qualifikationsstrukturen (z. B. von Belegschaften)	(−)	(92, 96)
	o Berufsbilder	(−)	(92, 96)
	o Eignungsuntersuchungen	+ +	95*
Persönlich-keit	Auswirkungen des EDV-Einsatzes auf die persönliche Befindlichkeit und Gestimmtheit, Einstellungen und Verhaltensweisen in und au-ßerhalb der Arbeitssituation		
	o Arbeitszufriedenheit	0	90
	o Selbstentfaltung/Entfremdung	0	90, 75 (2)

Interessen-bereich	Handlungsproblem	Art der Beteiligung	§§
Führung, Anleitung und Kontrolle	Direkte oder indirekte Auswirkungen des EDV-Einsatzes auf die Über- und Unterordnung im Betrieb sowie die Überwachung der Arbeitenden (auch in der Privatsphäre)		
	o Hierarchie/Aufbauorganisation	–	
	o Vertikale Kooperation/Vorgesetztenbeziehungen	–	
	o Verhaltens- und Sanktionsregelungen (z.B. Betriebsordnung)	++	87(1)1
	o Leistungskontrolle/Verhaltenskontrolle	++	87(1)6 u. 1**
	o Datenschutz	++	87(1)6
	o Personalbeurteilungen	++	94
Kommunikation und Kooperation	Auswirkungen des EDV-Einsatzes auf die Zusammenarbeit sowie den Austausch von Informationen und das Kommunikationsverhalten		
	o technische Kommunikation (Terminals, electronic mail)	0	90
	o organisatorische Regelungen (z.B. Anwesenheitspflicht)	++	87(1)1
	o Steuerung Informationsflüsse/ Kommunikationspartner	–	
Lohn, Leistung	Auswirkungen des EDV-Einsatzes auf Entlohnungsgrundsätze und -methoden, Einkommensniveau und -strukturen sowie auf die (abgeforderten, erbrachten) Arbeitsleistungen		
	o Ein-/Umgruppierungen	++	99
	o Eingruppierungsmerkmale	(++)	87(1)10, 11***
	o Leistungsentlohnung	(++)	87(1)10, 11***
	o Arbeitsintensität	0	90**

Erklärung der Zeichen:

*	Initiativrecht nur in Betrieben mit über 1000 Beschäftigten
**	Bei leistungs- und ergebnisabhängigen Entlohnungsmethoden ist auch ein Mitbestimmungsrecht nach § 87(1) 11 einschlägig
***	Nur im Rahmen des Tarifvorbehalts nach §§ 79(3), 87(1) S. 1
−	kein Beteiligungsrecht
0	Unterrichtungs- und Beratungsrecht
+	Vetorecht
++	Initiativ-Mitbestimmungsrecht

Quelle: Dietrich Cornelius und Lothar P. Schardt: Direkte Arbeitnehmerbeteiligung bei der betrieblichen EDV-Systementwicklung. In: Neue Medien und Technologien – wie damit umgehen? Berlin 1984, S. 40.

Als problematisch erweist sich dabei, daß das geschriebene Recht nicht direkt auf konkrete Situationen anwendbar ist bzw. daß von Unternehmerseite die Rechte des Betriebsrates einfach ignoriert werden. Ein zweites Problem ist die zeitliche und fachliche Überforderung der Betriebsräte, und schließlich wird von den Autoren auch festgestellt, daß Betriebsräte oft die mit der Einführung von EDV-Systemen verbundenen Gefahren nicht angemessen erkennen. Wenn es zu einer angemessenen Aktion von Betriebsräten und Belegschaft kommt, dann kann die Zielsetzung in unterschiedlichen Regelungen bestehen, die meist die Form von Betriebsvereinbarungen annehmen. Dabei gibt es sowohl Regelungen, die bestimmte nachteilige Ergebnisse der Einführung der Informationssysteme vermeiden sollen (z. B. Entlassungen, Abstufungen), und andererseits solche, die eine Mitwirkung der Betroffenen und ihrer Vertreter während des Prozesses der Einführung der EDV-Systeme anstreben.

Beide Wege sind gangbar, am wirkungsvollsten sind jedoch Betriebsvereinbarungen, die beide Elemente enthalten. Nach den gewerkschaftlichen Vorstellungen sollen über diese Betriebsvereinbarungen auch die Rechte der Arbeitnehmer auf Mitbestimmung am Arbeitsplatz schrittweise erweitert werden. Dabei ist jedoch mit heftigem Widerstand von seiten der Unternehmensleitungen zu rechnen. Deshalb wird eine Durchsetzung solcher Forderungen auf einer anderen Ebene, nämlich über tarifrechtliche Vereinbarungen ins Auge gefaßt. Tarifverträge können Bestimmungen über den notwendigen Abschluß von Betriebsvereinbarungen im Falle der Einführung von informationstechnischen Systemen enthalten. Um das Defizit der Arbeitnehmervertreter und der jeweiligen betroffenen Arbeitnehmer in puncto Wissen über die neuen Systeme zu überwinden, schlagen die Vertreter der Gewerkschaften die Einrichtung betrieblicher Arbeitskreise vor, in denen sich Arbeitnehmer das notwendige Wissen aneignen können. Soweit diese Arbeitskreise innerhalb der Arbeitszeit zusammentreten, ist damit zugleich eine andere Forderung realisiert, die auf Verkürzung der Arbeitszeit innerhalb der Arbeitszeit hinausläuft. Dies ist eine Strategie, die durch Produktivitätszuwachs und gesamtbetriebliche Rationalisierung frei werdende Arbeitszeit im beiderseitigen Interesse sinnvoll zu nutzen und damit Entlassungen bzw. Schrumpfen der Beschäftigtenzahl zu vermeiden.

Für eine offensive Strategie plädiert Ulrich Briefs:

„Die Entwicklung vollzieht sich vor allem in den konkreten Anwendungsbetrieben. Die Betriebe müssen sich in vielfältigen Formen die betrieblichen Bedingungen und das Wissen der Beschäftigten hierüber zunächst erschließen. Die notwendige Beteiligung der Beschäftigten gibt Ansatzpunkte für Gegenwehr, für Druck, für Widerstand, mit einem Wort für eine ‚Mitbestimmung‘, die wieder Kampfaufgabe wird. Die Entwicklung erfolgt im Rahmen eines langen, mühseligen, betrieblichen Prozesses, der an vielen Stellen von den in den Betrieben Herrschenden und ihren Spezialisten noch nicht gemeistert wird [...] Eine ständige bewußte und bewußt machende Diskussion in den Betrieben, die z.B. laufend die sozialen Auswirkungen der Systeme der neuen Technologien offenlegt und auch in Ansätzen Alternativen diskutiert, schafft Bedingungen, gegen die das Management seine Systeme nicht oder nur unter unvertretbar hohen Kosten entwickeln kann. Diese Art von Widerstand durch ständige offene Diskussion muß von den Gewerkschaften auf breiter Front und mit ständig neuer Beweglichkeit organisiert werden.

Hierzu sind die traditionellen Mittel gewerkschaftlicher Betriebspolitik, d.h. die Gründung von Arbeitskreisen für EDV-Fragen, für Personal-Informations-Systeme und ähnliches, Aufklärungskampagnen, in denen eine klare Sprache gesprochen wird, die Schaffung von Zusammenarbeit und gegenseitiger Information der verschiedenen Teile der betrieblichen Interessenvertretung, [...] die Verweigerung bestimmter Zubringerdienste u.ä. zu organisieren.“[2]

2. Verbraucher und Bürgerinitiativen gegen Verkabelung und Vernetzung

Das Jahr 1983 ist von vielen Politikern und Vertretern der elektronischen Industrie als Jahr des Einstiegs in die Informationsgesellschaft gefeiert worden, weil in diesem Jahr die flächendeckende Breitbandverkabelung begonnen, der erste europäische Fernmeldesatellit ECS in seine Umlaufbahn gebracht, der Start der Kabelpilotprojekte vorbereitet und schließlich die bundesweite Einführung des neuen Dienstes Bildschirmtext (Btx) gefeiert wurde. Vier Jahre später hat die Begeisterung des Jahres 1983 einer spürbaren Ernüchterung Platz gemacht. Mit 1,9 Millionen verkabelter Haushalte, die die neuen privaten Programme empfangen können, sind erst 8% der Fernsehhaushalte in die neue Fernsehwelt eingetreten, und die beiden privaten Fernsehprogramme SAT 1 und RTL plus sind noch weit von der Kostendeckung entfernt. Die Kabelpilotprojekte haben nur mit Mühe (Ludwigshafen und Dortmund) oder gar nicht (München und Berlin) die geplanten Teilnehmerzahlen erreicht. Dabei ist ihr experimenteller Auftrag völlig in den Hintergrund getreten. Der neue Dienst Btx schließlich hat sich in bezug auf seine Akzeptanz durch die privaten Haushalte als Fehlschlag erwiesen. Statt einer Million ursprünglich geplanter Teilnehmer hatte er Ende 1986 erst knapp 60 000 Teilnehmer aufzuweisen. Diese Tatsachen belegen, daß die Bereitschaft der Verbraucher, die allerneueste und angeblich auch allerbeste Technik zu benutzen, von den Technologieoptimisten in Regierung, Industrie und Wissenschaft weit überschätzt worden ist.

Es gibt eine Reihe von Umfragen, die aufzeigen, daß ein erheblicher Teil der Bevölkerung die Vermehrung der Fernsehprogramme nicht für vordringlich halten, und daß diejenigen, die mehr Fernsehprogramme begrüßen, von diesem Wunsche sehr schnell Abstand nehmen, wenn seine Verwirklichung mit der Zahlung zusätzlicher Gebühren verbunden ist.

Durch die öffentliche Diskussion der letzten Jahre ist das Bewußtsein vieler Menschen in bezug auf den möglichen Mißbrauch von technisch erfaßten, gespeicherten und verarbeiteten Daten gewachsen. Viele haben deshalb erhebliche Vorbehalte gegen den Aufbau von immer mehr Rechnerkapazität und neuen Informationssystemen und damit auch gegen den weiteren Ausbau der Netze und Dienste der Bundespost. Die schwankende Haltung der Post und wechselnde Entscheidungen über Gebühren und Sonderangebote haben die Überzeugung nicht gestärkt, daß es sich bei den neuen Systemen um etwas Nützliches und Brauchbares handelt. Es ist also auch in Zukunft durchaus möglich, daß die Pläne zum weiteren Ausbau der Computernetze erheblich beeinträchtigt werden, weil die Verbraucher nicht „mitspielen". Da solche Entscheidungen über großtechnische Infrastrukturen den Wählern nie in Form einer Volksabstimmung vorgelegt werden, könnte man die Enthaltung der Verbraucher auch als eine „Abstimmung mit der Steckdose" verstehen.

Wie der Tanker in seiner Unbeweglichkeit die einmal eingeschlagene Richtung beibehält, so auch oft die etablierte Politik. Der Marsch ins informationstechnische Zeitalter, in den 70er Jahren diskutiert und beschlossen, wird nun in den 80er Jahren ohne Rücksicht auf Bedarf und Kosten oder gar auf die Zustimmung der Betroffenen umgesetzt. Das gilt für den Ausbau der Polizeiinformationssysteme und für den dazu notwendigen maschinenlesbaren Personalausweis ebenso wie für die beschleunigte flächendeckende Verkabelung, die Digitalisierung und Integration der Fernmeldedienste und den Beginn der Glasfaserverkabelung.

Zwar können die Bürger dies alles durch persönliche Verweigerung verlangsamen und vielleicht im einen oder anderen Fall auch zum Scheitern bringen. Aber oft müssen sie erst darauf aufmerksam gemacht werden und das häufig gegen die Einheitsmeinung der öffentlichen und privaten Massenmedien. In der Erzeugung einer spontanen, oft nur lokal wirksamen, manchmal auch bundesweit „vernetzten" Gegenöffentlichkeit liegt die wichtigste politische Bedeutung von Bürgerinitiativen. Im Gefolge der Diskussion um die „neuen Medien" hat es viele Bürgerinitiativen gegeben. Sehr oft waren dies die typischen

Ein-Punkt-Initiativen. Beispielhaft dafür waren die Volkszählungs-Boykott-Initiativen des Jahres 1983.

Eine der frühesten Initiativen im Problembereich „Privatisierung des Rundfunks" war der *Klingenmünster Kreis*, der sich für die Verbesserung der bestehenden Programme und gegen die Vermehrung von Rundfunkprogrammen eingesetzt hat. Aufschlußreich für seine Zielsetzung ist der Aktionskatalog seines Gründungsmanifestes.[3]

VI. Unsere Aufgaben und unsere nächsten Schritte

33. Wir sehen unsere Aufgaben auf zwei Ebenen:

Erstens: Wir wollen die öffentliche Debatte mit dem Ziel fördern, die Fernsehprogramme nicht zu vermehren. Der Klingenmünster Kreis wird die Öffentlichkeit zu überzeugen versuchen, daß es in unserem Land Wichtigeres gibt als den Aufbau von Kabel- und Satellitenfernsehen.

Zweitens: Wo die politischen Entscheidungen dennoch zugunsten der Einführung von Kabel- und Satellitenfernsehen ausfallen, wird der Klingenmünster Kreis möglichst viele zu gewinnen versuchen, die sich persönlich das humane und soziale Miteinander nicht durch die neue Fernsehwelt zerstören lassen wollen und deshalb auf Kabelanschluß und Parabolantenne verzichten, sich notfalls dagegen wehren werden.

Der Klingenmünster Kreis wird dann auch dafür eintreten, den kommerziellen Einfluß auf Kabel- und Satellitenprogramme so gering wie möglich zu halten.

34. Wir werden gleichzeitig alle Ansätze zur Verbesserung der vorhandenen Fernsehprogramme fördern. Wir treten ein für lokale, bürgernahe, auch Minderheiten berücksichtigende Programmteile im Rahmen der bestehenden Rundfunkordnung. Wir werden uns dabei gleichzeitig für die Erhaltung der publizistischen Arbeitsteilung und Vielfalt zwischen Presse und Rundfunk einsetzen.

35. Der Klingenmünster Kreis wird im einzelnen folgendes zu unternehmen suchen:

(1) Wir werden Stellungnahmen für Presse und Rundfunk veröffentlichen und Pressekonferenzen abgeben.

(2) Wir werden Experten und Gutachten über die Wirkung des Fernsehens und vermehrten Fernsehkonsums und wir werden die Erfahrungen anderer Länder für die Diskussion in unserem Land fruchtbar machen.

(3) Wir werden Publikationen, Flugblätter, Essays etc. herausgeben.

(4) Wir werden Anzeigen, Aufkleber etc. publizieren und vertreiben.

(5) Wir werden Referenten und Sachverständige bereitstellen, z.B. zur Diskussion mit Gruppen in Verkabelungsbereichen, die gegen Kabelfernsehen sind. Unser Ziel ist der Aufbau eines solchen Kreises von Sachverständigen, die den einzelnen Gruppen im Land bei ihrer Arbeit helfen könnten.

(6) Wir wenden uns gegen die geplanten Kabelpilotprojekte, die einen Einstieg in das Kabelfernsehen bedeuten. Wenn es dennoch dazu kommt, werden wir Gegeninformationen gegen die schon erkennbare beschönigende Propaganda für das Kabelfernsehen bereitstellen. Und wir werden die dazu geplante Begleitforschung kritisch beobachten.

VII. Appell

36. Wir appellieren an die Politiker, keine öffentlichen Gelder für die Vermehrung der Fernsehprogramme und ihre Kommerzialisierung auszugeben.

37. Wir appellieren an die Medienverantwortlichen, speziell die Verleger, die Gewaltenteilung zwischen privaten Druckmedien und öffentlich-rechtlichem Rundfunksystem im Interesse unserer Demokratie aufrechtzuerhalten.

38. Wir appellieren an jeden einzelnen – nicht in Ohnmacht vor angeblichen Sachzwängen im Bereich der Medien zu verharren und – den Klingenmünster Kreis bei seiner Arbeit zu unterstützen durch Weitersagen, durch Mitgliedschaft, durch Spenden, durch aktive Mitarbeit.

War der Klingenmünster Kreis noch eine Bürger-Initiative im Wortsinn, so haben sich die meisten aktiven Gruppen eher im Bereich der „Alternativszene" gebildet. Ihre Selbstbezeichnung ist zumeist „Anti-Kabelgruppe". Auch wenn die Mitglieder der Gruppe im Laufe der Zeit zu einem besseren Überblick und zu einer Gesamtschau der Probleme gelangen, müssen sie ihre politischen Aktionen doch an Einzelproblemen „aufhängen".[4] Erfolgreich waren Ein-Punkt-Gruppen in den letzten Jahren vor allem in den Kampagnen gegen die Volkszählung. Eine ähnlich einfache Argumentation ist im Zusammenhang mit der „Verkabelung" möglich, wenn sich die Gruppe auf die Breitbandverkabelung beschränkt.

Viel schwieriger aber wird es, wenn sich eine Gruppe außerhalb der Gewerkschaften um computergesteuerte Arbeitssysteme und Arbeitsplätze kümmert oder sich gar das Thema „Netzausbau der Deutschen Bundespost" vornimmt und Vorschläge zur Netztrennung entwickelt. Auch das kritische Publikum hält

das Kriegsrisiko durch neue Mittelstreckenraketen, die Unfall-
wahrscheinlichkeit von Atomkraftwerken und das Waldsterben
für realer als die Gefahren, die von digitalisierten Telefonnetzen
ausgehen.

Wer die Gefährdungen durch die neuen Medien, vor allem die
Folgen der Vernetzung und der Auswertung von Benutzerspuren ernst nimmt, kann auch zu sehr radikalen Folgerungen und
Forderungen gelangen. Diese reichen vom aktiven Datenschutz
über das Verhindern der Netzintegration bis zur Datenverweigerung oder Datenaskese. Es gibt (noch) keine organisierte
Gruppe, die die Datenverweigerung in allen Lebensbereichen
fordert, vielleicht praktizieren aber viele Bürger diese schon im
stillen. Wie eine solche Entwicklung in einer zukünftigen Gesellschaft aussehen könnte, versucht das folgende fiktive Interview mit dem Vertreter einer Bewegung „Odale" (ohne Daten
leben) Anfang der 90er Jahre zu beschreiben:[5]

Odale: Entstanden ist die Bewegung Ende der 80er Jahre, als die verschiedenen vorhandenen Daten-Pools immer stärker vernetzt und zusammengeführt wurden. Dazu kam dann die Verbreitung von Btx, dann ISDN
und schließlich die Breitbandverkabelung – da wurde die Datenmenge einfach gigantisch und die zahlreichen Vernetzungen immer undurchschauba-
rer. Die damaligen Initiativen, vor allem die Anti-Kabelgruppen, sahen
immer größere Gefahren und immer weniger Chancen, sich dagegen zu
wehren. So beschlossen sie, Daten ganz zu verweigern.

Moderatorin: War das denn möglich?

Odale: Ich erzähle am besten mal, wie es heute läuft: Es gibt inzwischen
zwei Bewegungen – die sogenannten Radikalverweigerer und die Richtung
derer, die ihre Datenweitergabe nur so weit wie möglich einschränken.

Moderatorin: Zu welcher Richtung gehören Sie?

Odale: Zu der zweiten, sonst wäre ich wohl kaum gekommen. Ich war
aber nach der Schule einige Zeit Radikalverweigerer.

Moderatorin: Was bedeutet das?

Odale: Radikalverweigerer verweigern die Abgabe jeglicher Daten. Das
hat natürlich weitgehende Konsequenzen – da heute praktisch alles übers
Kabel und über die Datenverarbeitung läuft, sind Sie vom gesellschaftlichen
Leben praktisch ausgeschlossen, Sie können nur als autonome Gruppe
überleben.

Moderatorin: Können Sie dafür mal ein Beispiel bringen?

Odale: Na ja, es ist natürlich selbstverständlich, daß wir uns nicht ans
Kabel anschließen lassen. Das gilt für alle Odales. Das bedeutet aber, daß
wir privat weder fernsehen noch telefonieren können und selbstverständlich

nicht über Bildschirm bestellen. Da die ganze Geschäftswelt auf diese Art der Bestellung eingerichtet ist, ist Einkaufen für uns mühsam, wir müssen oft ziemlich weit bis zu einem Direkt-Kaufhaus fahren, und natürlich sind die Waren auch teurer. Aber das geht alles noch. Radikalverweigerer aber lassen auch weder Miete noch Strom oder Wasser über ein Bank-Konto laufen, sie verweigern Anmeldungen z.B. am Wohnort oder Kfz-Anmeldungen, Krankenkasse usw. Das geht natürlich nur, wenn sie völlig auf sich gestellt leben, kein Auto benutzen und vollständige Selbstversorger sind, also auch Energie selbst herstellen.

Moderatorin: Warum haben Sie ein solches Leben dann aufgegeben?

Odale: Das war mir zu primitiv und eng – ich habe gemerkt, daß ich nicht immer nur mit ein paar Leuten zusammensein wollte, ich wollte mich nicht total aus dem allgemeinen Leben zurückziehen. Ich wollte z.B. studieren, auch in der Stadt wohnen, usw.

Moderatorin: Wie sieht Ihr Leben denn heute aus?

Odale: Seit Ende des Studiums arbeite ich freiberuflich, um besser kontrollieren zu können, welchem Arbeitgeber ich welche Daten gebe. Miete, Strom und Wasser lasse ich per Daueraufträge überweisen, aber ich habe mein Konto bei einer Bank, die als speziellen Service Schalterdienst anbietet und wo die Rechner nicht direkt ans Netz angeschlossen sind. Das ist natürlich etwas teurer, aber so kann niemand meine Bankdaten anzapfen.

Moderatorin: Und die Krankenkasse?

Odale: Ich bin in einer Privatkasse, die ebenfalls als Sonderservice die netzunabhängige Datenverarbeitung anbietet.

Moderatorin: Und das Auto?

Odale: Ja, ein Auto habe ich. Den Kompromiß gehe ich z.B. ein, daß ich da mit etlichen Daten gespeichert bin – auch, um z.B. beim Direkteinkauf beweglicher zu sein, möglichst da, wo es keine Zugangskontrollen gibt. Oder ich suche Hotels auf, die netzunabhängig buchen – es gibt allmählich eine ganze Reihe Dienstleistungsunternehmen, die netzunabhängige Berechnung anbieten.

Moderatorin: Etwas teurer natürlich!

Odale: Ja, schon. Aber das ist es mir wert.

Moderatorin: Eine Frage zum Abschluß: Was ist für Sie so sehr schlimm an einer potentiellen Datenkontrolle, der wir doch alle unterworfen sind?

Odale: Ich und wir alle in der Gruppe meinen, daß zur Würde des Menschen auch seine Freiheit gehört. Das Gefühl, ständig beobachtet und kontrolliert zu werden, verändert unserer Meinung nach sein Verhalten: Er handelt nicht mehr spontan, sondern so, wie er glaubt, daß es irgendwelchen Autoritäten – dem Betrieb oder auch dem Staat, recht ist. Wir wollen so weit wie möglich die persönliche Freiheit des Menschen erhalten.

3. Hacker und Frequenzbesetzer

Die Ablehnung der neuen Medien, d. h. der informationstechnischen Vernetzung und der neuen Formen des Rundfunks, insbesondere seiner Kommerzialisierung, könnte also bis zur persönlichen Verweigerung der Teilnahme an allen Formen elektronischer Kommunikation gehen. Es gibt aber auch aktive und konstruktive Formen des Protestes gegen die sich anbahnende Medienordnung und eine auf Zentralisierung und Kontrolle abzielende neue Telekommunikationsordnung. Solche Proteste äußern sich häufig in der eigenmächtigen, illegalen Benutzung der neuen technischen Möglichkeiten, in ihrem bewußten Mißbrauch, um auf die Mißbräuche aufmerksam zu machen, die nach Einführung der neuen Systeme zu befürchten sind oder bereits bestehen.

Solche Aktionsformen wählen oft diejenigen, die mit der Benutzung von Computern und Datennetzen vertraut, ja davon fasziniert sind. Ihre Ziele sind unterschiedlich, einige verlangen den freien Zugang zu den neuen Netzen für jedermann, andere wollen beweisen, wie wenig die Daten geschützt werden können, einige wollen auch nur die wirtschaftlich und politisch Mächtigen herausfordern, und für manche besteht der Reiz vielleicht auch in der Gefahr, als „blinder Passagier" erwischt zu werden. In den USA und seit einigen Jahren auch bei uns nennt man solche „Datenreisende" *Hacker,* ein Wort, das die Faszination der Tastatur und ihrer Bedienung widerspiegeln soll. Hacker haben sich in vielen Ländern zu Clubs oder Vereinen zusammengeschlossen, in denen technische Tips und Erfahrungen ausgetauscht werden und in denen über besonders gelungene Fälle von Einbrüchen in abgeschirmte Programme berichtet wird. Aus den „nächtlichen Klingelstreichen im Datennetz" können sich ebensogut Erkenntnisse und Verbesserungsvorschläge für Datensicherung ergeben, wie Fertigkeiten, die für die neuen Formen der Computerkriminalität notwendig sind. Soweit bisher bekannt, ist Computerkriminalität aber zumeist nicht mit dem Einbruch von außen verknüpft, sondern wird meist von solchen Mitarbeitern praktiziert, die auf Grund ihrer beruflichen Stellung Zugang zu den Computerprogrammen haben und deren Ablauf manipulieren können.

In vielen Fällen handelt es sich dabei um relativ simple Manipulationen, z. B. um die Umleitung von Buchungsvorgängen. In neuerer Zeit wird aber auch von Manipulationen berichtet, die auf die Zerstörung der Programme hinauslaufen und als eine Art von Sabotage anzusehen sind. Als bildlicher Ausdruck dafür wird das Wort „Computerviren" gebraucht. Es handelt sich um das Einschleusen von Programmbefehlen, die unentdeckt im Programm schlummern und es nach einer bestimmten Zeit unbrauchbar machen.[6]

Im Jahre 1987 gelang deutschen Hackern aus dem Umkreis des „Chaos Computer Club" in Hamburg ihr bisher größter Coup: Sie entdeckten eine Schwachstelle im Sicherheitssystem eines Großcomputers, der in zahlreichen Forschungseinrichtungen eingesetzt wird. Über ein eingeschleustes „trojanisches Pferd", d. h. ein Programm, das ihnen den jederzeitigen Zugang zum Rechner verschaffte, konnten sie in ein weltweites Rechnernetz eindringen und auch in den anderen angeschlossenen Rechnern „herumwandern". Das Forschungsnetz war seinerseits mit Rechnern militärischer Institutionen verknüpft. Damit werden mehrere Gefahren deutlich: Zum einen steigt die Verletzlichkeit der informationstechnischen Systeme mit dem Grad ihrer weltweiten Vernetzung. Auch auf Computernetze gestützte militärische Organisation und Strategie sind gegen elektronisches Eindringen anfällig. Anderseits werden solche Gefahren aber oft durch immer komplexere Sicherheitsvorschriften beantwortet und können zu einer immer intensiveren Überwachung der Mitarbeiter führen. Das erschwert nicht nur die Arbeit, es stellt auch eine seelische und soziale Belastung dar. Schließlich könnte der notwendige und steigende Aufwand für Sicherheitsmaßnahmen letztlich die Wirtschaftlichkeit dieser Technologie in Frage stellen.

Zu den Geschichten der Hacker gehört aber auch die schon zur Legende gewordene Geschichte der ersten Hackergemeinschaften in Kalifornien, die in den 70er Jahren zur Entwicklung und zum Durchbruch des „Personalcomputers" beigetragen haben. In dieser Subkultur von Technikbegeisterten, die zugleich eine Demokratisierung und Entmilitarisierung der amerikanischen Gesellschaft befürworteten, entstanden Initiativen gegen die zentralisierten Großrechenanlagen und die Utopie, den Bürgern eine billige und dezentralisierte Informationstechnik zur Verfügung zu stellen. In diesem Kreis wurden die ersten PCs zusammengebastelt und entstanden die Firmen, die für einige Jahre die wirtschaftliche Übermacht des Computergiganten IBM herausfordern sollten (z.B. die Firma Apple). Später stellte sich allerdings heraus, daß es trotz der millionenfachen Verbreitung von PCs nicht zu einer Computer-Gegenkultur von unten und zu einer weltweiten demokratischen Informationsgemeinschaft kam, sondern daß die PCs schließlich ihren Platz und ihren Markt vor allem in der Rationalisierung von Bürotätigkeiten und anderen Dienstleistungsarbeiten gefunden haben.

Ebenso wie die Hacker gegen die Monopolisierung und Zentralisierung der Datennetze wandten sich die Betreiber freier Radios gegen die Monopolisierung der Frequenzen und gegen die herrschaftsfreundliche Berichterstattung der etablierten Rundfunkanstalten. Wie die Bewegung der Hacker im Umfeld der amerikanischen Alternativbewegung entstand, so bildeten sich die freien Radios im Umfeld der europäischen Alternativbewegung der 70er Jahre. Z.B. berichtete „Radio Freies Wendland" als einzige „Rundfunkanstalt" live von der Räumung des Hüttendorfes bei Gorleben, also von der polizeilichen Beendigung des Protestes gegen die Endlagerung von Atommüll.

Andere Mediengruppen benutzten die relativ preiswerte Videotechnik, um aktuelle Dokumentarfilme und Reportagen als Alternativen zum offiziellen Fernsehprogramm und als Mittel der Information und der Bildungsarbeit zu produzieren. Die eigenhändige Produktion von Videofilmen durch Laien, vor allem durch Jugendliche, sollte das Medium Fernsehen entzaubern und eine andere visuelle Beziehung zur Realität ermöglichen.

Als die Bundesländer begannen, neue Mediengesetze zu verabschieden, in denen die Zulassung von privaten Rundfunkanbietern auch auf der lokalen Ebene sowie teilweise die Einrichtung von lokalen „offenen Kanälen" vorgesehen sind, bildeten sich zahlreiche Initiativen, die einen nicht-kommerziellen Rundfunk als Beitrag zu einer alternativen Öffentlichkeit verwirklichen wollten. Inzwischen ist es einigen von ihnen auch gelungen, als Anbieter von Rundfunkprogrammen zugelassen zu werden. Bekannt wurde in dieser Hinsicht vor allem der „Linksrheinische Rundfunk" in Rheinland-Pfalz, in dem sich eine Reihe von Gruppen und Einzelpersonen zusammengefunden haben. Gerade dieses relativ erfolgreiche Projekt zeigt aber auch, wie wenig Raum in der neuen „dualen" Medienordnung für nicht-kommerzielle Anbieter zugelassen wird. Die Landesmediengesetze sehen nämlich keine öffentliche Förderung oder Finanzierung derjenigen privaten Anbieter vor, die eine gemeinnützige Form des privaten Rundfunks anstreben, sondern verweisen alle privaten Anbieter auf die Finanzierung durch Werbeeinnahmen. So werden nur für die wenigsten Projekte die Blütenträume von einem alternativen, freien und kritischen Rundfunkprogramm reifen.

4. Sozialverträgliche Technikgestaltung als politisches Konzept

a) Chancen und Risiken der neuen I+K-Techniken

Wir wollen zum Schluß zusammenfassen, welche Chancen von den Befürwortern der neuen Informations- und Kommunikationstechniken angeführt werden, welche Risiken dagegen von den Kritikern genannt werden und wie schließlich eine Politik aussehen könnte, die sich um eine Begrenzung der Gefahren bei der Anwendung dieser neuen Techniken bemüht.

Als *Chancen,* die sich aus der Anwendung der neuen I+K-Techniken ergeben, werden gemeinhin angeführt:
– jederzeitige *Verfügbarkeit von Informationen* für jedermann/ jedefrau;

– *schnellere Informationsverarbeitung* in Wissenschaft, Wirtschaft und Verwaltung;
– *„intelligente" Produkte,* z. B. Verkehrsmittel, Haushaltsgeräte, Arbeitsmittel, etc.;
– *Verkürzung* der Zyklen der *Produktentwicklung;*
– *flexible Produktionssteuerung,* dadurch optimale Abstimmung von Auftragseingang, Arbeitskräften und Maschineneinsatz;
– erhebliche Steigerung der *Arbeitsproduktivität;*
– *geringere* körperliche und seelische *Belastung* am Arbeitsplatz;
– *Dezentralisierung* von Entscheidungen innerhalb der Arbeitsorganisation;
– *Einsparung* von Energie und Rohstoffen;
– *Reduzierung des Schadstoffausstoßes* in Produktion, Haushalt und Verkehr.

Sollten sich diese Versprechungen erfüllen, könnten sich daraus folgende übergreifende Verbesserungen ergeben:
– erhebliche *Arbeitszeitverkürzung;*
– eine umfassende *Humanisierung der Arbeitsplätze* durch geringere Belastung und mehr Mitspracherechte;
– eine *umweltschonende Wirtschaftsweise.*

Wie wir in den verschiedenen Kapiteln gesehen haben, werden diese Hoffnungen aber von vielen nicht geteilt, und zwar meist gerade von denen nicht, die an solchen positiven Entwicklungen sehr interessiert wären. Sie begründen ihre Skepsis damit, daß die Möglichkeiten neuer technischer Entwicklungen meist zugunsten der wirtschaftlich Mächtigen und sozial Privilegierten angewendet werden und nur selten im Interesse der sozial Schwachen und der lohnabhängigen Mehrheit der Bevölkerung. Deshalb zählen sie folgende *Gefahren* auf:

– *Informationsüberflutung;*
– *neue* körperliche und seelische *Belastungen* an Bildschirmen und anderen computergesteuerten Arbeitsplätzen;
– *„Enteignung"* und *Entwertung der Qualifikationen* der Arbeitskräfte, auch der Techniker und Ingenieure, und ihre Redu-

zierung auf die Rolle eines „Endgerätes" im computergesteuerten Arbeitssystem;
– das Bewußtsein ständiger *Überwachung* und Leistungskontrolle als zusätzlicher Streß;
– umfassende *Rationalisierung* in Produktion und Verwaltung, vor allem an frauentypischen Arbeitsplätzen;
– *Vernetzung von Haushalten und Betrieben*, zunächst um die Selbstbedienung auszuweiten, später um Telearbeit zu ermöglichen, verstärkt die Rationalisierung und führt mittelfristig zur Aufhebung der festen Grenzen zwischen Arbeit und Privatleben;
– Telekommunikation ermöglicht auch *Telearbeit* als neue Form der Heimarbeit;
– inner- und überbetriebliche Vernetzung, elektronische Selbstbedienung und Verschmelzung von Rundfunk, privater und geschäftlicher Kommunikation vervielfachen die Möglichkeiten und Gefahr, daß *personenbezogene Daten* gesammelt, gespeichert, verknüpft und ausgewertet werden;
– geistige, seelische und soziale *Verkümmerungen* bei Kindern, die mit Bildschirm und Computer aufwachsen;
– *Persönlichkeitsveränderungen* bei Erwachsenen, die ständig in Beruf und Freizeit elektronisch vermittelte, bildschirmgebundene Information und Unterhaltung konsumieren;
– *Information wird zur Ware*, die nur noch den Kaufkräftigen zur Verfügung steht;
– *Öffentlich-rechtlicher Rundfunk* und andere Quellen relativ unabhängiger Information werden zurückgedrängt und damit auch die Grundlagen freier politischer Willensbildung erschüttert.

Auch hieraus ergeben sich umfassende soziale, wirtschaftliche und politische Konsequenzen:
– Verschärfung der *Massenarbeitslosigkeit;*
– *Entwertung der betrieblichen Mitbestimmung* und Schwächung der Gewerkschaften;
– *Entsolidarisierung* und Polarisierung der Gesellschaft;
– *Entpolitisierung* breiter Schichten und neue Chancen für undemokratische politische Kräfte.

Diese negativen Wirkungen, soweit sie als ernstzunehmende Gefahren anerkannt werden, zu vermeiden, ist das *Ziel einer sozialverträglichen Technikgestaltung.* Technologiepolitik heißt nicht, daß der Staat allein darüber bestimmt, welche Alternative der technischen Entwicklung ausgewählt und welche Technik angewendet wird. Neben dem Staat entscheiden darüber auch (und vor allem) die Unternehmer, die Gewerkschaften, die Kirchen, Verbände, Bürgerinitiativen und nicht zuletzt die Verbraucher durch ihre Nachfrage nach bestimmten Dienstleistungen und Waren.

Um uns systematischer und konkreter mit den möglichen Gefährdungen bzw. Chancen und ihrer Realisierung befassen zu können, schlagen wir eine Reihe von Unterscheidungen vor:

(1) nach dem Entscheidungsort,

(2) nach den jeweils betroffenen Gruppen,

(3) nach den allgemeinen und spezifischen Eigenschaften und Wirkungen der neuen I+K-Techniken und

(4) nach den Kriterien für Sozialverträglichkeit bzw. -unverträglichkeit (s. den folgenden Abschnitt b).

(1) In einer groben Unterscheidung können folgende *Orte der Entscheidung* über die neuen I+K-Techniken und deren Einsatz aufgezählt werden:

– die *Arbeitswelt,* wobei die Entscheidungsmacht ganz überwiegend bei den Arbeitgebern, also den Leitungen von Unternehmen und Verwaltungen konzentriert ist;

– der *Markt* für Produkte und Dienstleistungen, wobei die Entscheidungen über Informatisierung von den Anbietern getroffen werden, aber durch Kaufentscheidungen der Verbraucher korrigiert werden können;

– der *staatliche Bereich* in seinem doppelten Charakter als politische Sphäre, in der Entscheidungsprozesse über Rahmenbedingungen und Kontrolle technischer Entwicklungen ablaufen, und als Staatsgewalt, die allen Bürgern bestimmtes Verhalten vorschreiben und dies auch durchsetzen kann, die aber auch bestimmte Dienste und Transferzahlungen anbietet.

(2) In jedem dieser Bereiche kann angegeben werden, welche *Gruppen* durch die bereichsspezifischen Entscheidungen be-

sonders betroffen und zugleich an den Entscheidungen selbst nur sekundär, reagierend beteiligt sind:

– in der Arbeitswelt sind dies die Arbeitnehmer(innen), die wir hier durchgängig *Beschäftigte* nennen;

– im Bereich der Marktbeziehungen sind es die privaten Haushalte, die wir hier *Verbraucher(innen)* nennen;

– in der politischen und staatlichen Sphäre sind es die *Bürger(innen)*.

(3) In welcher Weise diese von uns ausgewählten Gruppen von den neuen I+K-Techniken betroffen sein können, soll durch eine Zusammenfassung der bereits in den vorangegangenen Kapiteln dargestellten wichtigsten *Eigenschaften und Wirkungen* der neuen I+K-Techniken aufgezeigt werden. Die Entwicklung der Computertechnik (Informationstechnik) stellt eine ständig steigende Rechen- und Speicherkapazität zu relativ sinkenden Preisen zur Verfügung. Die Entwicklung der Nachrichtentechnik (Kommunikationstechnik) ermöglicht es, immer mehr, immer leistungsfähigere und preiswertere Übertragungswege zwischen Rechnern bzw. zwischen Rechnern und Endgeräten einzurichten. Welche Daten aber wie erhoben, verknüpft und ausgewertet werden, und welche Vernetzungen von Rechnern und Endgeräten dabei realisiert werden, hängt davon ab, welche Programme dafür entwickelt, gekauft und eingesetzt werden. Es hängt also von technikbezogenen, aber nicht technisch, sondern wirtschaftlich, politisch oder in anderer Hinsicht gesellschaftlich bedingten und gezielten Entscheidungen der Betreiber und Nutzer der I+K-Techniken, aber auch der politisch gesetzten Rahmenbedingungen und Infrastruktur und der Reaktionen der Betroffenen ab.

In der Form, in der sich die Anwendung der Computertechnik und -netze bis heute entwickelt hat, lassen sich allerdings einige allgemeine Wirkungen feststellen, die auch als Hauptfunktionen des Einsatzes neuer I+K-Techniken in bezug auf die davon betroffenen Menschen bezeichnet werden können: Kontrolle und Überwachung, Rationalisierung, Reorganisation und veränderte Anforderungen an Wissen und Können (Qualifikation).

Darüber hinaus verändern sich soziale Beziehungen und soziale Kommunikation, nicht nur in der Arbeitswelt, sondern auch auf den Märkten, in Familien, zwischen Bürgern und zwischen Bürgern und Staat. Alle diese Verschiebungen und Veränderungen bringen neue Konflikte und Probleme mit sich. Dies ist zu berücksichtigen, wenn versucht wird, den Erfolg neuer technischer Lösungen zu bewerten. Selbst die beabsichtigten Ziele werden oft nicht erreicht, da die notwendigen sozialen Prozesse nicht in die Planung einbezogen wurden. Ob nun Produkt- oder Prozeßinnovation in der Arbeitswelt, neue Waren und Dienstleistungen, neue Gesetze und Vorschriften, es handelt sich zumeist auch um eine Veränderung der Qualität, wobei nicht immer die neuen Formen auch eine „bessere" Qualität bieten.

b) Kriterien für die sozialverträgliche Gestaltung von informationstechnischen Anwendungen

Kriterien für die sozialverträgliche Entwicklung und Anwendung neuer Technologien werden seit etwa einem Jahrzehnt diskutiert. Der Begriff „Sozialverträglichkeit" ist dem der „Umweltverträglichkeit"nachgebildet worden. Benutzt wurde er zunächst vor allem im Zusammenhang mit der Diskussion um unterschiedliche energiepolitische Optionen. Von der Enquête-Kommission des Deutschen Bundestages „Zukünftige Kernenergiepolitik" wurde er als viertes Hauptkriterium neben der Wirtschaftlichkeit, der internationalen Verträglichkeit und der Umweltverträglichkeit anerkannt. Unter Sozialverträglichkeit wurde von der Kommission die Vereinbarkeit mit Grundwerten und Verfassungszielen, die Erträglichkeit der Veränderung sozialer Beziehungen und sozialer Strukturen und die Vereinbarkeit mit gesellschaftlichen Zielvorstellungen und Werten verstanden.[7]

Breite Verwendung hat der Begriff inzwischen auch bei Untersuchungen von Technikfolgen und Technikgestaltung aus Arbeitnehmersicht gefunden. Er hat dabei auch den Begriff „Humanisierung der Arbeit" teilweise ersetzt. Neben der Fortführung des Forschungsprogrammes der Bundesregierung zur „Humanisierung der Arbeitswelt" ist seit 1984 vor allem das Programm „Mensch und Technik: Sozialverträgliche Technikgestaltung" des Landes Nordrhein-Westfalen für alle diejenigen wichtig geworden, die an der Konkretisierung und Verwirklichung dieses gesellschaftspolitischen Zieles interessiert sind.[8]

Es ist jedoch nicht ausreichend, allgemeingültige Kataloge von Kriterien der Sozialverträglichkeit nur mechanisch auf den Sonderfall „Informations- und Kommunikationstechniken" anzuwenden. Vielmehr ist es notwendig, Kriterien zu entwickeln, die den besonderen Gefährdungen entsprechen, die sich aus den Eigenschaften und den vorherrschenden Anwendungsformen dieser Techniken ergeben. Mit Hilfe solcher Kriterien sollte es möglich sein zu bewerten, ob und in welchem Maße die konkrete Anwendung und Ausgestaltung der I+K-Techniken eine Verletzung der Interessen von Betroffenen vermeiden und ihre Mitwirkung bei der Gestaltung und Entwicklung zulassen.

Wir orientieren uns deshalb an den im vorhergehenden Abschnitt aufgezählten Dimensionen der Gefährdung und formulieren sie positiv im Sinne von Anforderungen um, die an die Gestaltung zu stellen sind. Die Stichworte sollen dabei als Oberbegriffe für jeweils eine Gruppe von Kriterien dienen:

(1) Leistungsqualität und Wirtschaftlichkeit;
(2) Datenschutz;
(3) Rationalisierungsschutz und Entlastung;
(4) Dezentralisierung und Mitwirkung;
(5) Information und Qualifizierung.

Mit diesen Kriterien sollen die positiven Wirkungen und Chancen der neuen I+K-Techniken, die zu Beginn dieses Kapitels aufgeführt wurden, ebenfalls berücksichtigt werden.

Entsprechend dieser Gliederung wollen wir nun versuchen zu benennen, welche Anforderungen aus Sicht der verschiedenen Betroffenengruppen an die Anwendung isolierter oder vernetzter EDV-Systeme zu stellen sind.

(1) Leistungsqualität/Wirtschaftlichkeit

Aus Sicht aller Betroffenen sind Investitionen in technische Systeme nur dann (sozial) verträglich, wenn die Kosten nicht höher sind als der erreichbare Nutzen. Dies gilt sowohl auf der Ebene des auf Betriebe beschränkten Kosten-Nutzen-Kalküls als auch auf der Ebene, auf der auch externe Kosten, z. B. für die Umwelt, für Menschen außerhalb des Einsatzbereiches und für staatliche Ausgleichsmaßnahmen, einbezogen werden. Sehr oft lassen sich die Auswirkungen des Gebrauchs neuer technischer Systeme jedoch nicht quantifizieren, sondern eher als bessere oder schlechtere Qualität beschreiben. Dabei soll dieses Kriterium auf die Betrachtung der Leistung, also des Beitrags zur Erreichung der Benutzerziele, beschränkt werden. (Andere qualitative Wirkungen werden weiter unten durch die Kriterien des Schutzes vor Kontrolle und Überwachung, der Rationalisierung/Belastung, der Zentralisierung und der Qualifikation beschrieben.)

Aus Sicht der *Arbeitnehmer* kann der Einsatz von EDV nur dann als wirtschaftlich angesehen werden, wenn dadurch Arbeitsleistung wirksamer umgesetzt und die Gesamtleistung des Betriebes verbessert wird. Nicht wirtschaftlich wäre eine Investition, die die Arbeit nicht erleichtert, sondern erschwert (Fehlinvestition). Nicht wirtschaftlich wäre auch eine Investition, deren Kosten und Folgekosten den Druck auf die Arbeitskosten verstärkt und damit den relativen Anteil der Arbeitseinkommen im Unternehmen verringert. Gleiches gilt analog auch für die Gesamtwirtschaft. Bei sinnvollem Technikgebrauch und entsprechender Arbeitsplatzgestaltung kann die Qualität der Arbeit am Arbeitsplatz durchaus gesteigert werden. Bei unüberlegter Verschärfung der Formalisierung der Arbeitsbeziehungen kann aber durch den Abbau informeller Kommunikation und freiwilliger informeller Zusammenarbeit eine Verschlechterung der Leistungsqualität und damit auch der Arbeitsleistung eintreten. Darüber hinaus kann die technisch mögliche Vervielfältigung verfügbarer Information und Dokumentation ohne sinnvolle Strukturierung zu einer unübersichtlichen

Informationsflut geraten, die sowohl die Arbeitsqualität als auch die nicht-technische Informationsverarbeitung des Betriebes gefährdet.

Aus Sicht der *Verbraucher* ist der Einsatz von Informationstechnik und Mikroelektronik auf seiten der Anbieter und bei Produkten dann zu begrüßen, wenn Dienstleistungen und Waren dadurch billiger, besser oder schneller verfügbar werden. Dies sollte jedoch nicht dadurch erreicht werden, daß Arbeit auf den Kunden abgewälzt wird und höhere Gebühren für computerisierte Leistungen erhoben werden. Akzeptabel bleibt der zunächst erreichte Gewinn bei Preis und Leistung auch nur dann, wenn er nicht durch spätere Konzentrationsprozesse bei den Anbietern und zusätzliche Standardisierung des Angebots wieder zunichte gemacht wird. Zur Leistungsqualität gehören auch die mit Marktbeziehungen verbundene persönliche Beratung und Erklärung und generell die dadurch vermittelten sozialen Beziehungen. Diese sind durch formalisierte Informationen und Anweisungen nicht zu ersetzen.

Für *Bürger* in ihrer Beziehung zu Behörden ergeben sich ähnliche Problemlagen. Bürokratische Tendenzen der Verstärkung von Undurchschaubarkeit der Regelwerke und Hilflosigkeit der zu Klienten degradierten Bürger dürfen durch computergestützte und vermittelte Systeme nicht weiter fortgesetzt werden. Dies kann vielleicht durch größere Auskunftsbereitschaft und Begründung staatlicher Regelungen und Entscheidungen erreicht werden; beides wird aber nur wirksam werden, wenn entsprechend kompetente Mitarbeiter(innen) zur persönlichen Beratung der Bürger zur Verfügung stehen. Zu begrüßen ist der Prozeß der Informatisierung, soweit er zur Senkung der Kosten für den Staatssektor beiträgt, aber nur dann, wenn auch hier Arbeit und Kosten in Form von Gebühren nicht auf die Bürger abgewälzt werden.

(2) *Datenschutz*

Dies ist wahrscheinlich der wichtigste und alle Betroffenen gleichermaßen interessierende Problembereich. Dabei geht es in erster Linie um den Schutz personenbezogener Daten und damit um das „Recht auf informationelle Selbstbestimmung". Die Bedeutsamkeit dieses Rechts ergibt sich aus der spezifischen Leistungsfähigkeit von Rechnersystemen, Daten zu speichern, zu verknüpfen und die Ergebnisse unmittelbar verfügbar zu machen. Damit ergeben sich gewaltige Potentiale der Kontrolle und Überwachung in allen Lebensbereichen. Eine sozialverträgliche Gestaltung muß in allen Bereichen die Zulässigkeit der Speicherung und Auswertung personenbezogener Daten eindeutig begrenzen und den betroffenen Menschen Einblick und Mitbestimmung garantieren.

Zielsetzung einer sozialverträglichen Gestaltung im *Betrieb* sollte sein, die Möglichkeiten der Erhebung von Leistungs-, Verhaltens- und sonstigen personenbezogenen Daten, ihre Verknüpfung und Auswertung für Zwecke der Personalführung, -entscheidung und -entwicklung nicht zu vergrößern, bzw. auf dem bisherigen Stand zu konservieren. Dazu ist aber eine gründliche Information der Beschäftigten und ihrer Vertreter, weitgehende Mitbestimmung bei der Systementwicklung und detaillierte Regelung von zulässigen und unzulässigen Auswertungen notwendig.

Für die *Verbraucher* geht es vor allem darum, daß nicht ohne ihr Wissen und ihre Zustimmung Daten über sie gesammelt, gespeichert, weitergegeben oder verkauft und ausgewertet werden. Zum einen würden sie dadurch zu unfreiwilligen Objekten gezielter Verkaufsstrategien, zum anderen könnten auf Grund von formalen Modellen erstellte Datenprofile zu einer ungerechtfertigten, aber nicht korrigierbaren Benachteiligung, z.B. im Bereich des Kredit- und Versicherungswesens, führen. Das Kriterium heißt aber nicht nur „Recht auf informationelle Selbstbestimmung", sondern auch Ausgleich der sich durch informationelle Macht der Unternehmen verzerrten Beziehungen zwischen Anbieter und Kunden. Dies könnte durch den Ausbau von verbraucherorientierten Informationsquellen erreicht werden.

Auch den *Bürgern* droht die Schwächung ihrer relativen Machtposition gegenüber dem Staat, wenn in Verwaltungen,

Sicherheitsdiensten und Sozialversicherungen immer mehr Informationssysteme ausgebaut werden. Um das Recht auf freie Entfaltung der Persönlichkeit und die demokratischen Mitwirkungsmöglichkeiten zu erhalten, sind deshalb eine Beschränkung der Datensammlungen und -auswertungen, vermehrte Rechte auf Einsichtnahme und Gebote der Löschung von Daten notwendig.

(3) Rationalisierungsschutz und Entlastung

Unter diesen Aspekten stellen sich die Interessenlagen der drei Gruppen sehr unterschiedlich dar.

Am *Arbeitsplatz* stellt der Computer ein Mittel zur Erhöhung der Arbeitsproduktivität und damit zur Senkung der für das Arbeitsergebnis benötigten Arbeitszeit dar. Im Zuge systemischer Rationalisierung sollen Leistungsfähigkeit und Flexibilität des Betriebes bei relativ sinkenden Arbeitskosten verbessert werden. Einerseits können Intensivierung der Arbeit und steigende seelische und körperliche Belastungen sowie Verminderung des Arbeitsbedarfs oder Entlassungen, Umsetzung, Abgruppierung und Verringerung der Arbeitsplätze die Folge sein. Andererseits ermöglicht der Computereinsatz aber auch eine Entlastung von monotoner, körperlich und seelisch belastender Arbeit, und freiwerdende Arbeitszeit kann zur Weiterentwicklung der Qualifikationen und zur aktiven Partizipation bei der Gestaltung von Arbeitsplätzen und Arbeitsorganisation genutzt werden. Dies läge nicht nur im Interesse der Beschäftigten, sondern auch im (wohlverstandenen) Interesse des Betriebes. Das Kriterium einer sozialverträglichen Rationalisierung (Humanisierung) bedeutet also die Vermeidung von Herabstufung und Entlassung, von neuen körperlichen und seelischen Belastungen, die sinnvolle Nutzung zusätzlich verfügbarer Arbeitszeit und -leistung, Fortentwicklung umfassender Qualifikationen und die Verwirklichung von mehr arbeitsplatzbezogener Mitbestimmung.

Rationalisierung durch Computertechnik in der Arbeitswelt kann den *Verbrauchern* zunächst den Vorteil verschaffen, schneller, zeitunabhängig und kostengünstig einkaufen oder bestellen zu können. Möglicherweise tragen sie mit der Nutzung dieser Vorteile aber im Wege der „Überkreuzrationalisierung" gegenseitig zum Abbau von Arbeitsplätzen bei. Im engeren Interesse der Verbraucher liegt es, das Abwälzen von Arbeitsschritten vom rationalisierenden Betrieb auf die Kunden zu vermeiden. Demgegenüber liegt es nicht im Interesse der Verbraucher, wenn durch Technisierung der Kaufbeziehung notwendige Informationen verlorengehen, die nur durch persönliche Beratung zu erhalten sind. Schließlich kann die Informatisierung des Waren- und Dienstleistungsangebots zu einem Investitionszwang in den privaten Haushalten führen, wenn zu ihrer Nutzung die Verfügung über entsprechende informationsverarbeitende Geräte erforderlich ist.

Rationalisierungsprozesse in den öffentlichen Verwaltungen stellen sich für die *Bürger* als Gefahr zunehmender Undurchschaubarkeit und Selbstherrlichkeit der scheinbar von einer höheren Rationalität geleiteten Behörden sowie sinkender eigener Mitwirkungsmöglichkeiten dar. Sozialverträgliche Rationalisierung müßte deshalb darin bestehen, benutzerfreundliche, verständliche und leicht zu handhabende Informationssysteme zu entwickeln und Rationalisierungsgewinne in Form von zusätzlicher bürgernaher persönlicher Beratung zu nutzen.

(4) Dezentralisierung und Mitwirkung

Im Unterschied zu den grundsätzlichen Eigenschaften der Informationstechnik, als Kontroll- und als Rationalisierungstechnik zu wirken, kann ihre Verwendung als *Organisation*stechnik nach unterschiedlichen Zielen und Interessen gestaltet werden. Die resultierende Organisation kann sowohl mehr zentralisierende als auch mehr dezentralisierende Elemente enthalten. Der bisher vorherrschende Einsatz in bürokratischen Organisationen (Großunternehmen, Behörden, Verbänden) verstärkt allerdings oft die der Bürokratie eigentümliche Tendenz zur Zentralisierung.

Die erste Generation von Bildschirmarbeitsplätzen hat in den *Betrieben* die Tendenz zur Zentralisierung verstärkt. Zur Zeit werden die Möglichkeiten der überbetrieblichen Vernetzung benutzt, um die Entscheidungsmacht von Konzernzentralen auch über Ländergrenzen hinweg zu verstärken. Da dies keine „natürlichen" Anwendungen von Informationstechnik sind, müßte das Kriterium „Organisation" in dem Sinne gefaßt werden, daß die Chancen für die individuelle Arbeitsplatzgestaltung und Selbstbestimmung von Arbeitsgruppen durch Technikeinsatz gefördert werden. Der Computer wäre dann nur Hilfsmittel am Arbeitsplatz im Sinne von Unterstützung qualifizierter Arbeit und Zusammenarbeit.

Gegenüber den Tendenzen zur Reorganisation der Konsumsphäre durch Konzentration der anbietenden Unternehmen liegt es im Interesse der *Verbraucher,* über viele dezentrale und in unterschiedlichen „Medien" operierende Anbieter und „Kaufpunkte" zu verfügen. Es geht für die Verbraucher also um mehr Vielfalt und um die Verhinderung von zu großer Angebotsmacht einzelner Anbieter.

Für die *Bürger* geht es um die Vermeidung von hochzentralisierten Informationssystemen in allen staatlichen Bereichen, um die Dezentralisierung der Zugriffsrechte auf diese Systeme, sowohl zugunsten der Bürger selbst und ihrer Vertreter als auch zugunsten der unteren und lokalen Ebenen der Verwaltung.

(5) Qualifizierung und Information

Neue Techniken, die mit neuen „Werkzeugen", neuen Arbeitsverfahren und neuer Arbeitsorganisation einhergehen, entwerten in jedem Fall bestehende Qualifikationen (Fertigkeiten, Fähigkeiten, Wissen, Erfahrung). Ebenso entwerten sie erworbene Kompetenzen der Bürger und der Verbraucher. Benutzerfreundliche Technik muß so gestaltet werden, daß ausreichende Möglichkeiten gegeben werden, ihren kompetenten Gebrauch zu erlernen und nicht zum hilflosen „Endgerät" zu werden.

Arbeitnehmer sind daran interessiert, bisherige Qualifikationen soweit wie möglich erhalten zu können und neue gleich- oder höherwertige zu erwerben, die längerfristig verwertbar sind. Es geht aber nicht nur um die Anpassung der Qualifikationen an die Technikentwicklung, sondern auch um die Anpassung des Technikeinsatzes an die vorhandenen Arbeitsfähigkeiten. Die Flexibilität der neuen Techniken scheint es möglich zu machen, Arbeitsplätze entsprechend der individuellen Leistungsfähigkeit und Belastbarkeit zu organisieren. Es müßte also möglich sein, Arbeitsanforderungen so zu differenzieren, daß selbst für diejenigen Arbeitsplätze geschaffen werden, die aus unterschiedlichsten Gründen neue Qualifikationen nicht erwerben wollen oder können.

Auch für die *Verbaucher* geht es um benutzerfreundliche Systeme. Dies darf aber ebenfalls nicht in die Richtung gehen, immer bessere Benutzermodelle in die Programme zu integrieren und die Verbraucher zu technischen Analphabeten zu degradieren. Gerade im Interesse der Gestaltbarkeit müssen Benutzer die Chance haben, ein Grundwissen über die Funktionsweise der Geräte und Systeme zu erwerben und Fähigkeiten zu entwickeln, um Informationssysteme aktiv für eigene Zwecke nutzen zu können.

Schließlich brauchen auch *Bürger* ausreichende Kenntnisse über die sie betreffenden technischen Informationssysteme, damit sie in die Entscheidungsprozesse über deren weitere Ausgestaltung eingreifen können und diese nicht den Technikern und Experten allein überlassen müssen. Erst ein Mindestmaß an Kenntnissen über die Systemleistungen und Anwendungsrisiken erlaubt es ihnen, technische Lösungen für Probleme, die sozialer oder gesellschaftlicher Natur sind, ablehnen und den für deren Lösung notwendigen sozialen Fortschritt politisch durchsetzen zu können.

c) Konkrete Beispiele für sozialverträgliche Technikgestaltung

Forderungen nach sozialverträglicher Technikgestaltung beschränken sich oft auf Zielformulierungen auf einem hohen Abstraktionsniveau (z.B. Humanisierung, Maschinenmodell des Benutzers statt Benutzermodell der Maschine, Erweiterung der Mitbestimmung). Andererseits gibt es eine Vielzahl von Ideen und konkreten Vorschlägen für die Regelung des Einsatzes und der Anwendung von Computern in unterschiedlichen Lebensbereichen. Wir wollen im folgenden eine Reihe solcher Vorschläge aufzählen und sie teilweise durch Stichworte erläutern, ohne daß wir in diesem Zusammenhang beanspruchen, jeden einzelnen Vorschlag auf seine Übereinstimmung mit den oben genannten Kriterien überprüft zu haben oder seine Realisierbarkeit beurteilen zu können.

(1) Vorschläge für die Arbeitswelt

– Weitestgehende Information und Fortbildung der Beschäftigten bei Einführung und Erweiterung von EDV-Systemen (Arbeitsweise der Computer, Funktionsweise der Programme einschließlich möglicher Alternativen);
– Beteiligung der Beschäftigten an der Arbeitsplatzgestaltung und damit auch an der Softwareentwicklung (Arbeitsgruppenkonzept);
– Beteiligung der Beschäftigten an der System- und damit Organisationsentwicklung (gemeinsame EDV-Ausschüsse);
– detaillierte Regelungen über die zulässige Erfassung, Auswertung und Weitergabe personenbezogener Daten (Betriebsvereinbarungen), Beschränkung auf Lohn- und Gehaltsabrechnung, soweit möglich;
– Rationalisierungsschutzabkommen (Betriebsvereinbarungen, Tarifverträge);
– Regelungen über die Vermeidung von körperlichen und seelischen Belastungen durch computergesteuerte Arbeitsprozesse (Betriebsvereinbarungen, Tarifverträge, sonstige Regelungen);
– Vereinbarungen über Arbeitszeitverkürzungen proportional zu der durch den Einsatz von Informationstechnik steigenden Produktivität (Tarifverträge);
– Installierung isolierter Arbeitsplatzrechner (z.B. PC) als Hilfsmittel der Arbeit mit der Möglichkeit individueller Softwaregestaltung;
– bei Vernetzung mit zentralen Rechenanlagen: Sicherstellen, daß die Entscheidung über den Zugriff auf zentrale Datenbe-

stände dezentral getroffen werden kann; dezentrale Gruppenarbeit an DV-Arbeitsplätzen, um individuelle Leistungskontrolle zu vermeiden;

– Vernetzung von Arbeitsplätzen untereinander nur, um Kommunikation und Kooperation zu verbessern, jedoch Datenaustausch nur nach Absprache zwischen den Beteiligten;

– Regelungen zur Sicherung von nichttechnischer Kommunikation (Besprechungen, Pausen, Raumgestaltung);

– Mischarbeitsplätze zur Einschränkung von Belastungen und zum Erhalt oder Erwerb umfassender Qualifikationen;

– Erhaltung oder Neugestaltung von Arbeitsplätzen für Mitarbeiter mit geringerer Leistungsfähigkeit oder Qualifikation.

(2) Vorschläge für Verbraucher

– Geschäfte und Geldinstitute bevorzugen, die noch nicht oder weniger EDV-rationalisiert sind, oder auf persönlicher Beratung und Bedienung bestehen;

– jede Vernetzung des Haushaltes mit Unternehmen, Behörden und anderen vermeiden, wenn bei der Verbindungsherstellung im Netz und bei den Netzpartnern Rechner beteiligt sind, die personenbezogene Daten speichern und auswerten können;

– keine Vernetzung und damit verbundene Nutzung akzeptieren, durch die Arbeit bei den Anbietern von Waren und Diensten wegrationalisiert und teilweise von den Kunden übernommen werden soll;

– Boykott der Integration digitalisierter Fernmeldenetze und Dienste, wenn dieser Netzausbau über eine höhere Gebühr der Nutzer nur eines dieser Netze (des Telefons) finanziert werden soll; Durchsetzung des Prinzips, daß der einzelne Dienst von den jeweiligen Nutzern zu finanzieren ist; Ausbau von getrennten Netzarchitekturen;

– Gründung von Verbraucherinitiativen, um den Informationsstand über die fortschreitende Informatisierung des Konsum- und Freizeitbereiches zu verbessern und Handlungsformen der gemeinsamen Selbsthilfe von Verbrauchern zu entwickeln;

– Gesetzgebung auf den Weg bringen, die das Recht auf infor-

mationelle Selbstbestimmung auch der Verbraucher in konkreten Regelungen verwirklicht;
– Aufbau von Datenbanken für Verbraucher, die Informationen über Waren, Dienstleistungen und Anbieter zugänglich machen, und die jede/jeder über öffentlich zugängliche Terminals kostenlos und ohne Aufzeichnung persönlicher Daten benutzen kann;
– regelmäßig Anfragen an private und öffentliche Unternehmen richten, ob und welche eigenen persönlichen Daten dort zu welchem Zweck gespeichert sind, Löschung verlangen bzw. Anzeige erstatten, wenn Mißbrauch von gespeicherten personenbezogenen Daten vermutet werden kann;
– Initiativen zur Verschärfung des Verbraucher-Datenschutzes durch die Regelung, daß Weitergabe von Daten an Dritte nur nach Zustimmung der Betroffenen auf eine gesondert an sie gerichtete förmliche Anfrage hin zulässig ist;
– Protest und Boykottinitiativen bei jeder Form von automatischer Videoüberwachung und -aufzeichnung in, an oder auf für jedermann zugänglichen Plätzen und Gebäuden, oder in Orten, an denen Dienstleistungen und Waren angeboten werden.

(3) Vorschläge für Bürger und Gesetzgeber

– Bürgerinitiativen für Datenschutz und Behördenauskunft;
– Selbsthilfegruppen der von Datenmißbrauch betroffenen Bürger, mit Rechtshilfe und Bildung von Netzwerken;
– Gegendatensammlung und -auswertung, Aufbau von Datenbanken, um das Verhalten von öffentlichen Verwaltungen zu kontrollieren;
– Zukunftswerkstätten und Softwarewerkstätten durchführen, um alternative Formen der Kommunikation zwischen Bürgern und Verwaltung zu entwickeln;
– Formen des Zusammenlebens, der Geselligkeit, der Organisation und Zusammenarbeit erproben, die ohne Einsatz von I+K-Techniken funktionieren;
– Öffentlichkeit, Volksvertreter und Datenschutzbeauftragte

von Verstößen gegen Datenschutz und Persönlichkeitsschutz unterrichten und eventuell Anzeige erstatten;

– öffentliche Aktionen zur Abschaffung von Informationssystemen und Reform computergestützter staatlicher Dienste, die eine offene und vertrauensvolle Form der Kommunikation zwischen Verwaltung und Bürgern be- oder verhindern;

– regelmäßige und verständliche Information der Bürger durch Bund, Länder, Gemeinden und sonstige öffentliche Einrichtungen über die geplante Weiterentwicklung der Telekommunikationsordnung und der Informationssysteme in allen staatlichen Bereichen;

– breite öffentliche Diskussion zwischen Politikern, Technikern, Sozialwissenschaftlern und Bürgern über Chancen, Risiken und Alternativen der informationstechnischen Entwicklung;

– Förderung einer umfassenden Technikfolgenabschätzung mit der Möglichkeit regelmäßiger und kostenloser Beratung von Entscheidungsträgern und Bürgern;

– Forschungsförderung zur Entwicklung sozialverträglicher Alternativen für alle Arbeits- und Lebensbereiche;

– steuerliche Anreize für umwelt- und sozialverträglichen Einsatz von I+K-Techniken;

– Gesetze und Verordnungen über menschengerechte Normen und Höchstwerte körperlicher und seelischer Belastungen an allen mit EDV-Systemen verbundenen Arbeitsplätzen, vor allem Bildschirmarbeitsplätzen;

– Fortentwicklung der Mitbestimmung (Betriebsverfassungsgesetz und Personalvertretungsgesetze) auf betrieblicher und überbetrieblicher Ebene im Hinblick auf die Einführung neuer I+K-Systeme und Programme;

– öffentliche Diskussion und Überprüfung bzw. Modifizierung der Ausbaupläne der Deutschen Bundespost, also der Telekommunikationsordnung (einschließlich der Privatisierung der Fernmeldedienste);

– medienpolitische Gesetzgebung mit den Zielen wirksamer Aufsicht und Kontrolle der angebotenen Rundfunkprogramme, insbesondere im Hinblick auf die Verpflichtung zur sachlichen

Information und zur Berücksichtigung der Meinungen aller gesellschaftlichen Gruppen,
– staatliche Finanzierung der Ausweitung von Aus- und Weiterbildungsangeboten, in denen sowohl über Risiken der neuen I+K-Techniken informiert wird, als auch langfristig verwertbare Qualifikationen vermittelt werden (für Arbeitnehmer, Verbraucher und Bürger beiderlei Geschlechts, aber auch frauenspezifische Angebote);
– Rücknahme bzw. Novellierung aller „Sicherheitsgesetze" durch Regelungen, die dem Verfassungsgerichtsurteil vom Dezember 1983 entsprechen (Informationelle Selbstbestimmung) und den Datenaustausch zwischen Verwaltungen stärker begrenzen;
– Informationszugangsgesetz, einschließlich des Auskunftsrechtes über die Speicherung eigener persönlicher Daten und über die Auswertungsprogramme, zu denen diese herangezogen werden können;
– Verhandlungen und gemeinsame Kommission zwischen den öffentlichen Verwaltungen (einschließlich Sozialversicherungen und Polizei) und gewählten Vertretern der Betroffenen über die Begrenzung der Anzahl und die Begründung der Erhebung von Daten, über die Art der zulässigen Auswertungsprogramme, die Fristen automatischer Löschung, die Protokollierung aller Auswertungen und den Anspruch auf Einsicht in diese Protokolle, soweit eigene Daten davon betroffen sind.

Anmerkungen

I. Technische Grundlagen

1 Der erste Elektronenrechner der Welt wurde 1946 in den USA vorgestellt. Er hieß ENIAC, bestand aus 18000 Elektronenröhren und 1500 Relais, wog 30 t und beanspruchte 10 × 17 m Platz – ein wahres Ungetüm.

2 EDV = Elektronische Daten-Verarbeitung; andere Namen dafür sind z. B.: DV-Anlage, DV-System, ADV-System (Automatisierte/Automatische Datenverarbeitung), Rechner, Rechnersystem, Rechneranlage, Data Processing System o. ä.

3 Betriebssysteme werden in der Regel von den Herstellern der Geräte mitgeliefert. Problematisch ist z. Z. noch die mangelhafte Standardisierung; so können z. B. PC-Programme mitunter nicht einmal auf einem nächst größeren PC desselben Herstellers verwendet werden. Am bekanntesten ist das Betriebssystem CP/M mit einem 8-Bit-Arbeitsspeicher (CP/M = control program for microcomputers). Bei den professionellen PCs mit einem 16- oder gar 32-Bit-Mikroprozessor hat sich das Betriebssystem MS-DOS weitgehend durchgesetzt. Daß das Konkurrenzsystem UNIX sich demgegenüber als Industriestandard langfristig durchsetzen wird, ist z. Z. noch fraglich, nach Expertenaussagen aber wahrscheinlich.

4 Alle computergerechten Programme sind in einer bestimmten Programmiersprache geschrieben. Im Gegensatz zu unserer natürlichen Sprache sind dies künstliche Sprachen. Je nach Einsatzbereich der Programme, ob für kommerzielle, technische, wissenschaftliche o. ä. Aufgaben, gibt es verschiedene Sprachen, z. B.: Assembler (maschinenorientierte Sprache), COBOL, FORTRAN, PASCAL, BASIC, PL/1, LOGO (anwendungsorientierte höhere Sprachen). Sie enthalten jeweils festgelegte, für den Computer verständliche Befehle für jeden einzelnen Arbeitsschritt einer zu lösenden Gesamtaufgabe. Ein solches Programm wird auch *Algorithmus* genannt, d. h. ein Problem oder eine Aufgabe wird nach genau festgelegten Regeln mit einer endlichen Anzahl von Schritten automatisch und alle Fälle gleichartig verarbeitet.

5 Das Kunstwort *Datei* ist zusammengesetzt aus *Da*tenverarbeitung und Kar*tei*. Die in einer Datei gesammelten Daten werden nicht wie bei der Kartei manuell, sondern mit einem Computer verarbeitet.

6 In der Praxis werden meist sämtliche Daten für die Lohnabrechnung in einem vorgeschalteten, separaten Arbeitsgang von sog. Datenerfassungskräften auf Disketten oder Magnetplatten eingegeben; anschließend

werden sie insgesamt zur Ausrechnung der Bezüge an die EDV-Abteilung weitergegeben.

7 So können auf einem 1-Mio-Speicher-Chip etwa 125000 Zeichen – das sind ca. 55 Schreibmaschinenseiten DIN A 4 – gespeichert werden. Man kann sich vorstellen, daß ein Schuhkarton voll solcher Winzlinge schon einen ansehnlichen Aktenkeller enthalten kann.

8 Vielfach wird dafür auch das Kunstwort „Telematik" verwendet, das aus den Begriffen *Tele*kommunikation und Infor*matik* entstanden ist. Informatik ist die Wissenschaft, die sich mit der Entwicklung, dem technischen Aufbau, dem Betrieb sowie mit der Anwendung von DV-Systemen befaßt.

9 Einflußreiche Unternehmen der informationstechnischen Industrie (sowie politische Kreise) drängen allerdings darauf, das Fernmeldemonopol der DBP aufzuheben und die Fernmeldedienste und -netze (nicht die „Gelbe Post") zu privatisieren, vor allem wegen der günstigen Gewinnaussichten; s. dazu Kapitel III. 3.

10 Für die räumlich und örtlich unabhängige Datenfernübertragung gibt es neben diesem Wählnetz festgeschaltete Standleitungen über das sog. „Direktrufnetz", die von der DBP gemietet werden können. Meist werden sie von großen Unternehmen mit Zweig- oder Filialbetrieben (Konzerne, Kreditinstitute, Versicherungen usw.), von Gemeinschaftsrechenzentren oder auch staatlichen Verwaltungen (z.B. der Finanzverwaltung in NRW) genutzt.

11 Hier werden Sprache und bewegte Bilder über Funkwellen übertragen.

12 Das CCITT (Comité Consultativ International Télégraphique et Téléphonique) ist eine Unterorganisation der UNO, in der die nationalen Fernmeldeverwaltungen und -gesellschaften zusammengeschlossen sind. Es erarbeitet internationale Standards für Fernmeldedienste und gibt diese als Empfehlungen an die einzelnen Länder weiter.

13 Durch eine einschlägige Gebührenordnung sollen die Anwender bis 1990 veranlaßt werden, von den parallel zu nutzenden IDN-Anschlüssen umzusteigen auf das dienstintegrierte ISDN.

14 Der Einsatz von Glasfaserkabel für schmal- und breitbandige Dienste wird seit 1983 in den Versuchsprojekten BIGFON (= *b*reitband*i*ntegriertes Glasfaser-Orts*n*etz) und BIGFERN (= *b*reitband*i*ntegriertes Glasfaser-*Fern*netz) getestet. Diese Phase ist nahezu abgeschlossen. Die geplanten neuen Dienste und Endgeräte sollen nun in einem Glasfaser-Test- und Erprobungsnetz in Berlin unter dem Projektstichwort BERKOM praktisch getestet werden.

15 Diese Nummer steht auf Wunsch auch im Amtlichen Fernsprechbuch unter der Bezeichnung „Fax..."

16 In ähnlichen Formen gibt es Btx auch in anderen westeuropäischen Ländern. 1981 einigten sich die Fernmeldeverwaltungen auf den CEPT-Standard (Conférence *E*uropéenne des Administrations des *P*ostes et des *T*élécommunications).

17 Die Anschlußbox wird auch „Modem" (*Modulator-Dem*odulator) genannt und dient zur Umwandlung analoger Signale in digitale und umgekehrt.

18 Bei der Btx-Leitstelle in Ulm sind alle im gesamten bundesrepublikanischen Btx-System gespeicherten Daten vorhanden. Die regionalen Btx-Zentralen speichern nur die für einen regional begrenzten Teilnehmerkreis angebotenen Informationen.

19 Eine Btx-Seite besteht maximal aus 25 Zeilen zu je 40 Zeichen; 32 Farben ermöglichen durch Farbabstufungen bis zu 4096 Farbnuancen.

20 DATEL-Dienste sind alle Fernmeldedienste im Bereich der Datenfernübertragung (Telekommunikation). DATEL ist ein international übliches Kunstwort aus: *Da*ta *Tele*communications, *Da*ta *Tele*phone, *Da*ta *Tele*graph. DATEL-Dienste sind z. B.: Telex, Teletex, Telefax, Btx, Datenfernübertragung.

21 Daneben gibt es private Modems, sog. „Akustikkoppler", die z. B. auch zur Datenübertragung von einer Telefonzelle oder einem Hoteltelefon aus dienen – allerdings mit nur relativ geringen Übertragungsgeschwindigkeiten.

22 Dieser neue geplante Dienst ist Teil des BIGFON-Versuchs, allerdings mit einer sehr geringen Teilnehmerzahl; dies sind einige Banken und Versicherungen sowie eine Gruppe Gehörloser in Westberlin. Sie kann wohl kaum Erkenntnisse über Sinn und Nutzen und insbesondere über soziale Folgen liefern.

II. Mehr Programme = freie Fahrt für privaten Rundfunk?

1 G. M. Luyken: Direktempfangbare Satelliten in Europa. In: Media Perspektiven Nr. 10/1987, S. 615–629.

2 H. Meyn: Die neuen Medien, Berlin 1984, S. 31.

3 Udo Michael Krüger: Zwischen Anpassung und funktioneller Differenzierung. Ein Programmvergleich von SAT 1, RTL plus, Sky Channel, 3 SAT, EINS PLUS, ARD und ZDF. In: Media Perspektiven Nr. 8/1986, S. 485–506.

4 B. Frank, W. Klingler: Der zweite „Fernsehmarkt". In: Media Perspektiven Nr. 12/1986, S. 753–761.

5 F. Landwehrmann, M. Jäckel: Kabelfernsehen im Urteil der Zuschauer. In: Media Perspektiven 11/1986, S. 707–717.

6 B. Frank, W. Klingler: Der zweite „Fernsehmarkt", a. a. O., S. 758.

7 J. Wiedemann: Das GfK-Meßsystem – geprüft und für gut befunden. In: Media Perspektiven Nr. 6/88, S. 366.

8 Vgl. H. Röper: Formationen deutscher Medienmultis 1987. In: Media Perspektiven Nr. 8/87, S. 481–495, der damit rechnet, daß KMP durch Beteiligung des ital. Mediengiganten Berlusconi ein drittes deutschsprachiges Programm durchsetzen könnte.

III. Auswirkungen auf Arbeitsplätze und Wirtschaft

1 Das heißt: Einerseits sinken die Kosten für die Hardware zunehmend (z. B. für Geräte, Bauelemente, Datenträger usw.); andererseits werden die Geräte selbst ständig weiterentwickelt, so daß sie mehr Aufgaben lösen können und einfacher zu handhaben sind.

2 Zur Ergänzung die sektorale Gliederung der Wirtschaft:
primärer Sektor: Land- und Forstwirtschaft, Fischerei, Rohstoffgewinnung, Bergbau u. ä.
sekundärer Sektor: produzierendes Gewerbe = Industrie u. Handwerk.
tertiärer Sektor: wie oben, Handel u. Dienstleistungsunternehmen einschl. der öffentlichen Verwaltungen.

3 BDA = Bundesvereinigung der Deutschen Arbeitgeberverbände; BDI = Bundesverband der Deutschen Industrie; DIHT = Deutscher Industrie- und Handelstag.

4 Auch zahlreiche Forschungsinstitute argumentieren in dieser Weise.

5 Zum Vergleich: 1986, einem Jahr des konjunkturellen Aufschwungs, gab es im Schnitt ein Wachstum von 2,5%; 1987 werden jedoch nur ca. 1,5% prognostiziert.

6 Sie wurde am 9. April 1981 vom Deutschen Bundestag eingesetzt zur Untersuchung der Folgen und Chancen der neuen I+K-Techniken unter wirtschaftlichen, technischen, politischen und sozialen Aspekten. Kurz vor der Bundestagswahl im März 1983 legte sie ihren Zwischenbericht vor. Die Ergebnisse wurden jedoch von der CDU/CSU/FDP-Bundesregierung praktisch nicht berücksichtigt.

7 Dazu gehören folgende Industriebereiche: Nachrichtentechnik, Datenverarbeitungstechnik, Unterhaltungselektronik, Fernmeldeindustrie, Bürotechnik, elektronische Bauelemente.

8 Darunter sind insbesondere die kaufmännischen Kerntätigkeiten wie Buchhaltung, Fakturieren, Korrespondieren usw. zu verstehen.

9 D.h. ohne mithelfende Familienangehörige, „geringfügige" Beschäftigung (Teilzeit unter 390,– DM heute: 430,– DM) und ohne Beamte.

10 Nach Baethge/Oberbeck 1986, S. 168 ff.; insbes. S. 180.

11 Die folgenden Ergebnisse beruhen in der Hauptsache auf Forschungsarbeiten aus dem Sozialwissenschaftlichen Forschungsinstitut (SOFI) in Göttingen (vgl. z. B. Baethge/Oberbeck 1986, Gottschall/Mickler/Neubert 1985), aus der Sozialwissenschaftlichen Projektgruppe München (vgl. z. B. Jacobi/Lullies/Weltz 1980; Weltz/Lullies 1983) sowie auf Projektergebnissen des Wissenschaftszentrums Berlin (WZB; vgl. z. B. Karlsen/Oppen 1987, Karlsen/Kühn/Oppen 1985).

12 Der Begriff „automatisierte Textverarbeitung" (ATV) bezeichnet die elektronische Verarbeitung von Texten mit Hilfe eines oder mehrerer Textautomaten oder auch mit integrierten Text- und DV-Systemen. Inhaltlich umfaßt die ATV a) die Textbearbeitung (Sofortkorrektur während der Texteingabe oder die nachträgliche Änderung und Gestaltung

von Texten) und b) die Erstellung oder Verarbeitung von Texten mit Hilfe von vorgefertigten Textbausteinen und Standardtexten, die z.B. auf Disketten oder Magnetplatten gespeichert sind. Textbausteine sind Teilstücke von Texten (z.B. Anrede-, Grußformeln, einzelne Sätze oder Absätze je nach Sachgebiet), die jeweils numeriert sind (= „Selektionsnummern") und aus einem „Texthandbuch", das alle Bausteine enthält, für einen speziellen Brief o. ä. ausgewählt („selektiert") werden können.

13 Andere Bezeichnungen für elektronische Fernarbeit sind: Telearbeit, Teleheimarbeit, Computerheimarbeit, elektronische Heimarbeit, informationstechnisch gestützte Heimarbeit u. a.

14 Hierzu ein bekanntes Beispiel aus dem Ausland, das sog. „networkingprogram" von Rank Xerox in London: Hier wurde einem Kreis von Mitarbeitern aus verschiedensten Tätigkeitsbereichen – von der Programmierung über das Finanzwesen bis hin zum Marketing – angeboten, sich selbständig zu machen und die von Rank Xerox gestellte technische Ausstattung zu einem Sonderpreis zu erwerben; garantiert wurden ihnen Aufträge für zwei Tage pro Woche. Gleichzeitig sind sie mit der Rank-Xerox-Zentrale über Mikrocomputer und Kommunikationsnetze verbunden und auch organisatorisch in das Unternehmen eingebunden (= Netzwerk). Diese „neuen Selbständigen" arbeiten zu Hause sowohl für Rank Xerox als auch für andere Auftraggeber – offenbar recht erfolgreich.

15 Handelsbilanzüberschuß = Differenz zwischen Einfuhren (= 414,2 Mrd DM) und Ausfuhren (= 526,4 Mrd DM); Zahlen für 1986; zu einem wesentlichen Teil ist dieses enorme Plus allerdings auf den Kurssturz des Dollars zurückzuführen, wodurch sich die Importe erheblich verbilligten.

16 Der Leistungsbilanzüberschuß errechnet sich aus dem Handelsbilanzüberschuß abzüglich sämtlicher Zahlungen an das Ausland, z.B. die Beiträge der Bundesrepublik an EG und internationale Organisationen, die Reiseausgaben der Bundesbürger im Ausland und die Überweisungen der ausländischen Arbeitnehmer in ihre Heimatländer.

17 Die Exportquote der Bundesrepublik betrug (1985) ca. 29%; zum Vergleich: Japan 14%, USA 6%.

IV. Soziale und politische Folgen

1 S. Papert: Gedankenblitze. Kinder, Computer und Neues Lernen, Reinbek 1985.

2 Heinz Hengst: Soziales Lernen in der Konsumzone. Kinder im Umgang mit Kaufhauscomputern. In: medium, Juli 1985, S. 13–20.

3 Peter Brügge: Sagen wir lieber nicht Humanität. In: Der Spiegel 36/1982, S. 76.

4 W. Volpert: Zauberlehrlinge, Weinheim/Basel 1985.

5 A. Toffler: Die dritte Welle – Zukunftschance, München 1980.

6 H. Kubicek, A. Rolf: Mikropolis, Hamburg 1985, S. 260.

7 Th. Roszak: Der Verlust des Denkens, München 1986, S. 252 ff.

V. Datenschatten – Ist die totale Kontrolle möglich?

1 D. Hexel: Mensch im Computer, Hamburg 1985, S. 14.

2 Von der Datenerfassungs-Verordnung (DEVO) und der Datenübermitt-lungs-Verordnung (DÜVO) sind nur maximal 25 Daten betroffen, die von den Betrieben an die Sozialversicherungen gemeldet werden müssen.

3 H.-P. Bull: Datenschutz, München 1984, S. 277.

4 D. Prokop: Heimliche Machtergreifung: Neue Medien verändern die Arbeitswelt, Frankfurt a. M. 1984, S. 153.

5 D. Prokop, a. a. O., S. 159–161.

6 H. Kubicek, Kabel im Haus-Satellit überm Dach. Reinbek 1984, S. 89.

7 E. Denninger: Das Recht auf informationelle Selbstbestimmung und Innere Sicherheit. In: Hessische Landesregierung (Hrsg.): Informations-gesellschaft oder Überwachungsstaat, Wiesbaden 1984, S. 293 f.

8 E. Denninger, a. a. O., S. 296.

9 M. Güllner: Von der Fiktion der Unfehlbarkeit, in: Taeger, J. (Hrsg.): Die Volkszählung, Reinbek 1983, S. 186–194.

10 H.-P. Bull: Datenschutz, München 1984, S. 218.

VI. Gegenstrategien

1 F. Manske und W. Wobbe-Ohlenburg: Alles unter Kontrolle? Betriebli-che Widerstandspotentiale gegen Computereinsatz zur Leistungserfas-sung. In: Neue Medien und Technologien – Wie damit umgehen? Berlin 1984, S. 66–84.

2 U. Briefs, Funktionsvoraussetzungen der Computertechnik als Ansätze schöpferischer Aneignung durch die Beschäftigten. Zur Dialektik von technischer Entwicklung und Gegenwehr. In: Neue Medien und Tech-nologien – Wie damit umgehen? Berlin 1984, S. 25/26.

3 Das Gründungsmanifest des „Klingenmünster Kreises". In: U. Lang (Hrsg.): Der verkabelte Bürger, Freiburg 1981, S. 85–91.

4 Vgl. J. Hartwig, D. Pieper: Die Anti-Kabel-Initiativen in der Bundesre-publik. In: medium 1982/2.

5 G. Myrell (Hrsg.): Daten-Schatten, Reinbek 1984, S. 119–121.

6 G. Lütge: Angst vor den Bitnappern. In: DIE ZEIT v. 25. 10. 1985.

7 Vgl. K. M. Meyer-Abich, B. Schefold: Die Grenzen der Atomwirtschaft, München 1986, S. 181 f. und S. 78–96.

8 Vgl. Rhein-Ruhr-Institut für Sozialforschung und Politikberatung: Zu-sammenfassung des Zwischenberichts „Das So-Tech-Programm nach zwei Jahren", in: Jahrbuch Arbeit und Technik in NRW 1987, Bonn 1987, S. 426–444.

Literatur

I. Technische Grundlagen

Albansöder, A. (Hrsg.): Telekommunikation. Netze und Dienste der Deutschen Bundespost, Heidelberg 1987.

Arnold, W.: Die elektronischen Medien, Heidelberg 1984.

Bauer, W.: Computer Grundwissen. Eine Einführung in Funktion und Einsatzmöglichkeiten, Niedernhausen/Ts. 1984.

Bleicher, S., Däubler-Gmelin, H., Kubicek, H. u. a.: Chip, Chip, Hurra? Die Bedrohung durch die „Dritte technische Revolution", Hamburg 1984.

Der Bundesminister für das Post- und Fernmeldewesen (Hrsg.): Konzept der Deutschen Bundespost zur Weiterentwicklung der Fernmeldeinfrastruktur, Bonn 1984 (Ausbaupläne).

ders.: Mittelfristiges Programm für den Ausbau der technischen Kommunikationssysteme, Bonn 1986.

ders.: Postbuch 1986.

Dumitriu, P.: ABC der neuen Medien, Heidelberg 1985.

Gabler Bürolexikon, Wiesbaden 1982.

Hansen, H. R.: Wirtschaftsinformatik I. Einführung in die betriebliche Datenverarbeitung, Stuttgart/New York 1981, 3. Auflage.

Horx, M.: Textverarbeitung kreativ. Schrift und Chips. Ein Handbuch für alle, die viel schreiben, Reinbek b. Hamburg 1986.

Internationaler Metallgewerkschaftsbund (IMB): Mikroelektronik und Arbeitsplätze. 1. Bereich in der Reihe Technologien, Arbeitsplätze und Handlungsstrategien für Gewerkschaften, Genf o. J.

Kubicek, H.: Kabel im Haus – Satellit überm Dach. Ein Informationsbuch zur aktuellen Mediendiskussion, Reinbek 1984.

Kubicek, H., Rolf, A.: Mikropolis. Mit Computernetzen in die „Informationsgesellschaft", Hamburg 1985.

Landesregierung Nordrhein-Westfalen (Hrsg.): Studie für einen Telekommunikationsentwicklungsplan, März 1984; erstellt von Scientific Control Systems (SCS) GmbH, Hamburg.

dies.: Nordrhein-Westfalen Initiative Zukunftstechnologien. Dokumentation der Veranstaltung der Landesregierung Nordrhein-Westfalen vom 3. Oktober 1984 in Oberhausen, Düsseldorf 1984.

Lanzendorf, P.: Neue Tele-Medien von A–Z, VDE-Verlag 1983.

Morschheuser, F.: Die Büropraxis, Darmstadt 1984, 5. Auflage.

Schulze, H. H.: Das rororo-Computerlexikon, Reinbek b. Hamburg 1984.

Wolters, M. F. (Hrsg.): Der Schlüssel zur Computer-Hardware, Reinbek 1983.

ders.: Der Schlüssel zur Computer-Software, Reinbek 1983.

ders.: Der Schlüssel zur Computer-Orgware, Reinbek 1983.

Zimmermann, L. (Hrsg.): Durchblick. Das Lexikon der Datenverarbeitung für Arbeitnehmer, Köln 1985.

Zschenderlein, M., Paelzer, H., Fuchs, B.: Datenverarbeitung in der kaufmännischen Praxis, Darmstadt 1987, 17. Auflage.

II. Mehr Programme = freie Fahrt für privaten Rundfunk?

Frank, R., Klingler, W.: Der zweite „Fernsehmarkt". Ergebnisse der SWF/ ZDF-Kabelpilotforschungen Ludwigshafen/Vorderpfalz 1984–1986. In: Media Perspektiven 12/1986, S. 753–761.

Kubicek, H.: Kabel im Haus – Satellit überm Dach. Ein Informationsbuch zur aktuellen Mediendiskussion, Reinbek 1984.

Luyken, G. M.: Direktempfangbare Satelliten in Europa. In: Media Perspektiven 10/87, S. 615–629.

Meyn, H.: Die neuen Medien – neue Chancen und Risiken. Landeszentrale für politische Bildungsarbeit, Berlin 1984.

Pöttker, H.: Vielfalt als Vorwand. Zur Öffnung des Rundfunks für private Programmanbieter. In: Die Neue Gesellschaft/Frankfurter Hefte 1/1987, S. 15–25.

Ratzke, D.: Handbuch der Neuen Medien. Information und Kommunikation. Fernsehen und Hörfunk. Presse und Audiovision heute und morgen, Stuttgart 1982.

Röper, H.: Poker um Einfluß und Macht. Eine Analyse der Medienlandschaft. In: DIE ZEIT v. 24. Okt. 1986, S. 41–46.

ders.: Der Himmel wird zur Provinz. In: DIE ZEIT v. 13. Nov. 1987, S. 35–39.

ders.: Formationen deutscher Medienmultis 1987. In: Media Perspektiven 8/1987, S. 481–495.

III. Auswirkungen auf Arbeitsplätze und Wirtschaft

Altvater, E., Baethge, M. u. a.: Arbeit 2000. Über die Zukunft der Arbeitsgesellschaft, Hamburg 1985.

Baethge, M., Oberbeck, H.: Zukunft der Angestellten. Neue Technologien und berufliche Perspektiven in Büro und Verwaltung, Frankfurt a. M./ New York 1986.

Beck, U.: Risikogesellschaft. Auf dem Weg in eine andere Moderne, Frankfurt a. M. 1986.

Beck, T.: Elektronische Fernarbeit und Arbeitsrecht. Rechtspolitische Überlegungen zu Entwicklung, Regelungsbedarf und Regelungsmöglichkeiten. In: WSI-Mitteilungen 9/1985, S. 550–558.

Beuschel, W.: Softwareentwicklung und Sachbearbeiterqualifikation. Ein Gestaltungsansatz, Berlin 1987.

Briefs, U.: Informationstechnologien und Zukunft der Arbeit. Mikroelektronik und Computertechnik, Köln 1984.

Briefs, U., Fehrmann, E., Hickel, R. u. a.: Technologische Arbeitslosigkeit. Ursachen, Folgen, Alternativen, Hamburg 1984.

Bundesverband der Deutschen Industrie e. V. (BDI): Neue Informations- und Kommunikationstechniken und ihre gesamtwirtschaftlichen Auswirkungen, BDI-Drucksache Nr. 157, Köln 1982.

ders.: Anhörung im Bundestag zu „Gesellschaftliche Folgen der Informations- und Kommunikationstechniken" im Mai 1985 – Stellungnahme des BDI.

Czech, D., Weiß, G.: Technologische Entwicklung und Arbeitsgestaltung im Bankgewerbe. In: WSI-Mitteilungen 3/1985, S. 160–168.

Deutscher Gewerkschaftsbund: Neue Informations- und Kommunikationstechniken. Eine Stellungnahme des DGB, Düsseldorf 1984.

ders.: Mischarbeit und Mitbestimmung. Ergebnisse eines Expertengesprächs zwischen Wissenschaftlern und Gewerkschaften, Düsseldorf 1985.

Deutsches Institut für Wirtschaftsforschung (DIW): Wochenberichte, versch. Jahrgänge und Ausgaben, Berlin.

DGB-Bildungswerk Bayern: Technischer Wandel in Büro und Verwaltung. Neue Dienste der Bundespost verändern die Arbeitswelt, München 1984.

Dostal, W.: Telearbeit. Beispiele, Definitionen, Bewertungen. In: Materialien aus der Arbeitsmarkt- und Berufsforschung (Mat AB) 4/1986.

Dröge, R. u. a.: Arbeitsgestaltung und Qualifzierung beim Computereinsatz in Konstruktions- und Textverarbeitungsbereichen, Kooperationsmaterialien Nr. 16, Kassel 1986, hrsg. v. DGB Kooperationsstelle Gewerkschaften/Hochschule, Kassel.

Forschungsinstitut für Arbeit und Bildung (FAB): Schreibdienstorganisation – human und wirtschaftlich. Eine Untersuchung zur ökonomischen und sozialen Effizienz von Schreibdiensten in obersten Bundesbehörden, Frankfurt a. M./New York 1983.

Fraunhofer-Institut für Arbeitswirtschaft und Organisation (IAO) Stuttgart (Hrsg.): Mikroelektronik in der industriellen Verwaltung. Die Weiterbildung in der kaufmännischen Praxis, Stuttgart 1986.

Friedrich, J., Jansen, K.-D., Kaup, N., Laubrock, R., Manz, T.: Zukunft der Bildschirmarbeit, Dortmund 1987.

Friedrich, J., Kollmeier, R., Schläger, U., Wicke, U.: Bildschirmarbeit. Soziale Auswirkungen und Gestaltungsansätze, Dortmund 1986, 2. Aufl.

Fröschle, H.-P., Klein, B.: Schaffung dezentraler Arbeitsplätze unter Einsatz von Teletex. Kurzfassung des Abschlußberichtes, Stuttgart 1986.

Glaser, H., Preiss, H. u. a.: Qualifizieren statt Entlassen. Volksbildung statt Eliteförderung, Hamburg 1986.

Gordon, R., Kimball, L. M.: Die Struktur der Arbeit und Hochtechnologien: Beschäftigungsentwicklung, Qualifikationsanforderungen und Bildung. In: WSI-Mitteilungen 6/1986, S. 423–430.

Gottschall, K., Mickler, O., Neubert, H.: Computerunterstützte Verwaltung. Auswirkungen der Reorganisation von Routinearbeiten, Frankfurt/New York 1985.

Grünewald, U., Koch, R.: Informationstechnik in Büro und Verwaltung. Berichte zur beruflichen Bildung, H. 32, Berlin 1981.

dies.: Informationstechnik in Büro und Verwaltung II, Berichte zur beruflichen Bildung, H. 58, Berlin 1983.

Helfert, M.: Gewerkschaften und technische Entwicklung. Sozialwissenschaftliche Aspekte gewerkschaftlicher Handlungsmöglichkeiten, Köln 1987.

Jacobi, U., Lullies, V., Weltz, F. (Sozialwissenschaftliche Projektgruppe München): Textverarbeitung im Büro. Alternativen der Arbeitsgestaltung, Frankfurt a. M./New York 1980.

Kadritzke, U.: „Angestelltenbewußtsein" und Anknüpfungspunkte für die gewerkschaftliche Angestelltenarbeit. In: WSI-Mitteilungen 8/1985, S. 446–455.

Karlsen, T., Kühn, H., Oppen, M. (Hrsg.): Informationstechnologie im Dienstleistungsbereich. Arbeitsbedingungen und Leistungsqualität, Berlin 1985.

Karlsen, T., Oppen, M.: Fachqualifikationen und die Grenzen der Verwaltungsautomation, Arbeitspapiere des WZB IIVG/re, S. 87–210, Berlin 1987.

Kern, H., Schumann, M.: Das Ende der Arbeitsteilung? Rationalisierung in der industriellen Produktion, München 1985, 2. Auflage.

Kiesmüller, T., Weltz, F., Bollinger, H., Ehrmüller, F., Sahelijo, T.: Arbeitsstrukturierung in typischen Bürobereichen eines Industriebetriebes (ASTEX). Praktische Lösungsansätze bei technisch-organisatorischen Veränderungen aus einem Pilotprojekt, Bonn 1987.

Klauder, W., Schnur, P., Thon, M.: Arbeitsmarktperspektiven der 80er und 90er Jahre. Neue Modellrechnungen für Potential und Bedarf an Arbeitskräften. In: Mitteilungen aus der Arbeitsmarkt- und Berufsforschung 1/1985 (Sonderdruck).

Knabe, K. P., Fleischer, A. G.: Fallbeispiel Textverarbeitung, Dortmund 1987.

Koch, R.: Elektronische Datenverarbeitung in der Industrieverwaltung. Informationstechnik in Büro und Verwaltung III, Berichte zur beruflichen Bildung, H. 68, Berlin 1984.

Köchling, A.: Mischarbeit in der Textverarbeitung – Handbuch, Düsseldorf 1984.

Konzeption der Bundesregierung zur Förderung der Entwicklung der Mikroelektronik, der Informations- und Kommunikationstechniken, Bonn 1984.

Krebsbach-Gnath, C., Ballerstedt, E., Frenzel, U. (Batelle-Institut), Bielenski, H., Büchtemann, C. F., Bengelmann, D. (Infratest): Frauenbeschäftigung und neue Technologien, München/Wien 1983.

Krebsbach-Gnath, C. (Hrsg.): Die gesellschaftliche Herausforderung der Informationstechnik, München 1986.

Krüger, D., Nagel, A.: Mischarbeit im Büro- und Verwaltungsbereich beim Einsatz neuer Technologien, Dortmund 1986.

Kuhlen, R. (Hrsg.): Koordination von Informationen. Die Bedeutung von Informations- und Kommunikationstechnologien in privaten und öffentlichen Verwaltungen, Berlin/Heidelberg/New York/Tokio 1984.

Lay, G., Maisch, K., Schneider, R., Frei, F., Mussmann, C., Schilling, A.: Vernetzung betrieblicher Bereiche, Dortmund 1988.

Meyer-Dohm, P., Schütze, H. G. (Hrsg.): Technischer Wandel und Qualifizierung: Die neue Synthese, Frankfurt/New York 1987.

Lullies, V., Weltz, F., Bollinger, H., Ortmann, R. G.: Einsatz neuer Technik im Büro. Arbeitswissenschaftliche Erkenntnisse für die Praxis. Gestaltungsempfehlungen. Beispiele, Baden-Baden 1988.

Otto, P., Sonntag, P.: Wege in die Informationsgesellschaft. Steuerungsprobleme in Wirtschaft und Politik, München 1985.

Passens, B., Schöll, I.: Textverarbeitung. Praxiswissen für Arbeitnehmer am Bürocomputer, Reinbek 1985.

Projektgruppe Schreibdienst – Universität Bremen, Hansestadt Lübeck: Mischarbeit und elektronische Textverarbeitung. Erprobung in einer Kommunalverwaltung, Frankfurt/New York 1987.

Rau, J., v. Rüden, P. (Hrsg.): Die neuen Medien – Eine Gefahr für die Demokratie?, Frankfurt a. M./Olten/Wien 1984.

Rolf, A. (Hrsg.): Neue Techniken Alternativ. Möglichkeiten und Grenzen sozialverträglicher Informationstechnikgestaltung, Hamburg 1986.

v. Rothkirch, C., Weidig, I.: Die Zukunft der Arbeitslandschaft. Zum Arbeitskräftebedarf nach Umfang und Tätigkeiten bis zum Jahr 2000 – Textband. In: Beiträge zur Arbeitsmarkt- und Berufsforschung (Beitr-AB) 94.1, Nürnberg 1985.

Schulze, P. W.: Der Kampf um die Märkte der Zukunft: Internationaler Wettbewerb und Technologieentwicklung. In: WSI-Mitteilungen 6/1986, S. 415/422.

Vogelheim, E. (Hrsg.): Frauen am Computer. Was die neuen Technologien den Frauen bringen. Eine Einführung, Reinbek 1984.

Weltz, F., Lullies, V.: Innovation im Büro. Das Beispiel Textverarbeitung, Frankfurt a. M./New York 1983.

Windolf, P., Hohn, H.-W.: Arbeitsmarktchancen in der Krise. Betriebliche Rekrutierung und soziale Schließung, Frankfurt a. M./New York 1984.

Wirtschaftswoche – u. a.: Special Supplement Nr. 4, 3. Okt. 1986; Nr. 1, 13. Febr. 1987; Nr. 2, 20. Febr. 1987; Nr. 5, 9. Okt. 1987.

Zimmermann, L. (Hrsg.): Computereinsatz: Auswirkungen auf die Arbeit. EDV-Rationalisierung, Bildschirm, Industrieroboter. Aus der Reihe: Humane Arbeit – Leitfaden für Arbeitnehmer, Bd. 3, Reinbek 1982.

Zwischenbericht der Enquête-Kommission „Neue Informations- und Kommunikationstechniken", Bundestags-Drucksache 9/2442 (28. 3. 83).

IV. Soziale und politische Folgen

Brügge, P.: Sagen wir lieber nicht Humanität. In: Der Spiegel, 36/1982, S. 76.

Bundeszentrale für politische Bildung (Hrsg.): Computer in der Schule, Bonn 1986.

Eurich, C.: Computerkinder. Wie die Computerwelt das Kindsein zerstört, Reinbek 1985.

de Graat, E. u. Th.: Jugend und Neue Technologien, Düsseldorf 1987 = SOTECH-Bericht 31.

Haefner, K.: Mensch und Computer im Jahre 2000. Ökonomie und Politik für eine human computerisierte Gesellschaft, Basel 1984.

Hengst, H.: Soziales Lernen in der Konsumzone. Kinder im Umgang mit Kaufhauscomputern. In: medium, Juli 1985, S. 13–20.

v. Hentig, H.: Das allmähliche Verschwinden der Wirklichkeit. Ein Pädagoge ermutigt zum Nachdenken über die Neuen Medien, München/ Wien 1984.

Mettler-Meibom, B.: Soziale Kosten in der Informationsgesellschaft. Überlegungen zu einer Kommunikationsökologie, Frankfurt/a.M. 1987.

Papert, S.: Gedankenblitze. Kinder, Computer und Neues Lernen, Reinbek 1985.

Roszak, Th.: Der Verlust des Denkens. Über die Mythen des Computer-Zeitalters, München 1986.

Toffler, A.: Die dritte Welle – Zukunftschance, München 1980.

Turkle, Sh.: Die Wunschmaschine. Vom Entstehen der Computerkultur, Reinbek 1984.

Vallee, J.: Computernetze. Träume und Alpträume von einer neuen Welt, Reinbek 1984.

Volpert, W.: Zauberlehrlinge. Die gefährliche Liebe zum Computer, Weinheim/Basel 1985.

Weizenbaum, J.: Die Macht der Computer und die Ohnmacht der Vernunft, Frankfurt/a.M. 1977.

V. Datenschatten – Ist die totale Kontrolle möglich?

Appel, R., Hummel, D. (Hrsg.): Vorsicht Volkszählung, Köln 1987.

Bull, H. P.: Datenschutz oder Die Angst vor dem Computer, München 1984.

Bundesbeauftragter für den Datenschutz: Neunter Tätigkeitsbericht, Bonn 1987.

Henss, K., Mikos, L.: Personalinformationssysteme. Der große Bruder im Betrieb, Berlin 1983.

Hessische Landesregierung (Hrsg.): Informationsgesellschaft oder Überwachungsstaat. Strategien zur Wahrung der Freiheitsrechte im Computerzeitalter, 2 Bde., Wiesbaden 1984.

Hexel, D.: Mensch im Computer. Personaldaten und EDV, Hamburg 1985 (2. Auflage 1986).

Myrell, G. (Hrsg.): Daten-Schatten. Wie die Computer dein Leben kontrollieren, Reinbek 1984.

Prokop, D.: Heimliche Machtergreifung: Neue Medien verändern die Arbeitswelt, Frankfurt/a. M. 1984.

Rottmann, V., Strohm, H.: Was Sie gegen Mikrozensus und Volkszählung tun können, Frankfurt/a. M. 1987.

Taeger, J. (Hrsg.): Die Volkszählung, Reinbek 1983.

VI. Gegenstrategien

v. Alemann, U., Schatz, H.: Mensch und Technik. Grundlagen und Perspektiven einer sozialverträglichen Technikgestaltung, Opladen 1987, 2. Auflage.

Berger, P., Kubicek, H., Kühn, M., Mettler-Meibom, B., Voogd, G.: Optionen der Telekommunikation. Materialien für einen technologiepolitischen Bürgerdialog, Düsseldorf 1988.

Döbele-Berger, C., Berger, P., Kubicek, H.: Handlungsmöglichkeiten des Betriebsrats bei der Einführung von Neuen Technologien in Büro und Verwaltung, Saarbrücken 1985.

Dörhage, W., Faltis, M., Plümer, K. (Hrsg.): Technik im Griff? Der zwiespältige Charakter des technischen Wandels, Hamburg 1985.

Hexel, D.: Mensch im Computer, Hamburg 1985 (2. Auflage 1986).

Klemann, M.: Mit Phantasie das Kabel kapern. Wie alternativ sind die neuen Medien?, Frankfurt/a. M. 1984.

Meyer-Abich, K. M., Schefold, B.: Die Grenzen der Atomwirtschaft, München 1986.

Neue Medien und Technologien – Wie damit umgehen? Beiträge zu einer Strategiedebatte, Berlin 1984.

Roszak, Th.: Der Verlust des Denkens. Über die Mythen des Computer-Zeitalters, München 1986.

VDI: Richtlinienvorentwurf „Empfehlungen zur Technikbewertung“, Düsseldorf 1987.

Wicke, F., Wicke, W., Jansen, K. D.: Technikberatungsbedarf von betrieblichen Interessenvertretungen, Dortmund 1988.